나눔의집 **사회복지사1급**

강의로 복습하는 기출회독

5영역

지역사회복지론

사회복지교육연구센터 편저

사회복지 전문출판 나눔의집

기출회독 **책 소개**

사회복지사1급, 이보다 완벽한 기출문제 분석은 없다!

1회 시험부터 함께해온 도서출판 나눔의집에서는 22회 시험까지의 기출문제를 모두 분석, 그동안 출제된 키워드를 정리하여 키워드별로 복습할 수 있도록 『**기출회독**』을 마련하였다.
최근 10년간 출제빈도를 중심으로 자주 출제된 키워드는 좀 더 집중력 있게 공부할 수 있도록 '**빈출**' 표시를 하였으며, 자주 출제되지는 않지만 언제든 출제될 가능성이 있는 키워드도 놓치지 않고 공부할 수 있도록 하였다.
10년간 출제되지 않았더라도 향후 출제가능성이 있다고 판단되거나 다른 키워드와 연계하여 봐둘 필요가 있다고 생각되는 경우에는 본 책에 포함하여 소개하였다.
기출문제를 풀어보는 것으로 그치는 것이 아니라 기출문제를 통해 23회 합격이 가능한 학습이 될 것이다.

키워드별 '3단계 복습'으로 효율적으로 공부하자!

『**기출회독**』은 키워드별 **3단계 복습 과정**을 제시하여 1회독만으로도 3회독의 효과를 누릴 수 있도록 구성하였다.

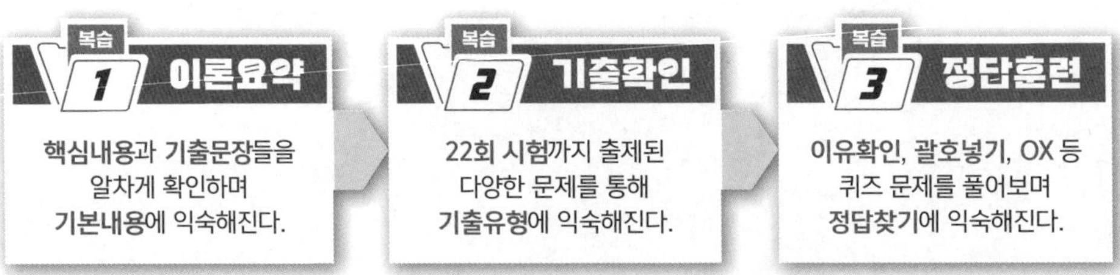

알림

- 이 책은 '나눔의집'에서 발간한 2025년 23회 대비 『기본개념』(2024년 4월 15일 펴냄)을 바탕으로 한다.
- 8회 이전 기출문제는 공개되지 않은 관계로 당시 응시생들의 기억을 바탕으로 검수 과정을 거쳐 기출문제를 복원하였다.
- <사회복지법제론>을 비롯해 법·제도의 변화와 관련된 기출문제의 경우 현재의 법·제도 내용이 반영될 수 있도록 수정하였다.
- 이 책에서 발생할 수 있는 오류 및 정정사항은 아임패스 내 '정오표' 게시판을 통해 확인할 수 있도록 게시할 예정이다.

기출회독 차례

▨ 빈출

기출회독 활용맵

들어가기 전에

이 장에서는
각 장마다 학습할 내용을 간략히 소개하였다.

10년간 출제분포도
이 책에서 키워드에 따라 분석한 기출문제 중 10년간 출제문항 수를 그래프로 구성하여 각 장의 출제비중이 얼마나 되는지, 어떻게 변화하고 있는지 등을 확인할 수 있다.

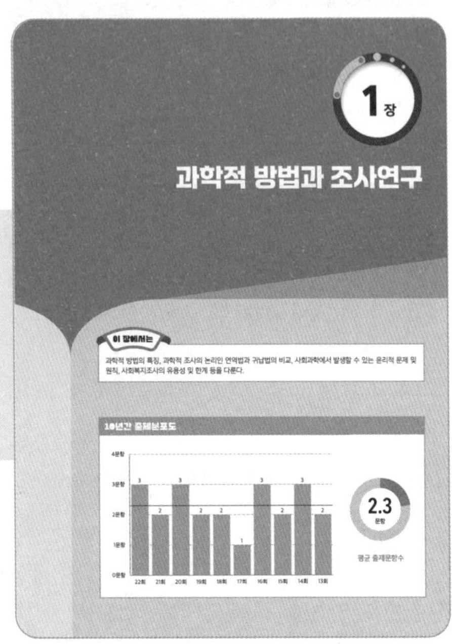

기출 키워드 확인!

이 책은 기출 키워드에 따라 학습하도록 구성하였다. 특히 자주 출제된 키워드나 앞으로도 출제 가능성이 높은 키워드는 따로 '빈출' 표시를 하여 우선 배치하였다. 빈출 키워드는 전체 출제율과 최근 10개년간의 출제율을 중심으로 하되 내용 자체의 어려움, 다른 과목과의 연계성 등을 고려하여 선정하였다.

강의 QR코드
모바일을 통해 해당 키워드의 동영상 강의를 바로 볼 수 있다.

10년간 출제문항수
각 키워드에서 최근 10년간 출제된 문항수를 안내하여 출제빈도를 확인할 수 있도록 하였다.

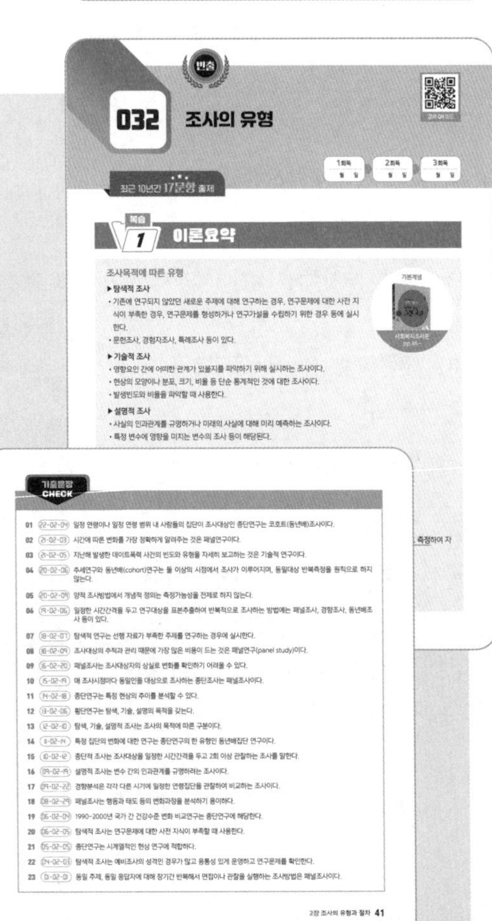

복습 1. 이론요약

요약 내용과 기출문장을 함께 담아 이론을 정답으로 연결하도록 구성하였다.

이론요약
주요 내용을 간략히 정리하였으며 부족한 내용을 보충할 수 있도록 기본개념서의 쪽수를 표시하였다.

기출문장 CHECK
그동안 출제되었던 기출문제의 문장들 중 꼭 알아두어야 할 문장들을 선별하여 제시하였다.

복습 2. 기출확인

바로 기출문제를 풀어보며 학습한 이론을 되짚어보도록 구성하였다.

기출문제 풀기

다양한 유형의 문제를 최대한 접해볼 수 있도록 선정하였다.

알짜확인!

해당 키워드에서 살펴봐야 할 내용들, 주의해야 할 사항들을 짚어 주었다.

난이도

정답률, 내용의 어려움, 출제빈도, 정답의 혼란 정도 등을 고려하여 3단계로 구분하였다.

응시생들의 선택

5개의 선택지에 대한 마킹률을 표시하여 응시생들이 어떤 선택지들을 헷갈려했는지 등을 참고해볼 수 있도록 하였다.

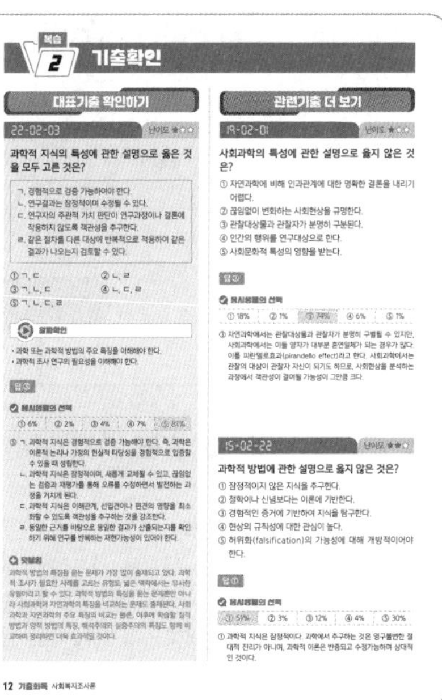

복습 3. 정답훈련

출제빈도와 난이도 등을 고려하여 정답찾기에 능숙해지도록 구성하였다.

이유확인 문제

제시된 문장에서 잘못된 부분을 확인함으로써 헷갈릴 수 있는 부분들을 짚어준다.

괄호넣기 문제

의외로 정답률이 낮게 나타나는 단답형 문제에 대비할 수 있다.

OX 문제

제시된 문장이 옳은 내용인지, 틀린 내용인지를 빠르게 판단해보는 훈련이다.

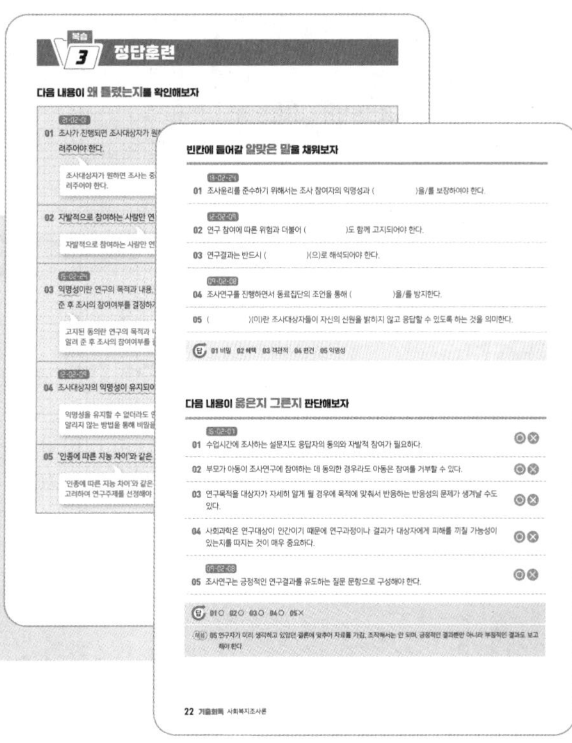

합격을 잡는 학습방법

아임패스와 함께하는 단계별 합격전략

나눔의집의 모든 교재는 강의가 함께한다. 혼자 공부하느라 머리 싸매지 말고, 아임패스를 통해 제공되는 강의와 함께 기본개념을 이해하고 암기하고 문제풀이 요령을 습득해보자. 또한 아임패스를 통해 선배 합격자들의 합격수기, 학습자료, 과목별 질문 등을 제공하고 있으니 23회 합격을 위해 충분히 활용해보자.

기본개념 학습 과정

1 단계

강의로 쌓는 기본개념

어떤 유형의, 어떤 난이도의 문제가 출제되더라도 답을 찾기 위해서는 기본적인 개념이 탄탄하게 잡혀있어야 한다. 기본개념서를 통해 2급 취득 후 잊어버리고 있던 개념들을 되살리고, 몰랐던 개념들과 애매했던 개념들을 정확하게 잡아보자. 한 번 봐서는 다 알 수 없고 다 기억할 수도 없지만 이제 1단계, 즉 이제 시작이다. '이렇게 공부해서 될까?'라는 의심 말고 '시작이 반이다'라는 마음으로 자신을 다독여보자.

기본개념 완성을 위한 학습자료

기본개념 강의, 기본쌓기 문제, O X 퀴즈, 기출문제, 정오표, 묻고답하기, 지식창고, 보충자료 등을 아임패스를 통해 만나실 수 있습니다.

실전대비 과정

4 단계

강의로 완성하는 FINAL 모의고사(3회분)

그동안의 학습을 마무리하면서 합격에 대한 확신을 가져보자. 답안카드를 포함하고 있으므로 시험시간에 맞춰 풀어보기 바란다.

강의로 잡는 회차별 기출문제집

학습자가 자체적으로 모의고사처럼 시험시간에 맞춰 풀어볼 것을 추천한다.

※ 이 내용은 합격수기 게시판에 올라온 선배 합격자들의 학습방법을 바탕으로 재구성한 것입니다.

기출문제 번호 보는 법

22-01-25
기출회차 영역 문제번호

'기출회차-영역-문제번호'의 순으로 기출문제의 번호 표기를 제시하여 어느 책에서든 쉽게 해당 문제를 찾아볼 수 있도록 하였다.

기출문제 풀이 과정

2 단계

강의로 복습하는 기출회독

한 번을 복습하더라도 제대로 된 복습이 되어야 한다는 고민으로 만들어진 책이다. 기출 키워드마다 다음 3단계 과정으로 학습해나간다. 기출회독의 반복훈련을 통해 내 것이 아닌 것 같던 개념들이 내 것이 되어감을 느낄 수 있을 것이다.

1. 기출분석을 통한 이론요약
2. 다양한 유형의 기출문제
3. 정답을 찾아내는 훈련 퀴즈

강의로 잡는 장별 기출문제집

기본개념서의 목차에 따라 편집하여 해당 장의 기출문제를 바로 풀어볼 수 있다.

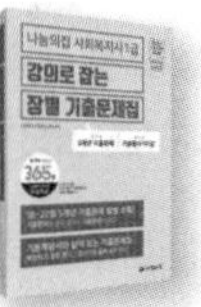

3 단계

요약정리 과정

강의로 끝내는 핵심요약집

8영역을 공부하다 보면 먼저 공부했던 영역은 잊어버리기 일쑤인데, 요약노트를 정리해 두면 어디서 어떤 내용을 공부했는지를 쉽게 찾아볼 수 있다.

예상문제 풀이 과정

강의로 풀이하는 합격예상문제집

내 것이 된 기본개념들로 문제의 답을 찾아보는 시간이다. 합격을 위한 필수문제부터 응용문제까지 다양한 문제를 수록하여 정답을 찾는 응용력을 키울 수 있다.

사회복지사1급 출제경향

합격자 수 7,633명

합격률 29.98%

22회 시험 결과

22회 필기시험의 합격률은 지난 21회 40.70%보다 10%가량 떨어진 29.98%로 나타났다. 많은 수험생들이 3교시 과목을 어려워하는데, 이번 22회 시험의 3교시는 순간적으로 답을 찾기에 곤란할 만한 문제들이 더러 포진되어 있었고 그 결과가 합격률에 고르란히 나타난 듯하다. 이번 시험에서 정답논란이 있었던 사회복지정책론 19번 문제는 최종적으로 '전항 정답' 처리되었다.

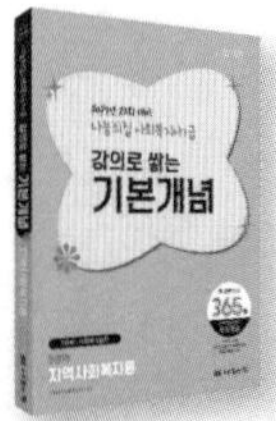

22회 기출 분석 및 23회 합격 대책

22회 기출 분석 

한동안 주춤했던 사회복지사의 역할이 2문제 출제되었고, 지역사회보호 개념이나 상호학습 개념, 포플의 모델 등 기출문제에서는 잘 등장하지 않았던 문제들도 출제되었다. 그렇지만 특별히 답을 찾기 어려울 만큼 헷갈리게 출제된 내용은 없어 기본개념서부터 차근차근 준비했다면 수월하게 풀어나갔을 것으로 보이며, 득점 현황 역시 평년과 유사할 것으로 보인다.

23회 합격 대책 

의외로 <지역사회복지론>을 지나치는 수험생들이 있는데, 이 영역도 총점을 올리기에 좋은 영역이다. 4장의 이론이나 5장의 모델들을 공부할 때는 다소 버겁게 느껴질 수 있겠지만, 지역사회의 개념부터 실천단계별 주요 사항들, 개입기술, 지역사회보장협의체 및 사회복지협의회, 사회복지관, 사회복지공동모금회, 사회적 경제 주체 등 빈출 키워드를 확인하면서 23회 시험을 준비하면 충분히 득점 전략 영역으로 만들 수 있다.

22회 출제 문항수 및 키워드

장	22회	키워드
1	1	지역사회의 기능(길버트와 스펙트)
2	3	지역사회보호, 상호학습, 지역사회복지실천의 원칙
3	2	우리나라 역사, 영국 역사
4	2	지역사회복지 관련 이론 비교, 다원주의 사례
5	2	로스만의 사회행동모델, 포플의 모델
6	2	사정 단계의 내용 및 특징, 실천과정의 순서 나열
7	2	조력자로서의 역할, 사회계획모델에서의 역할(샌더스)
8	2	사회자본이론, 연계기술의 특징
9	1	임파워먼트모델의 특징
10	1	지역사회보장계획의 과정 및 내용
11	2	지방자치제도의 특징, 공공 전달체계의 개편
12	4	사회복지관의 기능 및 사업에 관한 문제(2문제), 사회복지공동모금회, 마을기업
13	1	주민참여 8단계

지역사회의 개념과 유형

이 장에서는

지리적 의미와 기능적 의미의 지역사회 개념을 비롯하여, 공동사회와 이익사회, 상실이론/보존이론/개방이론, 지역사회의 유형화, 지역사회의 기능과 제도, 지역사회 기능의 비교 척도 등에 대해 학습한다.

10년간 출제분포도

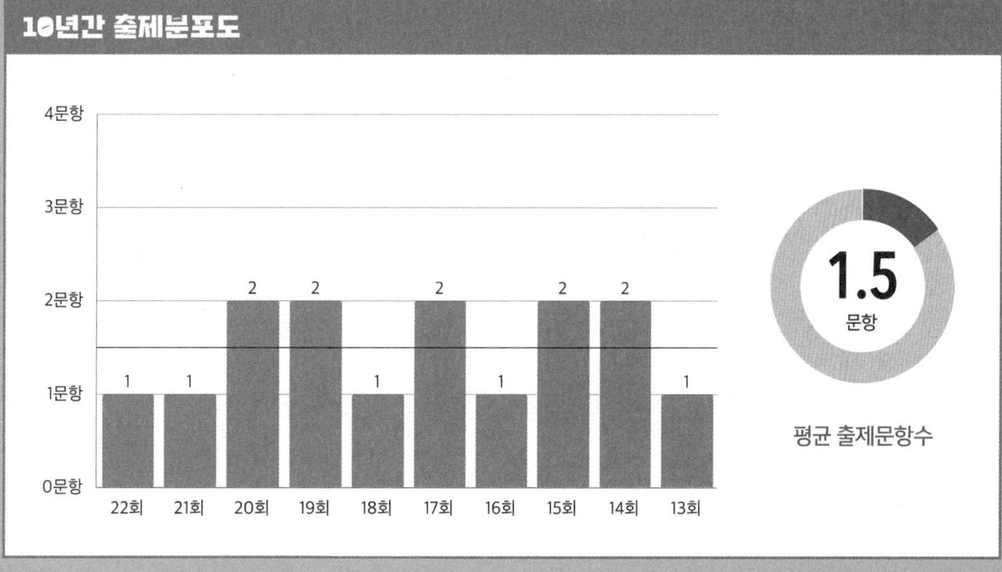

129 지역사회의 개념 등

강의 QR코드

1회독 월 일 | 2회독 월 일 | 3회독 월 일

최근 10년간 15문항 출제

이론요약

지역사회의 개념

기본개념
지역사회복지론 pp.20~

- 지리적 의미의 지역사회: 지리적, 공간적 속성에 근거한 집단
- 기능적 의미의 지역사회: 공통의 이해관계나 특성에 따라 모인 집단
- 지리적 의미의 지역사회에서 기능적 지역사회 개념으로 변화
- 시간과 공간을 뛰어 넘는 사이버공동체, 가상공동체(virtual community) 등 새로운 형태의 지역사회 출현

지역사회에 대한 다양한 정의

- 파크와 버제스(Park & Burgess) – "지역사회라는 용어는 한 지역을 구성하는 사람들과 조직들의 지리적 분포라는 견지에서 고려될 수 있는 사회와 사회집단에 적용된다. 모든 지역사회는 사회이지만, 모든 사회가 지역사회는 아니다."
- 맥키버(MacIver) – "지역사회란 모든 형태의 공동생활지역으로서 부락 혹은 읍, 시, 도, 국가 혹은 더 넓은 지역까지도 포함한다. 어느 지역이 지역사회로 불리기 위해서는 다른 지역과 구별될 수 있어야 하고, 공동생활이란 그 지역의 개척자들이 부여한 특별한 의미를 가질 수 있는 자체적인 특성을 지녀야 한다."
- 워렌(Warren) – "지역사회는 지역적 접합성을 가지는 주요한 사회적 기능을 수행하는 사회적 단위 및 체계의 결합이다."
- 힐러리(Hillery) – "지역사회는 지역적 영역의 공유, 공동의 유대, 사회·문화적 상호작용 등의 3가지 구성요소가 나타난다."

지역사회를 바라보는 이론적 관점

- 지역사회 상실이론: 도시화로 인해 전통적인 공동체는 쇠퇴했다고 보는 관점으로 지역사회는 더 이상 존재하지 않는 잃어버린 것으로 간주
- 지역사회 보존이론: 상실이론에 대한 반론으로 제기된 이론. 도시에도 전통적 농촌사회와 같이 혈연, 이웃, 친구 등을 통해 사회적 지지를 받음
- 지역사회 개방이론: 기존의 지역성이라는 한정된 범주를 넘어 기능적 의미를 포괄. 사회적 지지망의 관점에서 비공식적 연계를 강조

공동사회와 이익사회(퇴니스)

서구 사회의 역사적 발전을 '공동사회 연합체 → 공동사회 협의체 → 이익사회 협의체 → 이익사회 연합체'의 순서로 설명

- 공동사회 연합체: 가족, 혈연, 이웃이나 친구를 통한 관계. 가족중심의 비공식복지
- 공동사회 협의체: 공동의 노동이나 직업적 소명에 기초한 관계. 교회나 길드 등에 의한 초기 형태의 공식복지
- 이익사회 협의체: 합리성 및 이해타산에 기초한 관계. 민간에 의한 자선적 조직 강조. 아직은 미약한 공식복지
- 이익사회 연합체: 산업화로 피폐해진 인간관계의 회복과 사회적 연대의 가치를 강조. 공식적 · 제도적 복지의 발전

좋은 지역사회의 특징(워렌)

- 구성원 사이의 인격적인 관계 형성
- 권력의 폭넓은 분산과 배분
- 다양한 소득집단, 인종집단, 종교집단, 이익집단을 포용
- 높은 수준의 지역적 통제
- 의사결정 과정에서 협력의 극대화, 갈등의 최소화
- 주민들의 자율성 보장

지역사회의 유형화(던햄)

- 인구 크기: 대도시, 중소도시
- 경제적 기반: 어촌, 산촌
- 정부 행정구역: 특별시, 광역시, 시 · 군 · 구
- 인구구성의 사회적 특수성: 외국인 밀집 지역 등

지역사회의 기능(길버트와 스펙트)

- 생산 · 분배 · 소비 → 경제제도: 일상생활을 위해 필요한 재화와 서비스를 생산, 분배, 소비하는 과정과 관련된 기능
- 사회화 → 가족제도 : 지역사회 구성원들이 사회를 구성하는 가족, 집단, 조직, 지역사회의 지식, 가치, 행동유형을 터득하는 과정과 관련된 기능
- 사회통제 → 정치제도: 지역사회가 그 구성원들에게 사회의 규범(법, 도덕, 규칙 등)에 순응하게 하는 기능
- 사회통합 → 종교제도: 지역사회 구성원들의 상호 간 협력, 결속력 등을 강조하는 기능
- 상부상조 → 사회복지제도: 지역사회 구성원들이 서로에게 도움을 주는 것과 관련된 기능

지역사회 기능의 비교척도(워렌)

- 지역적 자치성: 지역사회의 기능을 수행하는 데 있어 타 지역에 의존하는 정도
- 서비스 영역의 일치성: 서비스 영역이 동일지역 내에서 이루어지고 있는 정도
- 지역에 대한 주민들의 심리적 동일시: 지역주민들이 가지는 소속감의 정도
- 수평적 유형: 지역사회 내의 상이한 단위조직들의 상호 관련성

기출문장 CHECK

01 (22-05-02) 길버트와 스펙트가 제시한 지역사회의 기능 중 상부상조의 기능은 사회적 위험으로부터 어려움에 직면하게 되었을 때 구성원들 간에 서로 돕는 것이다.

02 (21-05-01) 길버트와 스펙트(N. Gilbert & H. Specht)의 지역사회 기능 중 사회통제 기능은 구성원들이 지역사회의 다양한 사회적 규범을 준수하고 순응하게 하는 것이다.

03 (20-05-01) 워렌(R. Warren)이 제시한 지역사회 비교척도 중 수평적 유형은 지역사회 내 상이한 단위 조직들 간의 구조적 · 기능적 관련 정도를 말한다.

04 (20-05-02) 생산 · 분배 · 소비 기능은 지역주민들이 필요한 재화와 서비스를 어느 정도 제공받을 수 있느냐를 결정하는 것을 의미하며, 사회통제 기능은 구성원들이 사회의 규범에 순응하게 하는 것을 의미한다.

05 (19-05-01) 기능적 공동체는 멤버십(membership) 공동체 개념을 말하며, 가상공동체인 온라인 커뮤니티도 포함된다.

06 (19-05-06) 던햄(A. Dunham)은 지역사회의 유형을 인구 크기, 산업구조 및 경제적 기반, 행정구역, 인구 구성의 사회적 특수성 등에 따라 구분하였다.

07 (18-05-02) 지역사회를 상호의존적인 집단들의 결합체로도 볼 수 있다(그린, Green).

08 (17-05-01) 지역사회의 기본요소(힐러리, Hillery): 사회적 상호작용, 공동의 유대감, 지리적 영역의 공유

09 (17-05-04) 다양성 존중과 사회가치의 공유, 구성원의 자율성 유지와 공동이익의 극대화, 법적 테두리 내에서 공동선의 추구와 조정 등은 지역사회의 역량을 향상시키는 요소이다.

10 (16-05-01) 던햄(A. Dunham)은 지역사회를 인구크기, 경제적 기반, 행정구역, 사회적 특수성으로 유형화했다.

11 (16-05-01) 퇴니스(F. Tönies)는 지역사회를 공동사회와 이익사회로 구분했다.

12 (15-05-02) 지역사회기능의 비교 척도: 서비스의 일치성, 심리적 동일시, 자치성, 수평적 유형

13 (15-05-03) 지리적 지역사회는 일정한 지리적 공간을 공유하는 사람들의 집단을 의미한다.

14 (14-05-01) 로스(Ross): 지역사회를 지리적인 지역사회와 기능적인 지역사회로 구분

15 (14-05-01) 워렌(Warren): 지역적 접합성을 가지는 주요한 사회적 기능수행의 단위와 체계의 결합

16 (14-05-02) 사회통합 기능의 예: '을' 종교단체가 지역주민 어르신을 대상으로 경로잔치를 개최하고 후원물품을 나누어준다.

17 (13-05-03) 모든 지역사회는 사회(society)이나, 모든 사회가 지역사회는 아니다.

18 (12-05-13) 외국인노동자 공동체는 일정한 지리적 공간 내에서 구성될 수 있다. 공동의 관심 및 정체성을 공유한다.

19 (11-05-02) 워렌은 좋은 지역사회를 위해서는 다양한 소득, 인종, 종교, 이익집단이 포함되어 있어야 하며, 구성원 사이에 인격적 관계가 이루어져야 한다고 보았다.

20 (10-05-02) 교통 및 통신수단의 발달로 과거에 비해 기능적 지역사회가 더 많이 나타나게 되었다.

21 (10-05-06) 사회통제의 기능: 지역사회 내 경찰과 사법권을 통해 그 구성원들에게 순응하도록 강제력을 발휘한다.

22 (09-05-01) 지역사회는 사회적 동질성에 의해 형성될 수 있다.

23 (08-05-01) 사이버 공동체, 가상 공동체 등이 지역사회로서 새롭게 등장하고 있다.

24 (07-05-01) 지역사회를 갈등의 장으로서 설명하기도 한다.

25 (06-05-01) 향우회, 읍 · 면 · 동, 동성애집단, 중산층이 모여 사는 아파트 등은 모두 지역사회로 볼 수 있다.

26 (05-05-01) 지역사회는 상호유대감, 공통된 문화 및 가치 등을 토대로 형성된다.

27 (03-05-01) 일정한 지리적 영역 내에서 같이 거주하는 사람들의 집합체는 지리적 의미의 지역사회이다.

복습 2 기출확인

대표기출 확인하기

18-05-02 난이도 ★★☆

지역사회에 관한 설명으로 옳지 않은 것은?

① 지역사회에 대한 정의나 구분은 학자에 따라 매우 다양하다.
② 현대의 지역사회는 지리적 개념을 넘어 기능적 개념까지 포괄하는 추세이다.
③ 지역사회를 상호의존적인 집단들의 결합체로도 볼 수 있다.
④ 펠린(P. F. Fellin)은 역량있는 지역사회를 바람직한 지역사회로 보았다.
⑤ 로스(M. G. Ross)는 지역사회의 기능을 사회통제, 사회통합 등 다섯 가지로 구분하였다.

알짜확인

- 지리적 의미의 지역사회와 기능적 의미의 지역사회에 대해 살펴보자.
- 상실이론, 보존이론, 개방이론 등 지역사회를 바라보는 이론적 관점에 대해 정리해두자.
- 공동사회에서 이익사회로 발전되었다고 본 퇴니스의 이론을 정리해두자.
- 던햄이 제시한 지역사회의 유형화에 대해 살펴보자.
- 길버트와 스펙트는 지역사회의 기능과 사회적 제도를 연결하여 설명하였다.
- 워렌이 제시한 지역사회 기능의 비교 척도에 대해 정리해두자.

답 ⑤

응시생들의 선택

① 1%	② 2%	③ 16%	④ 16%	⑤ 65%

⑤ 지역사회의 기능을 다섯 가지로 구분한 학자는 길버트와 스펙트(Gilbert & Specht)이다.

관련기출 더 보기

22-05-02 난이도 ★☆☆

길버트와 스펙트(N. Gilbert & H. Specht, 1974)가 제시한 지역사회의 기능은?

> 사회적 위험으로부터 어려움에 직면하게 되었을 때 구성원들 간에 서로 돕는 것

① 생산 · 분배 · 소비의 기능
② 사회화의 기능
③ 상부상조의 기능
④ 사회통합의 기능
⑤ 사회통제의 기능

답 ③

응시생들의 선택

① 0%	② 3%	③ 86%	④ 9%	⑤ 2%

지역사회의 기능(길버트와 스펙트)

- 생산 · 분배 · 소비의 기능: 일상생활을 위해 필요한 재화와 서비스를 생산, 분배, 소비하는 과정과 관련된 기능
- 사회화의 기능: 사회가 향유하고 있는 지식, 사회적 가치 등을 지역사회 구성원에게 전달하는 기능
- 사회통제의 기능: 지역사회가 그 구성원들에게 사회의 규범(법, 도덕, 규칙 등)에 순응하게 하는 기능
- 사회통합의 기능: 지역사회 구성원들의 상호 간 협력, 결속력 등을 강조하는 기능
- 상부상조의 기능: 구성원들이 기존 사회제도에 의해서 욕구를 충족할 수 없는 경우에 강조되는 기능

20-05-01 난이도 ★★★

다음은 워렌(R. Warren)이 제시한 지역사회 비교척도 중 어느 것에 해당하는가?

지역사회 내 상이한 단위 조직들 간의 구조적·기능적 관련 정도

① 지역적 자치성
② 서비스 영역의 일치성
③ 수평적 유형
④ 심리적 동일성
⑤ 시민통제

답 ③

응시생들의 선택

① 29%	② 32%	③ 32%	④ 6%	⑤ 1%

③ 워렌(R. Warren)이 제시한 지역사회 비교척도 중 수평적 유형은 지역사회 내의 상이한 단위조직들의 상호 관련성을 말한다.

20-05-02 난이도 ★☆☆

길버트와 스펙트(N. Gilbert & H. Specht)가 제시한 지역사회의 기능으로 옳은 것은?

- (ㄱ) 기능: 지역주민들이 필요한 재화와 서비스를 어느 정도 제공받을 수 있느냐를 결정하는 것
- (ㄴ) 기능: 구성원들이 사회의 규범에 순응하게 하는 것

① ㄱ: 생산·분배·소비, ㄴ: 사회통제
② ㄱ: 사회통합, ㄴ: 상부상조
③ ㄱ: 사회통제, ㄴ: 사회통합
④ ㄱ: 생산·분배·소비, ㄴ: 상부상조
⑤ ㄱ: 상부상조, ㄴ: 생산·분배·소비

답 ①

응시생들의 선택

① 90%	② 2%	③ 4%	④ 3%	⑤ 1%

- 생산·분배·소비: 일상생활을 위해 필요한 재화 및 서비스의 생산·분배·소비에 관한 기능 → 경제제도
- 사회통제: 지역사회가 그 구성원들에게 사회의 규범에 순응하게 하는 기능 → 정치제도

19-05-01 난이도 ★☆☆

기능적 공동체에 관한 설명으로 옳은 것을 모두 고른 것은?

ㄱ. 멤버십(membership) 공동체 개념을 말한다.
ㄴ. 외국인근로자 공동체의 사례가 포함된다.
ㄷ. 가상공동체인 온라인 커뮤니티도 포함된다.
ㄹ. 사회문화적 동질성이 기반이 된다.

① ㄱ
② ㄴ, ㄹ
③ ㄷ, ㄹ
④ ㄱ, ㄴ, ㄹ
⑤ ㄱ, ㄴ, ㄷ, ㄹ

답 ⑤

응시생들의 선택

① 2%	② 2%	③ 7%	④ 6%	⑤ 83%

기능적 공동체는 지역적 경계를 넘어 공통된 관심사나 유사한 특징 등을 기반으로 형성되는 커뮤니티를 말한다.

덧붙임

외국인근로자 공동체는 밀집 지역에서 형성될 수도 있고(지리적 지역사회), 인터넷 동호회 등을 통해 지역과 무관하게 형성될 수도 있다(기능적 지역사회).

19-05-06 난이도 ★☆☆

던햄(A. Dunham)의 지역사회유형 구분과 예시의 연결로 옳지 않은 것은?

① 인구 크기 – 대도시, 중·소도시 등
② 산업구조 및 경제적 기반 – 농촌, 어촌, 산업단지 등
③ 연대성 수준 – 기계적연대 지역, 유기적연대 지역 등
④ 행정구역 – 특별시, 광역시·도, 시·군·구 등
⑤ 인구 구성의 사회적 특수성 – 쪽방촌, 외국인 밀집지역 등

답 ③

응시생들의 선택

① 4%	② 5%	③ 71%	④ 4%	⑤ 16%

던햄은 지역사회를 유형화하는 기준으로 인구의 크기에 따른 기준, 경제적 기반에 따른 기준, 정부의 행정구역에 따른 기준, 인구구성의 사회적 특수성에 따른 기준 등 네 가지를 제시하였다. ③ 연대성 수준은 유형화 기준에 해당하지 않는다.

17-05-04 난이도 ★☆☆

지역사회의 역량을 향상시키는 요소로 옳은 것을 모두 고른 것은?

ㄱ. 다양성 존중과 사회가치의 공유
ㄴ. 하위집단의 집합적인 동질성 강조
ㄷ. 구성원의 자율성 유지와 공동 이익의 극대화
ㄹ. 법적 테두리 내에서 공동선의 추구와 조정

① ㄱ, ㄴ
② ㄱ, ㄹ
③ ㄴ, ㄷ
④ ㄱ, ㄷ, ㄹ
⑤ ㄴ, ㄷ, ㄹ

답 ④

응시생들의 선택

① 5%	② 4%	③ 2%	④ 85%	⑤ 4%

ㄴ. 지역사회의 역량을 향상시키기 위해서는 다양한 소득집단, 인종집단, 종교집단, 이익집단을 포용하면서 의사소통을 통해 협력을 극대화할 수 있도록 하는 것이 필요하다.

15-05-02 난이도 ★★★

지역사회기능의 비교 척도로 옳지 않은 것은?

① 사회성: 지역사회의 사회적 분화 정도
② 서비스의 일치성: 지역사회 내 서비스 영역이 동일지역 내에서 일치하는 정도
③ 심리적 동일시: 지역주민들이 자기 지역을 중요한 준거집단으로 생각하는 정도
④ 자치성: 지역사회가 타 지역에 의존하지 않는 정도
⑤ 수평적 유형: 상이한 조직들의 구조적 · 기능적 관련 정도

답 ①

응시생들의 선택

① 28%	② 17%	③ 13%	④ 8%	⑤ 34%

워렌은 지역사회기능의 비교 척도로 지역적 자치성, 서비스 영역의 일치성, 지역에 대한 주민들의 심리적 동일시, 수평적 유형 등 4가지를 제시하였다. ①의 사회성은 포함되지 않는다.

14-05-01 난이도 ★★★

지역사회(community)에 관한 설명으로 옳지 않은 것은?

① 로스(M. G. Ross): 지역사회를 지리적인 지역사회와 기능적인 지역사회로 구분
② 메키버(R. M. MacIver): 인간의 공동생활이 영위되는 일정한 지역을 공동생활권으로 설명
③ 워렌(R. L. Warren): 지역적 접합성을 가지는 주요한 사회적 기능수행의 단위와 체계의 결합
④ 길버트와 스펙트(N. Gilbert & H. Specht): 지리적 영역, 사회 · 문화적 상호작용, 공동의 유대 등 3가지로 구성
⑤ 던햄(A. Dunham): 지역사회의 유형을 인구의 크기, 경제적 기반 등의 기준으로 구분

답 ④

응시생들의 선택

① 6%	② 19%	③ 18%	④ 37%	⑤ 20%

④ 길버트와 스펙트는 지역사회가 생산 · 분배 · 소비의 기능, 사회화의 기능, 사회통제의 기능, 사회통합의 기능, 상부상조의 기능 등을 공통적으로 수행한다고 말했다.
지리적 영역, 사회 · 문화적 상호작용, 공동의 유대 등 3가지의 구성요소를 제시한 학자는 힐러리(Hillery)이다.

10-05-06 난이도 ★☆☆

다음에서 설명하는 지역사회 기능은?

지역사회 내 경찰과 사법권을 통해 그 구성원들에게 순응하도록 강제력을 발휘한다.

① 사회통제
② 생산, 분배, 소비
③ 사회화
④ 사회통합
⑤ 상부상조

답 ①

응시생들의 선택

① 95%	② 1%	③ 1%	④ 2%	⑤ 1%

① 사회통제 기능은 지역사회 구성원들에게 사회의 규범(법, 도덕 등)에 순응하게 하는 기능을 의미한다.

복습 3

정답훈련

다음 내용이 왜 틀렸는지를 확인해보자

08-05-01

01 지리적 지역사회가 기능적 지역사회의 의미를 포괄한다.

지리적 지역사회는 지리적 범위 내에서 지역사회를 살펴보는 것이고, 기능적 지역사회는 지리적 범위를 넘어선 개념이기 때문에 지리적 지역사회가 기능적 지역사회를 포괄하는 것은 아니다.

02 던햄(Dunham)이 제시한 지역사회의 유형화는 기능적 의미의 지역사회를 고려하였다.

던햄의 지역사회 유형화는 지리적 차원에서 제시된 것이다.

10-05-02

03 산업화 이후 공동사회(Gemeinschaft)가 발전되어 왔다.

산업화 이후에는 이익사회 형태가 발전하였다.

10-05-02

04 장애인 부모회는 지리적 지역사회에 해당한다.

지리적 범위를 넘어 구성될 수도 있다.

05 지역사회 보존이론에서 말하는 지역사회는 지역성의 의미에서 벗어나 기능적 의미의 지역사회를 고려하였다.

기능적 차원을 고려한 것은 개방이론이다.
보존이론은 전통적으로 지역사회에 있던 기능들이 여전히 유효하게 일어나고 있다고 본 입장이다.

11-05-02

06 좋은 지역사회가 되기 위해서는 지역주민들의 자율권이 적절히 제한되어야 한다.

좋은 지역사회가 되기 위해서는 지역주민의 자율권이 보장되어야 한다.

빈칸에 들어갈 알맞은 말을 채워보자

10-05-02

01 지역사회를 지리적 의미와 기능적 의미로 구분하여 제시한 학자는 (　　　　　　　)이다.

17-05-01

02 힐러리는 지역사회의 기본 3요소로 (　　　　　　　), 공동의 유대감, 지리적 영역의 공유 등을 제시하였다.

14-05-01

03 지역사회의 기능을 측정하는 기준으로 지역적 자치성, 서비스 영역의 일치성, 심리적 동일시, 수평적 유형 등 4가지를 제시한 학자는 (　　　　　　　)이다.

16-05-01

04 던햄(Dunham)은 인구 크기 기준, (　　　　　　　) 기준, 행정구역 기준, 사회적 특수성 기준 등에 따라 지역사회를 유형화하였다.

05 지역사회 (　　　　　　　)이론은 상실이론에 대한 반론으로 제기되어 현대에도 전통사회와 유사하게 지역사회의 사회적 기능이 이루어지고 있다고 본 관점이다.

14-05-02

06 '을' 종교단체가 지역주민 어르신을 대상으로 경로잔치를 개최하고 후원물품을 나누어준 것은 지역사회의 기능 중 (　　　　　　　) 기능의 사례에 해당한다.

07 퇴니스에 따르면, (① 　　　　　　　)사회는 전통적이고 정서적인 관계를 기반으로 하며, (② 　　　　　　　)사회는 개인주의 및 합리적 이익추구를 기초로 한다.

15-05-02

08 지역사회 비교 척도 중 (　　　　　　　)은/는 지역주민들이 자기 지역을 중요한 준거집단으로 생각하는 정도를 말한다.

16-05-01

09 길버트와 스펙트는 지역사회의 (　　　　　　　) 기능이 현대의 사회복지제도로 정착되었다고 보았다.

21-05-01

10 길버트와 스펙트의 지역사회 기능 중 구성원들이 지역사회의 다양한 사회적 규범을 준수하고 순응하게 하는 것은 (　　　　　　　) 기능에 해당한다.

답 **01** 로스(Ross) **02** 사회적 상호작용 **03** 워렌(Warren) **04** 경제적 기반 **05** 보존 **06** 사회통합 **07** ① 공동 ② 이익 **08** 심리적 동일시 **09** 상부상조 **10** 사회통제

다음 내용이 옳은지 그른지 판단해보자

15-05-03

01 지리적 지역사회는 일정한 지리적 공간을 공유하는 사람들의 집단을 의미한다. 

14-05-02

02 '갑' 마을에서 인사 잘하는 마을 만들기를 위하여 조례를 제정하고, 위반하는 청소년에게 벌금을 강제로 부과하도록 하는 것은 지역사회의 사회화 기능에 해당한다. 

13-05-03

03 모든 지역사회는 사회(society)이나, 모든 사회가 지역사회는 아니다. 

04 맥키버(MacIver)는 공동생활권의 차원에서 지역사회를 설명하며 지역사회의 범위를 부락, 읍 단위로 한정하였다. 

05 워렌(Warren)은 좋은 지역사회는 구성원 사이에 인격적 관계를 바탕으로 한다고 보았다. 

16-05-01

06 기능적 지역사회는 이념, 사회계층, 직업유형 등을 중심으로 이루어진다. 

12-05-13

07 외국인노동자 공동체와 유사한 공동체는 공동의 관심을 바탕으로 정체성을 공유하면서도 상호작용이 활발히 일어나지 않는 특징이 있다. 

15-05-03

08 지역사회는 이익사회에서 공동사회로 발전한다. 

답 **01** ○ **02** × **03** ○ **04** × **05** ○ **06** ○ **07** × **08** ×

해설 **02** 조례 제정과 같이 제도, 규범 등을 따르도록 하는 기능은 사회통제의 기능에 해당한다.
04 모든 형태의 공동생활지역으로 부락이나 읍 외에 시·도, 국가 혹은 더 넓은 지역도 지역사회로 포함된다고 설명하였다.
07 공동의 관심과 정체성을 공유하면서 상호작용이 활발히 일어나게 된다.
08 지역사회는 공동사회에서 이익사회로 발전한다(퇴니스).

지역사회복지와 지역사회복지실천

이 장에서는

지역사회복지와 지역사회복지실천의 개념 및 의미를 살펴본다. 지역사회복지와 관련된 이념 및 개념을 비롯해 지역사회복지실천의 목적 및 기능, 원칙 등에 대해 학습한다.

10년간 출제분포도

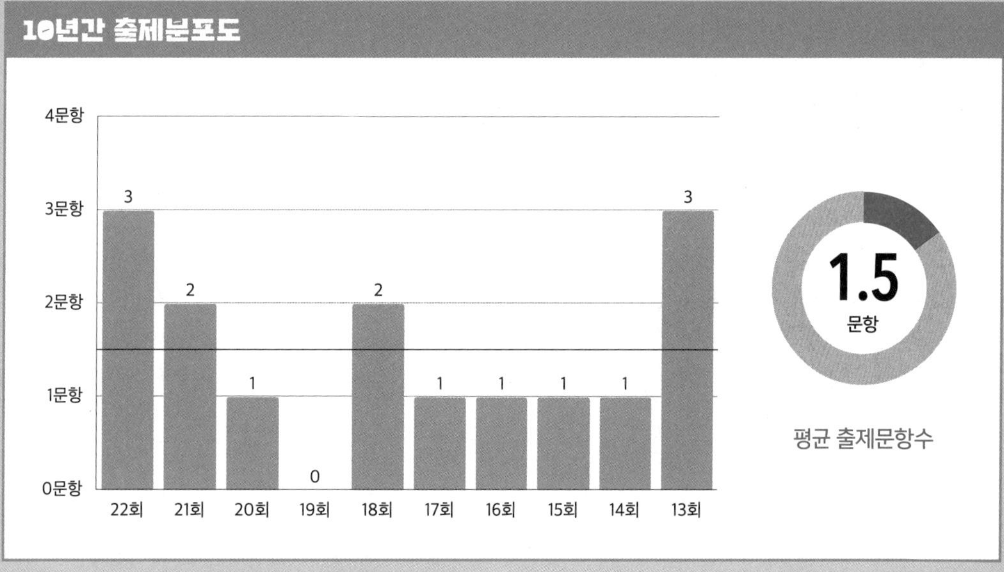

130 지역사회복지실천의 원칙 및 가치 등

1회독	2회독	3회독
월 일	월 일	월 일

최근 10년간 9문항 출제

1 이론요약

지역사회복지실천의 원칙

- 지역사회는 있는 그대로 이해하고 수용
- 일차적인 클라이언트는 지역사회
- 지역사회의 개별화 존중 원칙
- 문제해결에 있어 다양성을 존중해야 함
- 주민참여, 이용자의 주체적 참여 강조
- 지역사회 내 다양한 계층의 적극적 참여
- 지역사회의 네트워크화
- 기관 간 협력 및 분담
- 민 · 관 협동
- 욕구의 가변성에 대한 이해
- 지역사회복지실천은 목적이 아니라 수단(궁극적 목적은 인간의 복지와 성장)
- 지역사회는 자기결정의 권리를 가지며, 강요에 의한 사업 추진은 거부
- 기관의 이익보다 지역주민의 욕구 우선
- 민주적 태도 견지
- 특정 계층이나 특정 집단이 아닌 광범위한 집단의 이익을 고려

지역사회복지실천의 가치

- 다양성 및 문화의 이해: 다양한 문화가 인간행동과 사회에 미치는 영향, 기능을 파악하는 것
- 임파워먼트: 지역사회주민의 참여를 강조. 주민의 주체성을 키우고 부정적 자아상을 불식시키는 것
- 사회정의와 균등한 자원배분: 억압적이거나 정의롭지 못한 사회현실을 개혁하기 위한 노력
- 상호학습: 사회변화의 과정에서 실천가와 지역사회주민이 동등한 파트너와 교육자로서 적극적 학습자가 되는 것
- 비판의식 개발: 억압을 조장하는 사회의 메커니즘을 이해하고 그러한 사회 구조 및 의사결정 과정에 주의를 집중하는 것

기출문장 CHECK

01 (22-05-08) 사회복지사는 자신이 가지고 있는 가치와 신념, 행동과 관습 등이 참여자보다 상위에 있는 전문가라고 생각할 수 있기 때문에 상호학습을 통하여 참여자들의 문화적 배경에 대해 배우고자 하는 자세가 필요하다.

02 (22-05-09) 지역사회복지실천 과정에서 지역사회 욕구 변화에 유연하게 대응해야 한다.

03 (22-05-09) 지역사회복지실천 과정에서 개입 목표 설정과 평가는 지역주민을 중심으로 이루어져야 한다.

04 (22-05-09) 지역사회복지실천에서는 지역사회의 자기결정권이 강조된다.

05 (21-05-08) 지역사회복지실천의 원칙으로 지역사회 기관 간 협력관계 구축, 지역사회 특성을 반영한 계획 수립, 욕구 가변성에 따른 실천과정의 변화 이해, 지역사회 변화에 초점을 둔 개입 등이 있다.

06 (20-05-06) 지역사회복지실천의 원칙: 지역주민 간의 상생협력화, 지역사회 특징을 반영한 실천, 지역사회 구성원 관점의 목표 형성, 지역사회 문제의 구조적 요인을 고려한 개입 등

07 (18-05-07) 지역사회복지실천은 억압을 조장하는 사회구조 및 의사결정과정을 주시하고 이해해야 하며, 억압적이고 정의롭지 못한 사회현실을 개혁하기 위해 노력해야 한다.

08 (18-05-07) 지역사회복지실천가는 불리한 조건에 처한 주민들의 역량강화에 주목해야 한다.

09 (17-05-05) 지역주민 간의 협력 관계 구축, 지역사회 구성원 중심의 목표 형성과 평가, 사회문제의 구조적 요인을 반영한 개입 방안 마련, 지역사회 변화에 초점을 둔 단계적 개입 등은 지역사회복지실천의 원칙이 된다.

10 (13-05-06) 지역사회복지실천은 문화적 다양성 존중, 배분적 사회정의, 임파워먼트, 상호학습 등의 가치를 추구한다.

11 (13-05-09) 지역사회복지실천에 있어 지역사회는 개인과 동일하게 자기결정의 권리를 갖는다.

12 (13-05-09) 지역사회복지실천에 있어 지역사회는 있는 그대로 이해되고 수용되어야 한다.

13 (12-05-02) 지역사회복지실천을 위해 지역사회에 대한 지역주민들의 불만을 집약한다.

14 (12-05-02) 지역사회복지실천을 위해 지역사회에서 달성하려는 공동의 목표와 이를 실천할 수 있는 방법을 수립한다.

15 (12-05-02) 지역사회복지실천에서는 지역주민들이 의사를 자유롭게 표현하도록 한다.

16 (12-05-02) 지역사회복지실천을 위해 지역주민들의 공감을 얻을 수 있는 풀뿌리 지도자를 발굴한다.

17 (11-05-09) 지역사회복지실천 활동은 지역주민과 그들의 욕구에 관심을 가져야 한다.

18 (11-05-09) 지역사회복지실천의 일차적인 클라이언트는 지역사회이어야 한다.

19 (08-05-02) 지역사회복지실천은 다양성, 역량강화, 배분적 사회정의, 비판의식 개발 등의 가치를 추구한다.

20 (07-05-05) 지역사회복지실천에서는 개별화의 원칙을 준수한다.

21 (07-05-05) 지역사회복지실천에서는 주민의 다양성을 인정하고, 각 계층의 적극적인 참여를 목표로 한다.

22 (06-05-12) 지역사회복지실천에서는 여러 계층의 적극적인 참여를 장려한다.

23 (06-05-12) 지역사회복지실천은 지역사회를 있는 그대로 이해하고 수용한다.

24 (06-05-12) 지역사회복지실천은 지역주민의 욕구충족을 목적으로 한다.

25 (06-05-12) 지역사회복지실천에 있어 사업을 진행하는 구조는 단순한 것이 좋다.

26 (06-05-21) 지역사회복지실천가들이 지역주민을 조직화하는 과정에서 서로 동등한 파트너로서 상호이해가 필요하다.

27 (06-05-21) 지역사회복지실천을 위해서는 지역사회에서 살아가는 사람들의 다양성과 문화를 이해할 필요가 있다.

28 (06-05-21) 지역사회복지실천에 있어 지역사회의 구조 및 의사결정과정에 대해 이해할 수 있는 비판적인 의식이 필요하다.

29 (06-05-21) 지역사회복지실천을 통해 지역사회의 불균등한 자원과 권력이 평등하게 분배될 수 있도록 한다.

복습 2

기출확인

대표기출 확인하기

22-05-09 난이도 ★★☆

지역사회복지실천 원칙으로 옳은 것을 모두 고른 것은?

ㄱ. 지역사회 욕구 변화에 따른 유연한 대응
ㄴ. 지역사회 주민을 중심으로 개입 목표 설정과 평가
ㄷ. 지역사회 특성의 일반화
ㄹ. 지역사회의 자기결정권 강조

① ㄱ, ㄴ
② ㄷ, ㄹ
③ ㄱ, ㄴ, ㄷ
④ ㄱ, ㄴ, ㄹ
⑤ ㄱ, ㄴ, ㄷ, ㄹ

알짜확인

- 지역사회복지실천에 있어서 고려해야 할 사항들인 원칙과 가치에 대해 살펴보자.
- 학자들마다 제시한 원칙이나 가치가 조금씩 다르기는 하지만 큰 틀에서 이해하면서 정리해두면 어렵지 않은 내용이다.
- 지역사회에도 개별화의 원칙이 적용된다는 점, 지역사회 내의 다양성이 존중되어야 한다는 점, 지역사회를 있는 그대로 이해하고 수용해야 한다는 점 등은 꼭 기억해두자.

답 ④

응시생들의 선택

① 3%	② 2%	③ 4%	④ 77%	⑤ 14%

ㄷ. 개인과 개인이 다른 것처럼 지역사회와 지역사회도 다르기 때문에 지역사회복지에 있어서도 개별화의 원칙이 적용되어야 한다.

관련기출 더 보기

20-05-06 난이도 ★☆☆

지역사회복지실천의 원칙으로 옳지 않은 것은?

① 지역사회 특성과 문제의 일반화
② 지역주민 간의 상생협력화
③ 지역사회 특징을 반영한 실천
④ 지역사회 구성원 관점의 목표 형성
⑤ 지역사회 문제의 구조적 요인을 고려한 개입

답 ①

응시생들의 선택

① 79%	② 6%	③ 2%	④ 7%	⑤ 6%

① 하나의 지역사회는 다른 지역사회와는 다른 특성과 문제를 갖고 있기 때문에 지역사회복지에서도 개별화의 원칙이 강조된다.

18-05-07 난이도 ★☆☆

지역사회복지실천 가치에 관한 설명으로 옳지 않은 것은?

① 상호학습이 없으면 비판적 의식은 제한적으로 생성됨
② 억압을 조장하는 사회구조 및 의사결정과정을 주시하고 이해함
③ 억압적이고 정의롭지 못한 사회현실 개혁을 위한 끊임없는 노력이 필요함
④ 실천가가 주목해야 할 역량강화는 불리한 조건에 처한 주민들의 능력 고취임
⑤ 다양한 문화에 대한 이해를 바탕으로 특수 문화가 있는 지역에서 일어나는 억압은 인정됨

답 ⑤

응시생들의 선택

① 5%	② 18%	③ 1%	④ 4%	⑤ 72%

⑤ 지역사회복지실천에서는 인간의 다양성과 다양한 문화에 대한 이해를 바탕으로 하며, 특수 문화에 대해 억압적인 사회적 분위기와 구조를 인식하고 비판하는 것도 중요하다.

17-05-05 난이도 ★★☆

지역사회복지실천의 원칙으로 옳지 않은 것은?

① 지역주민 간의 협력 관계 구축
② 지역사회 구성원 중심의 목표 형성과 평가
③ 지역사회의 특성과 문제의 일반화
④ 사회문제의 구조적 요인을 반영한 개입방안 마련
⑤ 지역사회 변화에 초점을 둔 단계적 개입

답 ③

응시생들의 선택

① 1%	② 11%	③ 64%	④ 17%	⑤ 7%

③ 지역사회의 특성과 문제에 대해서는 개별화된 접근이 필요하다.

12-05-02 난이도 ★☆☆

지역사회복지실천의 원칙으로 옳지 않은 것은?

① 지역사회에 대한 지역주민들의 불만을 집약한다.
② 사업추진의 효율성을 위하여 지역사회의 능력 탐색은 보류될 수 있다.
③ 지역사회에서 달성하려는 공동의 목표와 이를 실천할 수 있는 방법을 수립한다.
④ 지역주민들이 의사를 자유롭게 표현하도록 한다.
⑤ 지역사회에서 주민의 공감을 얻을 수 있는 풀뿌리 지도자를 발굴한다.

답 ②

응시생들의 선택

① 3%	② 94%	③ 0%	④ 0%	⑤ 3%

② 지역사회의 자원을 토대로 지역사회의 문제와 지역주민의 욕구를 해결할 수 있기 때문에 지역사회의 능력 탐색은 사업추진의 효율성을 위해 반드시 필요하다.

13-05-09 난이도 ★★☆

지역사회복지 실천원칙에 관한 설명으로 옳은 것을 모두 고른 것은?

ㄱ. 지역사회는 개인과 동일하게 자기결정의 권리를 갖는다.
ㄴ. 지역사회는 있는 그대로 이해되고 수용되어야 한다.
ㄷ. 개인과 집단처럼 각 지역사회는 상이하다.
ㄹ. 문제해결 접근방법에서 다양성은 배제되어야 한다.

① ㄱ, ㄴ, ㄷ
② ㄱ, ㄷ
③ ㄴ, ㄹ
④ ㄹ
⑤ ㄱ, ㄴ, ㄷ, ㄹ

답 ①

응시생들의 선택

① 67%	② 17%	③ 5%	④ 4%	⑤ 9%

ㄹ. 문제해결 접근방법에서 다양성을 존중하도록 해야 한다.

11-05-09 난이도 ★☆☆

지역사회복지실천의 원칙으로 옳지 않은 것은?

① 사회복지기관들이 서로 협력하고 기능을 분담하도록 한다.
② 지역사회복지실천 활동은 지역주민과 그들의 욕구에 관심을 가져야 한다.
③ 일차적인 클라이언트는 지역사회이어야 한다.
④ 사회복지기관의 효과적인 운영을 위해 집중과 분산이 병행되어야 한다.
⑤ 사회복지기관의 이익을 우선해야 한다.

답 ⑤

응시생들의 선택

① 0%	② 0%	③ 1%	④ 0%	⑤ 99%

⑤ 지역사회복지실천에서는 기관의 이익보다 지역주민의 욕구를 우선적으로 고려해야 한다.

복습 3

정답훈련

다음 내용이 왜 틀렸는지를 확인해보자

06-05-12

01 지역사회복지실천은 지역사회의 특성을 일반화해야 한다.

지역사회의 특성을 개별화해야 한다.

13-05-06

02 지역사회복지실천은 문화적 다양성 존중, 배분적 사회정의, 임파워먼트 등의 가치를 추구하며, 비판의식을 지양한다.

지역사회복지실천은 지역사회 내에 있는 문제를 인식하고, 억압을 조장하는 사회구조를 파악하여 문제가 해결될 수 있도록 노력한다는 점에서 비판의식을 지양하는 것이 아니라 지향한다.

06-05-12

03 지역사회복지실천을 위해서는 지역사회에 대한 비판적 수용이 요구된다.

지역사회를 이해하고 있는 그대로 수용해야 한다.

04 지역사회복지실천은 지역사회에서 소외된 계층의 이익 확대라는 제한된 목적으로 이루어져야 한다.

지역사회복지실천은 소외된 계층뿐만 아니라 지역사회 전체의 이익을 도모한다. 따라서 그 참여에 있어서도 특정 계층이나 특정 집단이 아닌 다양한 집단들의 참여를 강조한다.

13-05-09

05 지역사회복지실천은 문제해결 접근방법에서 다양성을 배제해야 한다.

다양성을 존중해야 한다.

12-05-02

06 지역사회복지실천에 있어 사업추진의 효율성을 위해 지역사회의 능력탐색은 보류될 수 있다.

지역사회의 능력, 강점, 자원을 토대로 지역사회의 문제와 지역주민의 욕구를 해결할 수 있기 때문에 지역사회의 능력탐색은 사업추진의 효율성을 위해 반드시 필요하다.

다음 내용이 옳은지 그른지 판단해보자

01 지역사회복지실천은 사회복지 실현을 위한 목적이다. ⓞ ⓧ

02 지역복지 활동의 토대는 개인적 욕구를 넘어서는 사회적 욕구이다. ⓞ ⓧ

03 지역사회복지실천에서 일차적인 클라이언트는 지역사회 내 소외계층이다. ⓞ ⓧ

21-05-08

04 지역사회복지실천에서는 지역사회 기관 간 협력관계 구축을 중요시한다. ⓞ ⓧ

21-05-08

05 지역사회복지실천에서는 욕구의 가변성에 따른 실천과정의 변화를 이해해야 한다. ⓞ ⓧ

22-05-08

06 사회복지사는 자신이 가지고 있는 가치와 신념, 행동과 관습 등이 참여자보다 상위에 있는 전문가라고 생각할 수 있기 때문에 상호학습을 통하여 참여자들의 문화적 배경에 대해 배우고자 하는 자세가 필요하다. ⓞ ⓧ

07 지역사회복지실천에 있어 주민참여를 확대하기 위해 주민에 대한 강제적인 참여 방안을 기획하는 것이 필요하다. ⓞ ⓧ

답 **01**× **02**○ **03**× **04**○ **05**○ **06**○ **07**×

해설 **01** 지역사회복지실천은 목적이 아니라 수단이다.
03 지역사회복지실천에서 일차적인 클라이언트는 지역사회이다.
07 주민의 참여는 어디까지나 주체적이고 자율적으로 이루어져야 한다.

131 지역사회복지 관련 개념

1회독 월 일 | 2회독 월 일 | 3회독 월 일

최근 10년간 2문항 출제

복습 1 이론요약

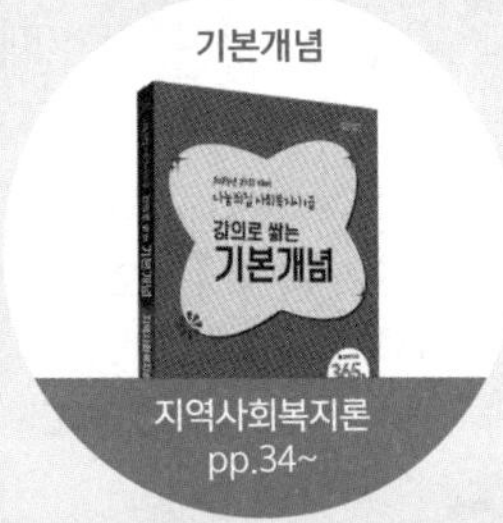

시설보호

- 주거 개념을 포함하며 직원이 함께 거주
- **규율과 절차에 따라 자유와 선택이 제한되며 폐쇄적임**

시설의 사회화

- **시설 자원을 지역사회에 제공**, 사회복지에 대한 주민교육과 체험을 돕는 활동
- 시설과 서비스의 개방, 시설 운영의 개방
- 시설생활자의 지역사회 참여, 시설의 지역사회활동 참여 및 지원

지역사회보호

- 시설보호의 문제점을 해결하기 위한 대안으로 제기된 개념
- 지역사회에서 일상적 삶을 유지하면서 살아갈 수 있도록 사회복지서비스를 제공
- **가정이나 유사한 지역사회 내의 환경에서 서비스 제공**

재가보호(재가복지)

- 서비스 제공자가 **클라이언트 집에 찾아가 서비스를 제공**
- 방문서비스나 단기보호서비스 등도 포함
- 기관에 의해 이루어지는 **공식적 서비스**와 가족이나 이웃 등에 의해 이루어지는 **비공식적 서비스를 모두 포함**

지역사회조직

- 전통적인 전문사회복지실천의 한 방법으로서 공공과 민간 사회복지기관의 전문사회복지사에 의해 수행
- 조직적이고 의도적 · 계획적이며 과학적인 지식과 기술을 사용

지역사회개발

- 주민들 스스로 삶의 질 향상을 위해 대처기술을 획득하도록 지원하는 활동
- 사회자본의 증대로 이어짐

기출문장 CHECK

01 (22-05-01) 지역사회보호는 1950년대 영국의 정신장애인과 지적장애인 시설수용보호에 대한 문제제기로 등장하였으며, 지역사회복지의 가치인 정상화와 관련이 있다.

02 (16-05-02) 지역사회조직(community organization)은 전통적인 전문 사회복지실천방법 중 하나이다.

03 (16-05-02) 지역사회보호(community care)는 가정 또는 그와 유사한 지역사회 내의 환경에서 서비스를 제공하는 사회적 돌봄의 형태이다.

04 (16-05-02) 재가보호(domiciliary care)는 대상자의 가정에서 서비스를 받는 것을 의미한다.

05 (12-05-01) 지역사회개발을 통하여 지역사회 구성원들의 사회적 관계를 향상시킬 수 있다.

06 (10-05-01) 지역사회조직: 전통적인 전문사회사업실천의 한 방법이며, 공공과 민간 사회복지기관의 전문사회복지사에 의해 수행된다. 이것은 보다 조직적이고, 추구하는 변화에 대해 의도적이며, 과학적인 지식과 기술을 사용한다.

07 (07-05-21) 시설의 사회화: 사회복지시설의 자원을 지역사회에 제공하고, 사회복지에 대한 주민들의 교육, 체험을 돕는 제반 활동을 의미한다.

08 (05-05-18) 시설 서비스의 개방, 지역사회 행사에의 참여, 지역주민에게 시설 개방 등은 생활시설의 사회화와 관련된 내용이다.

09 (04-05-01) 지역사회조직은 전통적인 전문사회사업의 방법 중의 하나이다.

10 (04-05-01) 지역사회조직은 지역사회를 중심으로 이루어지는 사회복지실천이다.

11 (03-05-20) 재가복지는 다양한 욕구충족을 위한 서비스 연계체계 구축에도 관심을 둔다.

12 (02-05-08) 지역사회조직은 공공성, 연대성, 자발성, 책임성 등의 성격을 갖는다.

13 (02-05-24) 생활시설의 개방화를 위해서는 시설의 설비 및 공간을 적극적으로 활용하고 시설생활자의 지역활동에의 참여를 지원해야 한다.

복습 2
기출확인

대표기출 확인하기

16-05-02 난이도 ★☆☆

지역사회복지 관련 개념에 대한 설명으로 옳지 않은 것은?

① 지역사회조직(community organization)은 전통적인 전문 사회복지실천방법 중 하나이다.
② 지역사회개발(community development)은 지역사회 문제를 해결하기 위해 전문가에 의한 주도적 개입을 강조한다.
③ 지역사회보호(community care)는 가정 또는 그와 유사한 지역사회 내의 환경에서 서비스를 제공하는 사회적 돌봄의 형태이다.
④ 지역사회복지실천(community practice)은 지역사회를 대상으로 하는 사회복지실천을 포괄적으로 일컫는 개념이다.
⑤ 재가보호(domiciliary care)는 대상자의 가정에서 서비스를 받는 것을 의미한다.

알짜확인

- 시설보호, 시설의 사회화, 지역사회보호, 재가복지, 지역사회조직, 지역사회개발, 지역사회계획, 지역사회교육, 지역사회행동 등 지역사회복지와 관련된 개념들을 정리해두자.

답 ②

응시생들의 선택

① 13%	② 78%	③ 5%	④ 1%	⑤ 3%

② 지역사회개발은 지역주민의 참여가 핵심이다. 주민들이 함께 연대감을 갖고 상호신뢰와 공동체 의식을 바탕으로 지역사회의 문제를 해결해나간다.

관련기출 더 보기

22-05-01 난이도 ★★☆

다음이 설명하는 것은?

> 1950년대 영국의 정신장애인과 지적장애인 시설수용보호에 대한 문제제기로 등장하였으며, 지역사회복지의 가치인 정상화(normalization)와 관련이 있다.

① 지역사회보호
② 지역사회 사회 · 경제적 개발
③ 자원개발
④ 정치 · 사회행동
⑤ 주민조직

답 ①

응시생들의 선택

① 79%	② 7%	③ 1%	④ 8%	⑤ 5%

지역사회보호는 시설보호의 문제점이 지적되면서 그 대안으로서 지역사회에서 일상적인 삶을 살아가면서 복지서비스를 받을 수 있도록 제기된 개념이다. 탈시설화 및 정상화 원리와 관련된다.

10-05-01 난이도 ★☆☆

다음에서 설명하는 것은?

> 전통적인 전문사회사업실천의 한 방법이며, 공공과 민간 사회복지기관의 전문사회복지사에 의해 수행된다. 이것은 보다 조직적이고, 추구하는 변화에 대해 의도적이며, 과학적인 지식과 기술을 사용한다.

① 지역화폐운동
② 지역사회보호
③ 가상공동체
④ 시설보호
⑤ 지역사회조직

답 ⑤

응시생들의 선택

① 2%	② 13%	③ 1%	④ 4%	⑤ 80%

⑤ 지역사회조직은 사회사업의 전통적인 방법 중 하나로서, 지역사회를 구성하는 개인, 집단, 이웃의 사회복지를 향상시키기 위해 지역사회 수준에서 전개되는 일련의 활동을 말한다.

복습 3 정답훈련

다음 내용이 왜 틀렸는지를 확인해보자

07-05-21

01 시설의 전문화는 사회복지시설의 자원을 지역사회에 제공하고, 사회복지에 대한 주민들의 교육, 체험을 돕는 제반활동을 의미한다.

시설의 사회화에 관한 설명이다.

02 지역사회조직은 주민들 간에 자연발생적인 조직을 지역사회복지를 위한 기반으로 삼는다는 것이다.

지역사회조직은 지역사회복지실천을 위해 전문 사회복지사가 의도적이고 계획적으로 주민들을 조직화하는 것이다.

03 재가보호는 장기 서비스를 전제로 한다.

재가보호를 통해 장기 서비스만 제공되어야 하는 것은 아니다.

04 시설의 사회화는 시설생활자의 인권존중 및 생활보장이라는 공공성을 기초로 하며, 시설보호를 기반으로 한다.

탈시설화 이념과 맥락을 같이 한다.

05 시설보호는 주거를 포함한 복지 서비스로, 지역사회 내에서 정상적인 생활, 일상적인 삶을 영위할 수 있도록 함을 전제로 한다.

시설보호는 지역사회와 분리된 폐쇄적 운영으로 인해 비판받게 되면서 그 대안으로서 지역사회 내에서 정상적인 생활, 일상적인 삶을 영위을 할 수 있도록 해야 한다는 정상화 원리가 대두되었다.

다음 내용이 옳은지 그른지 판단해보자

04-05-01

01 지역사회조직은 지역주민들의 자조적인 활동이다. ⓞⓧ

02 지역사회조직은 개별사회복지실천, 집단사회복지실천 등과 함께 전통적인 전문사회사업실천의 한 방법이다. ⓞⓧ

12-05-01

03 지역사회보호는 시설보호의 강점을 유지하기 위해서 등장한 개념이다. ⓞⓧ

04 재가복지는 이용자의 통원 서비스를 포함하지 않는다. ⓞⓧ

03-05-20

05 재가복지서비스는 시설에 의한 서비스에 한정된 개념은 아니다. ⓞⓧ

12-05-01

06 지역사회조직사업은 민간조직이 아닌 공공조직을 통하여 달성되는 영역이다. ⓞⓧ

07 지역사회개발은 사회자본의 증대와 밀접한 관련이 있다. ⓞⓧ

답 **01**× **02**○ **03**× **04**× **05**○ **06**× **07**○

해설 **01** 조직가 혹은 사회복지사 등의 전문가들이 적극적으로 주민들을 조직하여 원조하며 계획적이고 의도적으로 진행된다는 점에서 주민들의 자조적인 활동이라고 보기는 어렵다.

03 지역사회보호는 시설보호의 문제점을 해결하기 위한 대안으로 제시된 것이다.

04 재가복지라고 하면 보통 가정에서 서비스를 받는 것만 생각하기 쉬운데, 가정봉사원 파견 등 서비스 제공자가 이용자의 집에서 제공하는 방문 서비스와 클라이언트가 시설에 찾아와 서비스를 받는 통원 서비스를 모두 포함하는 개념이다.

06 지역사회조직사업은 공공조직과 민간조직의 협력을 바탕으로 달성되는 영역이다.

132 지역사회복지의 이념

1회독	2회독	3회독
월 일	월 일	월 일

최근 10년간 2문항 출제

이론요약

기본개념
지역사회복지론 pp.31~

정상화

- 특별한 욕구나 장애를 가진 사람도 지역사회와 분리된 시설이나 병원이 아닌 일상적인 삶을 유지할 수 있도록 해야 함
- **지역사회 내에서의 통합된 생활을 강조**하는 개념
- **덴마크**에서는 1951년부터 기존의 격리보호주의에 대한 반대하는 움직임이 일면서, **1959년 정신지체인법에서 '정상화'라는 용어가 처음으로 등장**

사회통합

- 계층의 격차를 줄이고 **사회의 전반적인 불평등을 줄이는 것을 추구**
- 지역사회의 갈등 및 갈등의 가능성을 줄여나가는 것
- 사회적 약자가 평등하게 지역사회에서 살아가도록 하는 것

탈시설화

- **시설의 규모를 최소화**하고 **지역사회 내에서의 통합된 삶을 추구**하는 개념
- **지역사회와 분리된 폐쇄적인 대규모 수용시설의 문제를 지적하면서 해체를 주장**
- 그룹홈, 주간보호시설, 단기보호시설 등 **다양한 시설의 형태를 제시**
- 시설의 직원 중심으로 운영되어온 시스템에서 더 나아가 자원봉사자 등 지역주민이 참여하는 개방적 운영체제로의 변화(시설의 사회화)를 내포함

주민참여

- 지역사회의 문제를 해결하는 데 있어 **지역주민들이 직접 문제의 해결과정에 참여하고 권한을 행사함으로써 주체가 되어야 함을 강조**
- **지방분권화, 지방자치제 실시와 함께 더욱 강조되는 이념**
- 지자체와 주민 간 파트너십 형성
- 자원봉사 활동

네트워크

- 지역사회주민의 욕구에 적합한 서비스를 제공하기 위해 지역 내 복지자원의 연계와 주민의 조직화 등을 추구하는 개념
- 서비스 공급자간 연계망 구축, 이용자 간의 조직화 등 다양한 연계망을 구성할 수 있음
- 이용자 중심의 서비스 제공
- 포괄적인 서비스 제공

기출문장 CHECK

01 (21-05-02) 주민참여는 개인의 자유와 권리 증진의 순기능이 있으며, 의견수렴 과정을 통해 합리적 의사결정을 할 수 있고, 지역주민의 공동체 의식을 강화한다.

02 (14-05-03) 정상화는 1950년대 덴마크를 비롯한 북유럽에서 시작된 이념이다.

03 (11-05-06) 주민참여: 지방자치의 실시로 그 중요성이 강조되는 원리이다. 주민과 지방자치단체와의 동등한 파트너십을 형성하는 방법이기도 하다.

04 (09-05-07) 정상화 이념은 휴먼서비스 영역에서 계획의 지침이 될 수 있다.

05 (05-05-02) 지역사회복지실천은 주민참여, 탈시설화, 정상화, 사회통합 등의 이념을 바탕으로 한다.

06 (02-05-09) 지역사회복지실천은 정상화, 주민참여, 사회통합, 지역 네트워크 등을 추구한다.

복습 2 기출확인

대표기출 확인하기

14-05-03 난이도 ★★☆

지역사회복지 이념에 관한 설명으로 옳은 것은?

① 정상화는 1950년대 덴마크를 비롯한 북유럽에서 시작된 이념이다.
② 탈시설화는 무시설주의를 지향하는 것이다.
③ 네트워크를 통하여 지역구성원의 개인정보를 누구나 공유할 수 있다.
④ 주민참여 이념은 주민자치, 주민복지로 설명되며 지역유일주의를 지향한다.
⑤ 사회통합은 세대간, 지역간 차이에서 발생하는 경제적 우위를 추구하기 위하여 노력한다.

알짜확인

- 정상화, 사회통합, 탈시설화, 주민참여, 네트워크 등 지역사회복지실천의 발달을 이끈 이념들에 대해 정리해두도록 하자.

답 ①

응시생들의 선택

① 66%	② 16%	③ 3%	④ 9%	⑤ 6%

② 탈시설화는 시설의 폐지나 무시설주의를 의미하는 것이 아니라 거주시설의 형태를 그룹홈, 주간보호시설, 단기보호시설 등 소규모의 다양한 형태로 변화시켜가는 것을 의미한다.
③ 네트워크는 포괄적, 통합적 욕구충족을 위해 공급자 및 유관기관과의 연계체계를 구축하는 것을 의미하는 것이며, 이 과정에서 개인정보가 무분별하게 유출되는 것을 방지하기 위한 노력을 기울여야 한다.
④ 주민참여 이념은 주민자치, 주민복지를 위한 주민의 주체성을 강조한다. 하지만 지역유일주의, 지역이기주의를 지향하는 것은 아니다.
⑤ 사회통합은 사회에 전반적으로 나타나는 불평등과 갈등을 감소시키기 위한 노력이다.

관련기출 더 보기

21-05-02 난이도 ★☆☆

다음의 설명에 해당하는 지역사회복지 이념은?

- 개인의 자유와 권리 증진의 순기능이 있다.
- 의견수렴 과정을 통해 합리적 의사결정을 할 수 있다.
- 지역주민의 공동체 의식을 강화한다.

① 정상화
② 주민참여
③ 네트워크
④ 전문화
⑤ 탈시설화

답 ②

응시생들의 선택

① 4%	② 89%	③ 6%	④ 0%	⑤ 1%

② 주민참여는 지방자치의 실시로 더욱 강조되는 원리이다. 주민의 욕구 및 문제를 해결하기 위한 주체로서 주민의 주체성을 강조하는 것이다. 지방자치단체와의 동등한 파트너십을 형성하는 방법이기도 하며, 주민들의 자원봉사활동과도 밀접한 관계가 있다.

09-05-07 난이도 ★★★

지역사회복지실천에서 정상화(normalization)의 이념에 관한 설명으로 옳은 것은?

① 전통적 복지서비스 이데올로기에 부합하는 개념이다.
② 일탈은 문화적으로 규정되며 절대적인 특성을 갖는다.
③ 시설집중화에 대하여 찬성하는 입장이다.
④ 휴먼서비스 영역에서 계획의 지침이 될 수 있다.
⑤ 1959년 미국의 정신지체법에서 출발하였다.

답 ④

응시생들의 선택

① 3%	② 17%	③ 12%	④ 43%	⑤ 25%

① 현대적 복지서비스 이데올로기에 부합되는 개념이다.
② 일탈은 문화적으로 규정되며 상대적인 특성을 갖는다.
③ 시설집중화가 아닌 탈시설화에 찬성하는 입장이다.
⑤ 1959년 덴마크의 정신지체법에서 출발하였다.

복습

3 정답훈련

다음 내용이 왜 틀렸는지를 확인해보자

09-05-07

01 정상화 이념은 1959년 **미국**의 정신지체법에서 출발하였다.

1959년 덴마크의 정신지체법에서 출발하였다.

02 사회통합은 지역사회 내 다양한 계층 사이에 발생하는 **갈등 문제를 인식하지 못한다는 한계**가 있다.

다양한 계층 사이에 발생하는 갈등을 인식하고, 이러한 사회적 갈등을 대화와 토론, 타협 등을 통해 줄여나가려는 것이 사회통합이다.

14-05-03

03 탈시설화 이념은 **무시설주의를 지향**하는 것이다.

탈시설화는 시설의 폐쇄적인 운영을 비판한 것이지 시설 자체를 없애야 한다고 주장한 것은 아니다.

04 지역사회복지에서 자원봉사 활동은 **주민참여를 약화**시킨다.

자원봉사 활동은 주민참여의 한 가지 방법이기도 하다.

05 탈시설화의 영향으로 그룹홈, 주간보호시설, **대규모 생활시설** 등이 발달되었다.

탈시설화는 기존의 생활시설이 갖고 있던 폐쇄성을 지적하면서 시작된 개념으로, 그룹홈, 주간보호시설, 단기보호시설 등 다양한 형태의 소규모 시설이 발달하는 바탕이 되었다.

02-05-09

06 지역사회복지실천은 정상화, 통합화, 주민참여, **차별화** 등을 이념으로 한다.

차별화는 해당하지 않는다.

지역사회복지실천의 개념 및 특성

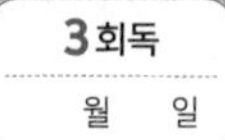

강의 QR코드

1회독	2회독	3회독
월 일	월 일	월 일

최근 10년간 2문항 출제

이론요약

지역사회복지의 개념 및 특성

▶ 개념

- 시설보호와 대치되는 개념
- **목표: 지역주민의 삶의 질 향상**
- 지역사회 문제의 예방, 문제적 제도의 변화를 꾀함
- 지역사회 및 지역주민의 역량강화
- 지역 내 복지 향상을 위한 **전문적, 비전문적 활동을 모두 포함**
- **특정 대상 중심의 활동이 아닌 지역성이 강조되는 활동**
- 일정한 지역 내에서 이루어지지만 지역성과 기능성을 모두 포함

▶ 특성

- **예방성**: 지역사회 내 문제를 조기에 발견하여 대응
- **통합성**: 서비스 제공기관 간 네트워크 구축을 통해 종합적 서비스 제공(서비스 공급자 관점)
- **포괄성**: 지역사회 주민들의 복잡하고 다양한 욕구충족과 문제해결을 위해 보건 · 복지 · 의료 · 교육 등 전반적인 영역을 다각도로 포괄(서비스 이용자 관점)
- **연대성 · 공동성**: 주민들이 연대를 형성하고 공동의 행동을 통하여 해결, 주민운동
- **지역성**: 주민의 생활권역을 기초로 전개, 물리적인 거리뿐만 아니라 **심리적인 거리까지 포함**

지역사회복지실천의 개념 및 목적

▶ 개념

- 지역사회를 대상으로 하는 사회복지실천
- **지역사회는 실천의 대상인 동시에 실천을 위한 수단이 됨**

▶ 목적

- 지역사회 참여 · 통합 강화
- 문제대처능력 향상
- 사회조건 · 서비스 향상
- 불이익집단의 이익 증대

▶ **기능(던햄)**

- 지역사회계획 활동
- 적절한 프로그램 운영
- 사실발견과 조사
- 공적인 관계형성
- 기금 확보와 배당
- 근린집단사업
- 지역사회개발
- 지역사회행동
- 기타 지역사회조직 및 지역사회개발을 위한 교육 · 자문 등 지역복지의 실현을 위한 활동 수행

기출문장 CHECK

01 (13-05-01) 지역사회복지는 전문 또는 비전문 인력이 지역사회 수준에서 개입하는 것이다.

02 (13-05-01) 지역사회복지는 지역성과 기능성을 포함하는 지역사회 내에서 이루어진다.

03 (13-05-01) 지역사회복지는 지역사회 내에 존재하는 각종 제도에 영향을 준다.

04 (13-05-01) 지역사회복지는 공공과 민간의 협력이 강조되고 있는 추세이다.

05 (12-05-01) 지역사회는 지역사회복지의 실천수단이 된다.

06 (12-05-01) 지역사회복지실천은 공식적인 전문가에 의해서만 이루어지는 것은 아니다.

07 (11-05-04) 지역사회복지의 지역성: 지역사회복지는 주민의 생활권역을 기초로 하여 전개되는 것이다. 생활권역은 주민생활의 장이면서 동시에 사회참가의 장이므로 이 특성을 고려하여야 한다. 주민의 기초적인 생활권역을 구분하는 기준은 다양하며, 물리적 심리적 내용까지 파악해야 한다.

08 (09-05-02) 지역사회복지는 지역사회의 역량강화, 사회통합 구현, 사회적 연계망 구축 등을 추구한다.

09 (07-05-02) 지역사회복지는 지역주민의 삶의 질 향상이라는 목표를 갖는다.

10 (07-05-02) 지역사회복지는 지역사회 수준에 개입하는 일체의 사회적 노력을 의미한다.

11 (02-05-01) 지역사회복지는 지역 문제에 대한 예방적 효과 및 지역사회의 참여와 통합을 추구한다.

복습 2

기출확인

대표기출 확인하기

13-05-01 난이도 ★☆☆

지역사회복지에 관한 설명으로 옳지 않은 것은?

① 전문 또는 비전문 인력이 지역사회 수준에서 개입한다.
② 지역성과 기능성을 포함하는 지역사회 내에서 이루어진다.
③ 지역사회 내에 존재하는 각종 제도에 영향을 준다.
④ 공공과 민간의 협력이 강조되고 있는 추세이다.
⑤ 개인 및 가족 등 미시적 수준의 사회체계와 대립적인 위치에 있다.

알짜확인

- 지역사회복지 및 지역사회복지실천의 개념을 정리해두도록 하자.
- 지역사회복지실천이 어떤 목적으로, 어떤 기능을 하는지, 어떤 특성을 갖는지 등에 대해 살펴보자.

답 ⑤

응시생들의 선택

① 2%	② 0%	③ 0%	④ 1%	⑤ 97%

⑤ 지역사회복지는 개인, 가족 등 미시적 수준의 사회체계와 대립적인 위치에 있는 것이 아니라 연속선상에 놓여 있는 것이다.

관련기출 더 보기

11-05-04 난이도 ★★☆

다음에서 설명하는 지역사회복지 특성은?

> 지역사회복지는 주민의 생활권역을 기초로 하여 전개되는 것이다. 생활권역은 주민생활의 장이면서 동시에 사회참가의 장이므로 이 특성을 고려하여야 한다. 주민의 기초적인 생활권역을 구분하는 기준은 다양하며, 물리적·심리적 내용까지 파악해야 한다.

① 연대성
② 예방성
③ 지역성
④ 통합성
⑤ 공동성

답 ③

응시생들의 선택

① 7%	② 0%	③ 64%	④ 25%	⑤ 3%

③ 지역사회복지는 일정한 지리적 권역을 고려하여 추진된다. 이는 주민의 생활권역을 중심으로 이루어지는데, 이러한 특성을 지역성이라고 한다.

복습 3 정답훈련

다음 내용이 왜 틀렸는지를 확인해보자

01 지역사회복지실천의 대상은 지역사회 내 불이익집단이다.

지역사회복지실천은 불이익집단의 역량강화를 목표로 삼기는 하지만 기본적인 대상은 지역사회 전체이다.

02 지역사회복지는 지역주민의 삶의 질 향상을 목적으로 하기 때문에 개별 주민의 문제해결 및 행동변화에 초점을 둔다.

지역사회복지는 지역주민의 삶의 질 향상을 목적으로 한다. 이때 그 대상은 개별 주민이 아닌 지역사회 전체이다. 따라서 개별 주민의 문제해결 및 행동변화에 초점을 두는 것이 아니라 지역사회가 가진 문제를 해결하고 지역사회의 역량을 강화하는 데에 초점을 두게 된다.

03 지역사회복지실천은 전문가에 의한 전문적 활동만을 의미한다.

지역사회복지실천은 전문적 활동 외에 비전문적 활동을 모두 포괄한다. 가족, 이웃, 친구, 자조모임과 같은 집단 등을 통해서도 지역사회복지실천이 이루어질 수 있다.

09-05-02

04 지역사회복지는 지역주민의 복지 강화를 위해 생활시설의 확충을 추구한다.

지역사회복지는 시설보호와 대치되는 개념이다. 폐쇄적인 시설이 아닌 지역사회 내에서 지역주민을 보호하고 문제를 예방 및 해결하면서 복지를 추구한다.

05 지역사회복지실천은 지리적 의미의 지역사회라는 한계를 갖는다.

지역사회복지실천의 특성 중 하나인 지역성은 주민들의 생활권역이라는 물리적 거리를 기본으로 하면서도 심리적 거리까지 포괄하는 개념이다.

12-05-01

06 지역사회 자체는 지역사회복지의 실천수단이 될 수 없다.

지역사회복지실천에서 지역사회는 대상이자 수단이기도 하다. 이는 지역사회복지실천이 지역사회 및 지역주민을 위한 실천활동을 진행하면서도, 한편으로는 실천활동을 위한 인적·물적 자원들을 지역사회에서 얻기 때문이다.

지역사회복지의 역사

이 장에서는

자선조직협회와 인보관 운동부터 영국의 지역사회보호 관련 보고서, 그리고 우리나라의 지역사회복지 발달 흐름 등에 대해 학습한다.

10년간 출제분포도

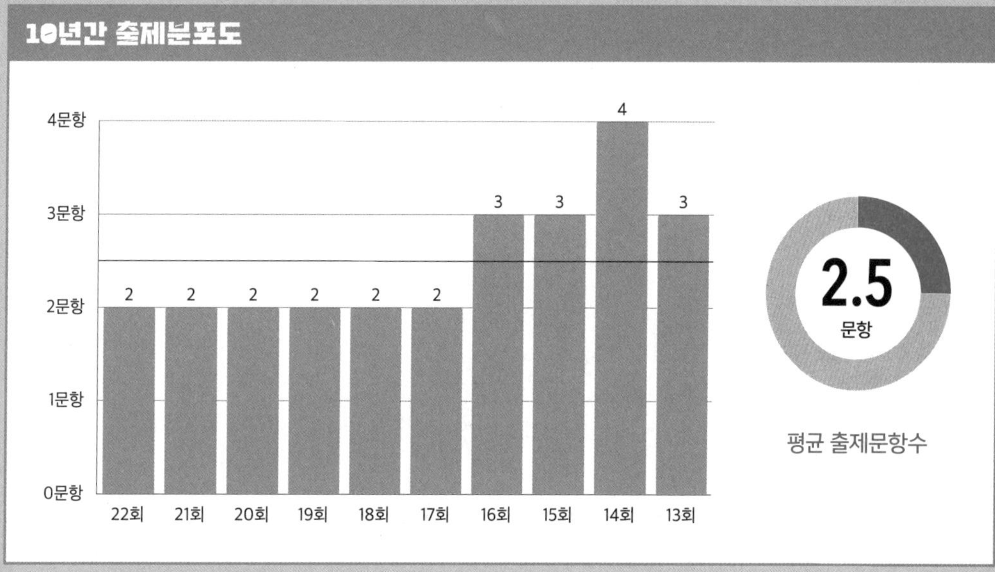

우리나라 지역사회복지의 발달

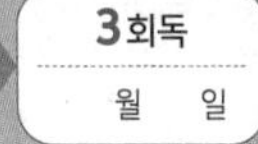

1회독	2회독	3회독
월 일	월 일	월 일

최근 10년간 **15문항** 출제

이론요약

전통적인 인보상조 관행 및 국가제도

▶ 관행

- 계: 큰 지출에 대비하기 위한 경제적 상부상조
- 두레: 농사일 협력을 위한 마을 전체의 공동노력
- 품앗이: 대체로 개인간 또는 소규모로 구성되어 노동력 상시 교환
- 향약: 마을 단위로 실시된 향촌의 자치규약. 현재의 조례와 유사
- 사창: 흉년에 대비하여 미리 향민에게 곡식을 징수 · 기증받아 저장해 두는 촌락단위의 구휼제도

▶ 국가제도

- 오가작통법: 5가구를 한 통으로 묶어 연대책임을 지움. 지방자치적 성격
- 의창: 흉년이 든 해에 기민을 구제하기 위하여 양곡을 저장 · 보관해두는 제도
- 상평창: 평상시 빈민에 대해 곡물을 대여함. 상환의 의무가 있음
- 진휼청: 조선시대 흉년에 곡물(진휼미)을 풀어 빈민을 구제하고 곡가를 조절하는 국가 기관
- 동서대비원: 치료를 목적으로 하는 의료구호 기관
- 혜민국: 의약, 의복제공 기관

일제강점기

- 전통적인 자생 복지활동은 위축 · 해체
- 조선구호령 실시(해방 이후 1961년 생활보호법이 제정됨에 따라 폐지)

해방 이후

▶ 외국민간원조단체 한국연합회(KAVA)

- 전쟁 난민 및 고아를 돕기 위한 시설보호사업으로 시작
- 보건사업, 교육, 지역개발사업, 전문 사회복지사업 전개

▶ 새마을운동

- 1958년 지역사회개발위원회 규정 공포, 이후 1970년대 새마을운동으로 전환

- 지역사회개발 사업으로서 근면, 자조, 협동을 기본이념으로 함
- 농촌의 생활환경개선 사업에서 시작해 소득증대 사업으로 확대

1980년대

▶ 지역사회복지의 정착

- 1983년 사회복지사업법 개정으로 사회복지관 운영에 대한 국가적 지원에 관한 규정 마련
- 1987년 사회복지전문요원 도입
- 1989년 주택건설촉진법, 1991년 주택건설 기준 등에 관한 규칙 등에 따라 일정 규모 이상의 저소득층 영구임대아파트 건립 시 사회복지관 설치 의무화

▶ 지역사회행동의 확산

- 1980년대를 거치면서 민간단체들을 중심으로 한 사회행동이 증가
- 저소득층 지역사회의 재개발반대운동, 핵발전소설치반대운동 등 지역을 배경으로 지역사회문제를 해결하기 위한 사회행동도 증가

1990년대

- 지방자치제도 실시(1995년 지방자치단체장 직선)
- 1992년 재가복지봉사센터 설립(2010년 재가복지봉사센터가 종합사회복지관으로 흡수 · 통합됨)
- 1997년 사회복지공동모금법 제정(1999년 사회복지공동모금회법으로 개정)
- 1999년 1기 사회복지 시설평가 시작

2000년대

- 2000년 국민기초생활보장법 시행으로 지역사회 중심의 자활지원 사업 시작
- 2003년 사회복지사업법 개정으로 4년마다 지역사회복지계획 수립 의무화(2005년 지역사회복지협의체 개소, 2007년 1기 계획 시작, 현재 지역사회보장계획)
- 2004년 아동복지법 개정으로 지역아동센터 법제화
- 2007년 지역사회서비스투자사업 실시, 전자바우처 사회서비스 사업 시행
- 2010년 사회복지통합관리망 행복e음 개설
- 2012년 시 · 군 · 구 희망복지지원단 설치
- 2013년 사회보장정보시스템 개통
- 2014년 사회보장급여의 이용 · 제공 및 수급권자 발굴에 관한 법률 제정, 2015년 시행
- 2016년 행정복지센터를 통한 '읍 · 면 · 동 복지허브화' 사업 실시
- 2017년 주민자치형 공공서비스 실시, 읍 · 면 · 동 찾아가는 보건복지팀 설치
- 2019년 공공 체계를 통해 돌봄 서비스를 직접 제공하기 위한 사회서비스원 개소
- 2022년 차세대 사회보장정보시스템(희망이음) 개통

기출문장 CHECK

01 (22-05-03) 향약은 주민 교화 등을 목적으로 한 지식인 간의 자치적인 협동조직이다.

02 (22-05-03) 반열방은 메리 놀스에 의해 설립되었다(1906년).

03 (22-05-03) 태화여자관은 메리 마이어스에 의해 설립되었다(1921년).

04 (22-05-03) 새마을운동은 농촌에서 시작하여 도시까지 확대되었다.

05 (21-05-03) 2006년에 '자활후견기관'이 '지역자활센터'로 명칭이 변경되었고, 2007년부터 운영되었다.

06 (20-05-03) 1989년 주택건설촉진법 등에 의해 저소득층 영구임대아파트 건립 시 일정 규모의 사회복지관 건립을 의무화하였다.

07 (20-05-03) 국민기초생활보장법은 1999년 제정되어 2000년부터 시행되었다.

08 (20-05-03) 「사회보장급여의 이용·제공 및 수급권자 발굴에 관한 법률」이 2014년에 제정되어 2015년에 시행됨에 따라 지역사회복지협의체에서 지역사회보장협의체로 명칭이 변경되었다.

09 (19-05-03) 새마을 운동은 정부 주도적 지역사회 개발이었다.

10 (19-05-03) 사회복지관 운영은 지역사회 기반의 복지서비스를 촉진시켰다.

11 (19-05-03) 복지사각지대 발굴의 효과를 제고하고자 읍·면·동 복지허브화를 추진하였다.

12 (19-05-03) 국민기초생활보장제도의 시행은 지역사회 중심의 자활사업을 촉진시켰다.

13 (18-05-03) 1998년 사회복지공동모금제도 실시

14 (18-05-03) 2003년 사회복지사업법 개정으로 지역사회복지계획 수립의 법제화

15 (18-05-04) 2010년 사회복지통합관리망(행복e음) 구축

16 (17-05-07) 2012년 시·군·구 희망복지지원단 설치

17 (17-05-07) 2007년 지역사회서비스투자사업 실시

18 (16-05-03) 2000년대 도입된 지역사회서비스투자사업의 사회서비스이용권 비용 지급·정산은 사회보장정보원이 담당한다.

19 (16-05-03) 1990년대에는 재가복지서비스의 확대가 이루어졌다.

20 (16-05-03) 1950년대 외국원조기관은 구호 및 생활보호 등에 기여하였다.

21 (15-05-08) 진휼청은 조선시대 흉년으로 인한 이재민과 빈민을 구제한 국가기관이다.

22 (15-05-22) 2016년부터 '읍·면·동 복지허브화' 사업이 실시되었다.

23 (14-05-07) 사회복지공동모금회의 출범은 민간 재원의 발굴이라는 의의를 갖는다.

24 (14-05-07) 사회복지시설평가제도 도입은 기관운영의 효율성을 증가시키고자 한다.

25 (14-05-19) 우리나라 새마을운동은 지역사회개발사업과 관련 있다.

26 (14-05-19) 새마을운동은 근면·자조·협동을 주요 정신으로 한다.

27 (14-05-19) 매년 4월 22일은 정부지정 새마을의 날이다.

28 (13-05-15) 향약은 지역민의 순화, 덕화, 교화를 목적으로 한 자치적 협동조직이다.

29 (13-05-15) 계(契)는 조합적 성격을 지닌 자연발생적 조직이다.

30 (13-05-15) 품앗이는 농민의 노동력을 서로 차용 또는 교환하는 것이다.

31 (12-05-11) 1990년대에는 16개 광역 시·도에 사회복지공동모금회가 설립되었다.

32 (11-05-07) 새마을운동은 농한기 농촌마을가꾸기 시범사업 형태로 시작되었다.

33 (11-05-07) 새마을운동은 근면 · 자조 · 협동을 주요 정신으로 한다.

34 (11-05-07) 새마을운동은 농촌생활환경개선운동으로 시작되었으나 소득증대운동으로 확대되었다.

35 (11-05-07) 새마을운동은 도시민의 의식개선운동으로도 전개되었다.

36 (09-05-06) 2003년 사회복지사업법 개정으로 지방자치단체에 지역사회복지협의체가 구성되고 지역사회복지계획이 수립되었다.

37 (09-05-06) 2004년 아동복지법 개정으로 지역아동센터를 아동복지시설로 법제화하였다.

38 (07-05-04) 외국 민간원조단체 한국연합회(KAVA)는 보건, 교육, 사회복지, 구호 및 지역사회개발 등의 분야에서 전문화된 사회복지사업을 우리나라에 도입했다.

39 (06-05-05) 2000년대에 들어서 지역아동센터가 법제화되었다.

40 (06-05-05) 1992년 사회복지사업법 개정으로 사회복지전담공무원에 대한 법적 근거가 마련되었다.

41 (04-05-30) 품앗이는 농촌의 가장 대표적인 노동협력 양식이며, 물품과 서비스를 주고받는 지역화폐의 기능도 갖는다.

복습 2

기출확인

대표기출 확인하기

21-05-03 난이도 ★★☆

한국의 지역사회복지 역사에 관한 설명으로 옳은 것은?

① 1960년대 – 지역자활센터 설치 · 운영
② 1970년대 – 사회복지관 운영 국고보조금 지원
③ 1980년대 – 희망복지지원단 설치 · 운영
④ 1990년대 – 재가복지봉사센터 설치 · 운영
⑤ 2010년대 – 사회복지사무소 시범 설치 · 운영

알짜확인

- 우리나라 지역사회복지의 발달 흐름을 주요 사건을 중심으로 정리해두자. 2000년대 이후의 변화는 특히 중요하다.
- 전통적인 인보상조 관행이나 조선시대 국가에 의한 인보제도에 대해서도 살펴봐야 한다.
- 새마을운동의 성격, 실행과정 등에 관한 문제도 가끔씩 출제되곤 했다.

답 ④

응시생들의 선택

① 3%	② 21%	③ 11%	④ 55%	⑤ 10%

① 2000년대 – 지역자활센터 설치 · 운영(2006년 '자활후견기관'을 '지역자활센터'로 명칭 변경, 2007년 운영)
② 1980년대 – 사회복지관 운영 국고보조금 지원(1983년)
③ 2010년대 – 희망복지지원단 설치 · 운영(2012년)
⑤ 2000년대 – 사회복지사무소 시범 설치 · 운영(2004~2006년)

관련기출 더 보기

22-05-03 난이도 ★★★

우리나라의 지역사회복지 역사에 관한 설명으로 옳지 않은 것은?

① 향약은 주민 교화 등을 목적으로 한 지식인 간의 자치적인 협동조직이다.
② 오가통 제도는 일제강점기 최초의 인보제도이다.
③ 메리 놀스(M. Knowles)에 의해 반열방이 설립되었다.
④ 태화여자관은 메리 마이어스(M. D. Myers)에 의해 설립되었다.
⑤ 농촌 새마을운동에서 도시 새마을운동으로 확대되었다.

답 ②

응시생들의 선택

① 25%	② 46%	③ 8%	④ 7%	⑤ 14%

② 오가통은 5개 가구(많게는 10개 가구)를 하나의 통으로 묶어 관리한 마을행정 조직이다. 실시된 시기가 분명하지는 않지만 조선 세종실록에 처음 기록된 것으로 알려져 있다.

20-05-03 난이도 ★★☆

우리나라 지역사회복지 역사를 과거부터 순서대로 옳게 나열한 것은?

ㄱ. 영구임대주택단지 내에 사회복지관 건립이 의무화되었다.
ㄴ. 지역사회복지협의체가 지역사회보장협의체로 명칭이 변경되었다.
ㄷ. 국민기초생활 보장법 제정으로 공공의 책임성이 강화되었다.

① ㄱ → ㄴ → ㄷ
② ㄱ → ㄷ → ㄴ
③ ㄴ → ㄱ → ㄷ
④ ㄴ → ㄷ → ㄱ
⑤ ㄷ → ㄴ → ㄱ

답 ②

응시생들의 선택

① 9%	② 63%	③ 5%	④ 7%	⑤ 16%

ㄱ. 1989년 주택건설촉진법 등에 의해 저소득층 영구임대아파트 건립 시 일정 규모의 사회복지관 건립을 의무화하였다.
ㄷ. 국민기초생활 보장법은 1999년 제정되어 2000년부터 시행되었다.
ㄴ. 「사회보장급여의 이용·제공 및 수급권자 발굴에 관한 법률」이 2014년에 제정되어 2015년에 시행됨에 따라 지역사회복지협의체에서 지역사회보장협의체로 명칭이 변경되었다.

17-05-07 난이도 ★★☆

2000년대 이후 한국의 지역사회복지발달에 영향을 미친 주요 사건을 모두 고른 것은?

ㄱ. 지방자치단체의 장 직접 선출
ㄴ. 시·군·구에 희망복지지원단 설치
ㄷ. 영구임대아파트단지 내 사회복지관 건립 의무화
ㄹ. 지역사회서비스투자사업 실시

① ㄱ, ㄴ
② ㄴ, ㄹ
③ ㄷ, ㄹ
④ ㄱ, ㄴ, ㄷ
⑤ ㄴ, ㄷ, ㄹ

답 ②

응시생들의 선택

① 5%	② 58%	③ 3%	④ 6%	⑤ 28%

ㄱ. 우리나라에 지방분권화가 도입된 것은 1990년대로, 지방의회 선거는 1991년, 지방자치단체장 선거는 1995년 6월 실시됨에 따라 현행 지방자치제의 본격적인 시작은 1995년 7월 1일로 본다.
ㄷ. 1989년 주택건설촉진법, 1991년 주택건설 기준 등에 관한 규정 및 주택건설 기준 등에 관한 규칙 등을 통해 저소득층 영구임대아파트 건립 시 일정 규모의 사회복지관 건립을 의무화하였다.

16-05-03 난이도 ★★★

우리나라 지역사회복지의 역사적 흐름에 관한 설명으로 옳지 않은 것은?

① 1950년대 외국원조기관은 구호 및 생활보호 등에 기여하였다.
② 1970년대 사회복지관 국고보조금 지침이 마련되었다.
③ 1980년대 민주화 운동으로 전개된 지역사회 생활권 보장을 위한 활동은 사회행동모델에서 비롯되었다.
④ 1990년대 재가복지서비스의 확대가 이루어졌다.
⑤ 2000년대 도입된 지역사회서비스투자사업의 사회서비스 이용권 비용 지급·정산은 사회보장정보원이 담당한다.

답 ②

응시생들의 선택

① 3%	② 30%	③ 11%	④ 15%	⑤ 41%

② 1983년 사회복지사업법 개정으로 사회복지관이 공식적으로 국가지원을 받을 수 있게 되었으며, 1989년 「사회복지관 운영·건립 국고보조사업지침」에 따라 국가지원금 산출방식이 마련되었다.

14-05-19 난이도 ★★☆

우리나라 새마을운동에 관한 설명으로 옳지 않은 것은?

① 지역사회개발사업과 관련이 있다.
② 농촌생활환경 개선운동으로 시작되었으나 소득증대운동으로 발전하지 못하였다.
③ 근면·자조·협동을 주요 정신으로 한다.
④ 1970년대 새마을운동 기록물은 유네스코 세계기록유산에 등재되어 있다.
⑤ 매년 4월 22일은 정부지정 새마을의 날이다.

답 ②

응시생들의 선택

① 2%	② 69%	③ 1%	④ 16%	⑤ 12%

② 1970년대 농촌의 생활환경개선 사업으로 시작된 새마을운동은 소득증대 사업으로 확대되었으며, 도시지역에서는 의식개선 운동으로 전개되기도 하였다. 1980년대에 들어선 이후 민간주도로 전환되었다.

13-05-15 난이도 ★★☆

우리나라 지역사회복지 역사에 관한 설명으로 옳지 않은 것은?

① 오가통(五家統)은 지역이 자율적으로 주도한 인보제도이다.
② 두레는 촌락단위의 농민상호협동체이다.
③ 향약은 지역민의 순화, 덕화, 교화를 목적으로 한 자치적 협동조직이다.
④ 계(契)는 조합적 성격을 지닌 자연발생적 조직이다.
⑤ 품앗이는 농민의 노동력을 서로 차용 또는 교환하는 것이다.

답 ①

응시생들의 선택

① 58%	② 22%	③ 7%	④ 10%	⑤ 3%

① 오가통은 각 하급 지방행정 구획을 일정수의 호수로 세분화하여 그 구역 내에 거주하는 성원이 인보상조와 연대책임으로 서로 돕도록 한 것으로, 지방자치제도적 성격을 갖는다.

12-05-11 난이도 ★★★

우리나라의 지역사회복지 발달에 관한 설명으로 옳은 것을 모두 고른 것은?

ㄱ. 1950년대 – 외국공공원조단체 한국연합회 조직
ㄴ. 1960년대 – 최초 사회복지관 건립
ㄷ. 1970년대 – 재가복지봉사센터 설치 및 운영
ㄹ. 1990년대 – 16개 광역 시 · 도에 사회복지공동모금회 설립

① ㄱ, ㄴ, ㄷ
② ㄱ, ㄷ
③ ㄴ, ㄹ
④ ㄹ
⑤ ㄱ, ㄴ, ㄷ, ㄹ

답 ④

응시생들의 선택

① 7%	② 27%	③ 17%	④ 30%	⑤ 19%

ㄱ. 1950년대 – 외국민간원조단체 한국연합회 조직(1952년)
ㄴ. 1920년대 – 최초 사회복지관 건립(태화여자관, 1921년)
ㄷ. 1990년대 – 재가복지봉사센터 설치 및 운영(1992년)

10-05-05 난이도 ★★★

우리나라 지역사회복지 발달 순서를 바르게 나열한 것은?

ㄱ. 1기 시·군·구 지역사회복지계획 수립
ㄴ. 재가복지봉사센터 설립
ㄷ. 국민기초생활보장제도 시행
ㄹ. 사회복지시설평가 법제화

① ㄱ → ㄴ → ㄷ → ㄹ
② ㄱ → ㄴ → ㄹ → ㄷ
③ ㄴ → ㄹ → ㄷ → ㄱ
④ ㄷ → ㄱ → ㄹ → ㄴ
⑤ ㄹ → ㄴ → ㄷ → ㄱ

답 ③

응시생들의 선택

① 16%	② 17%	③ 22%	④ 28%	⑤ 17%

ㄴ. 1992년 재가복지봉사센터 설립
ㄹ. 1997년 사회복지사업법 개정 및 1998년 시행규칙 개정으로 3년마다 1회 시설평가 의무화
ㄷ. 국민기초생활보장법 1999년 제정, 2000년 시행
ㄱ. 2005년 사회복지사업법 개정 법률 시행으로 2006년 1기 시·군·구 지역사회복지계획 수립, 2007년부터 실행

복습 3 정답훈련

다음 내용이 왜 틀렸는지를 확인해보자

14-05-05

01 한국의 지역사회복지는 2000년대 들어서면서 중앙집권이 강화되는 경향을 보였다.

1990년대에 시작된 지방자치제의 영향을 받아 사회복지 역시 지방분권이 이루어졌다.

09-05-06

02 2000년대 들어서면서 사회복지공동모금법이 제정되어 민간단체에 의한 공동모금사업이 실시되었다.

사회복지공동모금법이 제정된 것은 1997년(시행은 1998년)이다. 현재는 사회복지공동모금회법(1999년 개정)으로 시행되고 있다.

03 사회복지시설에 대한 평가 의무화는 1997년 사회보장기본법 개정을 통해 이루어졌다.

1997년 사회복지사업법 개정으로 시설평가가 의무화되었다. 시설평가에 관한 법률조항의 시행은 이듬해인 1998년이었고, 실제 시설평가가 처음 진행된 것은 1999년이다.

13-05-19

04 2012년에는 사회보장기본법상의 '사회서비스'가 '사회복지서비스'로 변경되었다.

'사회복지서비스'가 '사회서비스'로 변경, 확장되었다.

08-05-03

05 1990년대에는 지방자치 시대를 맞아 지역사회복지계획(현 지역사회보장계획)이 수립되었다.

지역사회복지계획에 관한 법 규정은 2003년 사회복지사업법 개정을 통해 마련되었고 2005년 7월부터 시행되어 2007년 제1기 계획이 시작되었다.

16-05-03

06 1970년대에는 사회복지관 국고보조금 지침이 마련되었다.

1983년 사회복지사업법 개정으로 사회복지관이 공식적으로 국가 지원을 받을 수 있게 되었으며, 1989년 「사회복지관 운영 · 건립 국고보조사업지침」에 따라 국가지원금 산출방식이 마련되었다.

12-05-11

07 1960년대 들어 우리나라 최초의 사회복지관이 건립되었다.

1921년에 설립된 태화여자관이 우리나라 최초의 사회복지관으로 평가되고 있다.

08 새마을운동은 1980년대 농촌의 지역사회개발 사업으로서 시작되었다.

새마을운동은 1970년대에 시작되었다.

12-05-11

09 1950년대 우리나라에는 외국공공원조단체 한국연합회(KAVA)가 조직되었다.

KAVA는 외국의 공공이 아닌 민간 원조단체였다.

03-05-04

10 계, 두레, 향약, 오가작통 등은 민간이 주도했던 자생적인 인보관행이었다.

오가작통은 국가적으로 실시했던 인보제도였다.

11 혜민국, 상평창, 의창, 진휼청, 공굴 등은 국가에서 상시적으로 운영했던 복지기구의 성격을 갖는다.

공굴은 중병 혹은 장애가 있는 사람이나 과부 등 농사를 짓기 어려운 사람들을 위해 마을 사람들이 공동으로 농사를 지어주던 관행이었다.

04-05-30

12 조선시대 오가작통은 오늘날 공공근로의 성격을 가졌다.

오가작통은 지방자치제도의 성격을 띠었다.

빈칸에 들어갈 알맞은 말을 채워보자

10-05-05

01 (   )년에는 사회복지시설평가를 위한 사회복지사업법 개정이 이루어졌다.

10-05-05

02 국민기초생활보장제도가 시행된 것은 (   )년이다.

03 2019년에는 공공부문에서 사회서비스 근로자를 직접 고용하고 사회서비스를 직접 제공하기 위해 (   )을/를 출범하였다.

04 2016년 읍 · 면 · 동 (   ) 사업을 추진하면서 동주민센터는 행정복지센터로 탈바꿈하였다.

15-05-22

05 2014년 제정된 「사회보장급여의 이용 · 제공 및 수급권자 발굴에 관한 법률」에 따른 지역사회보장계획은 (   )년마다 수립하도록 규정되어 있다.

17-05-07

06 (   )년에 시 · 군 · 구 단위에 설치된 희망복지지원단은 통합적 사례관리를 추진한다.

14-05-19

07 새마을운동은 근면, 자조, (   ) 등을 주요 정신으로 한다.

08 2015년 사회보장급여의 이용 · 제공 및 수급권자 발굴에 관한 법률의 시행으로 지역사회(①   )계획은 지역사회(②   )계획으로 그 범위가 확대되었다.

01 1997 **02** 2000 **03** 사회서비스원 **04** 복지허브화 **05** 4 **06** 2012 **07** 협동 **08** ① 복지 ② 보장

다음 내용이 옳은지 그른지 판단해보자

17-05-07

01 2000년대에 들어서면서 저소득층 영구임대아파트 건립 시 일정 규모의 사회복지관 건립을 의무화했다. 

02 새마을운동은 농촌 지역의 소득증대, 생활환경 개선, 의식개혁을 목적으로 추진된 민간운동이었다. 

15-05-08

03 조선시대 흉년으로 인한 이재민과 빈민을 구제한 국가기관은 동서대비원이다. 

04 1990년대 지방자치제도 실시 이후 2000년대에는 지역 중심의 복지 전달체계 개편이 이루어졌다. 

05 1986년에 자활지원센터의 시범사업이 실시되었다. 

13-05-15

06 향약은 유교적 예속의 보급, 공동체적 결속, 지역의 체제안정을 위해 마을 단위로 실시된 향촌의 자치규약을 말한다. 

07 국민기초생활보장제도가 시행되면서 지역사회 중심의 자활지원사업이 본격적으로 전개되었다. 

18-05-04

08 2018년에는 주민자치센터가 행정복지센터로 명칭 변경이 이루어졌다. 

답 **01**× **02**× **03**× **04**○ **05**× **06**○ **07**○ **08**×

해설 **01** 1989년 주택건설촉진법, 1991년 주택건설 기준 등에 관한 규정 및 주택건설 기준 등에 관한 규칙 등을 통해 저소득층 영구임대아파트 건립 시 일정 규모의 사회복지관 건립을 의무화하였다.

02 새마을운동은 국가사업으로 실시되었다.

03 조선시대 흉년으로 인한 이재민과 빈민을 구제한 국가기관은 진휼청이다.

05 1996년에 자활지원센터의 시범사업이 실시되었다.

08 2016년 읍·면·동 복지허브화 사업 추진으로 주민센터가 행정복지센터로 탈바꿈하였다.

135 영국 지역사회복지의 발달

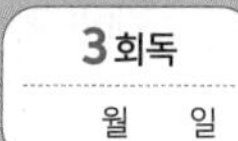

1회독 월 일 | 2회독 월 일 | 3회독 월 일

최근 10년간 7문항 출제

복습 1 이론요약

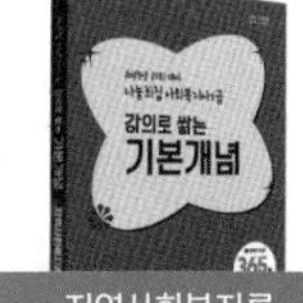

지역사회복지론
pp.48~

근대 지역사회복지의 시작

- 1601년 이후 구빈법에 따른 수용과 구제 중심의 지역사회복지
- 1869년 런던, 자선조직협회 설립
- 1884년 런던, 인보관 토인비홀 설립

지역사회복지 태동기(1950년대~1960년대 후반)

- 폐쇄적 시설에 대한 인권 문제 및 지방정부의 재정 부담 등이 제기되면서 새로운 보호의 장으로서 지역사회를 인식하기 시작
- 1959년 정신보건법(Mental Health Act) 제정으로 재가복지서비스 중심의 지역사회보호 정책 기틀 마련

지역사회보호 형성기

▶ 시봄 보고서(1968년)

- 지역사회보호로 전환되는 계기가 된 보고서
- 지역사회를 사회서비스 제공자로 인식(비공식 서비스의 필요성 인식)하여 지역사회 기반의 서비스 제공 강조
- 서비스의 협력적, 통합적 제공을 위한 행정개편을 주장하며 사회서비스 부서 창설 및 지역별 전담사무소 설치 제안

▶ 하버트 보고서(1971년)

- 가족과 근린 지역사회의 비공식 서비스를 통한 긴급한 욕구충족을 강조
- 공공 및 민간 사회서비스의 주요 과업은 비공식 서비스를 지원하는 것에 있음을 역설

▶ 바클레이 보고서(1982년)

- 대부분의 지역사회보호는 지역주민들 사이의 비공식 돌봄망을 통해 이루어짐을 인식
- 비공식 서비스와 공식 서비스 간의 파트너십 개발을 강조

지역사회보호 발전기

▶ 그리피스 보고서(1988년)

- 신보수주의 경향 하에서 케어의 혼합경제, 복지다원주의 논리를 따름
- 지역사회보호의 일차적 책임은 지방정부에 있으며 계획은 지자체에서 수립

- 지방정부는 서비스의 공급자가 아닌, 서비스의 구매자 · 조정자로서의 역할을 해야 함
- 서비스 조직화의 원리로서 사례관리 도입

▶ **그리피스 보고서 이후**

- 그리피스 보고서의 주요 내용은 1990년에 제정된 「국민보건서비스 및 지역사회보호법(National Health Services and Community Care Act)」에 반영됨
- 개별화 원리, 이용자의 선택권 강화 및 욕구주도로 전환
- 케어 매니지먼트 도입

기출문장 CHECK

01 (22-05-04) 시봄보고서는 사회서비스의 협력과 통합을 제안하였다.

02 (22-05-04) 그리피스보고서는 지방정부의 책임을 강조하였다.

03 (20-05-04) 1959년 정신보건법(Mental Health Act) 제정으로 지역사회보호가 법률적으로 규정되었다.

04 (20-05-04) 영국의 지역사회복지는 시설보호에서 지역사회보호로 전환이 이루어졌다.

05 (20-05-04) 그리피스 보고서는 지역사회보호의 권한과 재정을 지방정부로 이양할 것을 권고하였다.

06 (19-05-07) 1980년대 그리피스(E. Griffiths) 보고서는 복지 주체의 다원화에 영향을 미쳤다.

07 (16-05-05) 영국의 그리피스 보고서는 지역사회보호를 위한 권한과 재정을 지방정부에 이양할 것을 주장하였다.

08 (16-05-05) 영국의 그리피스 보고서는 서비스의 적절성 확보를 위한 케어 매니지먼트를 강조하였다.

09 (15-05-07) 영국의 시봄 보고서는 사회서비스 부서의 창설을 제안하고 서비스의 협력 및 통합을 강조했다.

10 (07-05-03) 1970년대 영국에서는 비공식 서비스의 중요성을 강조한 하버트 보고서가 출판되었다.

복습 2

기출확인

대표기출 확인하기

22-05-04 난이도 ★★★

영국의 지역사회복지 역사에 해당하지 않는 것은?

① 자선조직협회(COS)는 사회진화론에 영향을 받았다.
② 토인비홀은 사무엘 바네트(S. Barnett) 목사가 설립한 인보관이다.
③ 헐하우스는 제인 아담스(J. Adams)에 의해 설립되었다.
④ 시봄(Seebohm)보고서는 사회서비스의 협력과 통합을 제안하였다.
⑤ 그리피스(Griffiths)보고서는 지방정부의 책임을 강조하였다.

알짜확인

• 영국의 발달사는 최근 출제율이 높다. 영국 사회복지 발달의 특징이라 할 수 있는 지역사회보호와 관련된 보고서들을 살펴보도록 하자.

답 ③

응시생들의 선택

① 7%	② 10%	③ 44%	④ 24%	⑤ 15%

③ 제인 아담스가 설립한 헐하우스는 미국 시카고에 세워진 것이다.

관련기출 더 보기

19-05-07 난이도 ★★☆

영국의 지역사회복지 역사에 관한 설명으로 옳은 것은?

① 헐 하우스(Hull House)는 빈민들의 도덕성 향상을 위해 노력하였다.
② 우애방문단은 기존 사회질서를 비판하고 개혁을 주장하였다.
③ 인보관 이념은 우애방문단 활동의 기반이 되었다.
④ 1960년대 존슨행정부는 '빈곤과의 전쟁'을 선포하고 다양한 지역사회 개혁을 단행하였다.
⑤ 1980년대 그리피스(E. Griffiths) 보고서는 복지 주체의 다원화에 영향을 미쳤다.

답 ⑤

응시생들의 선택

① 8%	② 3%	③ 9%	④ 19%	⑤ 61%

① 헐 하우스(Hull House)는 1889년 미국 시카고에 설립된 인보관이므로 영국의 역사는 아니다. 또한, 빈민들의 도덕성 향상을 강조한 것은 자선조직협회이다.
②③ 우애방문단은 자선조직협회의 활동가들이며, 사회질서의 비판 및 개혁을 주장한 것은 자선조직협회가 아닌 인보관 운동에 해당한다.
④ 1960년대 존슨행정부는 '빈곤과의 전쟁'을 선포하고 다양한 지역사회 개혁을 단행했는데, 이는 미국의 역사이다.

17-05-02 난이도 ★★☆

영국 지역사회복지의 발달에 영향을 미친 주요 사건을 순서대로 나열한 것은?

ㄱ. 토인비홀(Toynbee Hall) 설립
ㄴ. 정신보건법(Mental Health Act) 제정
ㄷ. 그리피스(Griffiths)보고서
ㄹ. 하버트(Harbert)보고서
ㅁ. 시봄(Seebohm)보고서

① ㄱ－ㄴ－ㄷ－ㅁ－ㄹ
② ㄱ－ㄴ－ㅁ－ㄹ－ㄷ
③ ㄱ－ㅁ－ㄹ－ㄴ－ㄷ
④ ㄴ－ㄱ－ㅁ－ㄹ－ㄷ
⑤ ㄴ－ㄷ－ㅁ－ㄹ－ㄱ

답 ②

응시생들의 선택

① 11%	② 51%	③ 32%	④ 4%	⑤ 2%

ㄱ. 토인비홀(Toynbee Hall) 설립: 1884년
ㄴ. 정신보건법(Mental Health Act) 제정: 1959년
ㅁ. 시봄(Seebohm)보고서: 1968년
ㄹ. 하버트(Harbert)보고서: 1971년
ㄷ. 그리피스(Griffiths)보고서: 1988년

덧붙임

시봄 보고서(1968), 하버트 보고서(1971), 바클레이 보고서(1982), 그리피스 보고서(1988) 등은 모두 지역사회보호를 바탕으로 전개되었다는 점 같이 기억해두자.

16-05-05 난이도 ★★★

영국의 그리피스 보고서(Griffiths Report, 1988)에서 강조하고 있는 지역사회보호에 관한 설명으로 옳은 것을 모두 고른 것은?

ㄱ. 지역사회보호를 위한 권한과 재정을 지방정부에 이양할 것을 주장하였다.
ㄴ. 지역사회보호를 위한 지방정부의 서비스 공급자 역할을 강조하였다.
ㄷ. 서비스의 적절성 확보를 위한 케어 매니지먼트(care management)를 강조하였다.
ㄹ. 지역사회보호 실천주체 다양화를 추구하였다.

① ㄱ, ㄴ
② ㄱ, ㄹ
③ ㄴ, ㄷ
④ ㄱ, ㄷ, ㄹ
⑤ ㄴ, ㄷ, ㄹ

답 ④

응시생들의 선택

① 17%	② 12%	③ 5%	④ 42%	⑤ 24%

ㄴ. 그리피스 보고서는 국가의 역할보다는 민간 부문에서 다양한 서비스가 공급되도록 해야 한다고 주장하면서 지방정부는 서비스의 구매 · 조정자로서의 역할을 해야 한다고 보았다.

15-05-07 난이도 ★★★

영국의 지역사회보호 역사 중 다음의 특성 모두와 관련 있는 것은?

• 사회서비스 부서 창설 제안
• 대인사회서비스
• 지역사회를 사회서비스 제공자로 인식
• 서비스의 협력 및 통합

① 시봄(Seebohm) 보고서
② 하버트(Harbert) 보고서
③ 바클레이(Barclay) 보고서
④ 그리피스(Griffiths) 보고서
⑤ 베버리지(Beveridge) 보고서

답 ①

응시생들의 선택

① 20%	② 26%	③ 11%	④ 24%	⑤ 19%

① 시봄 보고서는 비공식적 서비스와 지역사회주민의 참여를 강조하며, 여러 부서에 산재되어 있는 서비스를 통합하도록 행정을 개편해야 한다고 주장했다.

복습 3 정답훈련

다음 내용이 왜 틀렸는지를 확인해보자

01 1959년에는 정신보건법이 제정되면서 **시설보호에 관한 기틀**이 마련되기 시작하였다.

재가복지서비스 중심의 지역사회보호에 관한 기틀이 마련되기 시작하였다.

02 영국에서 발표된 지역사회보호 관련 보고서 중 가장 최초로 제시된 것은 **그리피스 보고서**로 당시 영국 사회복지 제도의 개혁을 강조하였다.

시봄 보고서이다.

20-05-04

03 영국 지역사회복지 발달과정에서 지역사회보호가 강조되면서 **민간서비스 및 비공식 서비스의 역할은 점차 감소**하였다.

지역사회보호가 강조되면서 민간서비스, 비공식 서비스의 역할은 더욱 강조되었다.

04 그리피스 보고서는 지역사회보호의 일차적 책임주체가 **중앙정부**임을 강조하였다.

그리피스 보고서는 지역사회보호의 일차적 책임주체가 지방정부임을 강조하였다.

21-05-04

05 하버트 보고서는 **헐하우스 건립의 기초**가 되었다.

헐하우스는 1889년 미국에 세워진 인보관이다. 하버트 보고서는 1971년 영국에서 발표되었기 때문에 시기적으로 맞지 않는 서술이다.

빈칸에 들어갈 알맞은 말을 채워보자

15-05-07

01 1968년 발표된 (   ) 보고서는 사회서비스 부서 창설, 대인사회서비스, 서비스의 협력 및 통합 등을 골자로 하였다.

02 영국 지역사회보호 형성기에는 다양한 보고서가 제출되었으며, 그 중 (   ) 보고서는 비공식 보호서비스와 공식 보호서비스 간의 파트너십 개발을 강조하였다.

16-05-05

03 1988년 발표된 (   ) 보고서는 지역사회보호를 위한 권한과 재정을 지방정부에 이양할 것을 주장하면서 서비스의 적절성 확보를 위한 케어 매니지먼트(care management)를 강조하였다.

04 1971년에 발표된 (   ) 보고서는 가족체계와 근린 지역사회를 통해 이루어지는 비공식 서비스의 중요성을 강조하였다.

답 **01** 시봄 **02** 바클레이 **03** 그리피스 **04** 하버트

다음 내용이 옳은지 그른지 판단해보자

01 영국 지역사회보호 형성기에는 시봄 보고서, 하버트 보고서, 그리피스 보고서 등 다양한 보고서가 발표되었다.

07-05-03

02 1930년대 영국에서는 시봄 보고서가 발표되면서 지역사회보호가 형성되기 시작하였다.

07-05-03

03 1970년대 영국에서는 비공식 서비스의 중요성을 강조한 하버트 보고서가 출판되었다.

04 시봄 보고서는 서비스의 통합적 제공을 위한 행정개편을 주장하였다.

16-05-05

05 그리피스 보고서는 지역사회보호를 위한 지방정부의 서비스 공급자 역할을 강조하였다.

답 **01**× **02**× **03**○ **04**○ **05**×

해설 **01** 시봄 보고서, 하버트 보고서, 바클레이 보고서는 지역사회보호 형성기, 그리피스 보고서는 지역사회보호 발전기로 분류된다.
02 시봄 보고서는 1968년에 발표되었다.
05 그리피스 보고서는 지방정부는 서비스의 구매자 및 조정자로서 역할을 해야 한다고 보았다.

136 자선조직협회와 인보관 운동

1회독 월 일 | 2회독 월 일 | 3회독 월 일

최근 10년간 2문항 출제

이론요약

COS(자선조직협회)

- 영국 – 1869년 런던(러스킨)
- 미국 – 1877년 뉴욕(거틴)
- 상류층, 부유층 등을 중심으로 조직
- 빈곤을 개인의 문제로 봄
- 사회진화론, 적자생존의 논리
- 이전의 무분별한 자선활동을 조직화하여 체계적, 효율적 자선활동 진행
- 서비스의 조정에 초점
- 가치있는 빈민과 가치없는 빈민을 구분하여 선별적 구호활동 진행
- 우애방문원을 조직하여 우애방문원을 통한 개별방문지도 실시
- 개별사회사업의 효시

인보관

- 영국 – 1884년 런던 '토인비홀'(바넷)
- 미국 – 1886년 뉴욕 Neighborhood Guild(코이트), 1889년 시카고 '헐하우스'(제인 애덤스)
- 대학생 등 지식인층을 중심으로 조직
- 빈곤을 산업화, 도시화에 따른 사회적 산물로 봄
- 자유주의, 급진주의, 계몽주의를 바탕으로 함
- 3R: 빈민과 함께 거주(Residence), 사회조사(Research), 사회개혁(Reform)
- 주민의 조직화, 환경개선, 의식화 교육, 문화활동, 사회개혁 운동 진행
- 서비스의 제공에 초점
- 빈곤해결 자체, 제도적 변화에 관심
- 동료애, 우정을 바탕으로 관계 형성
- 집단사회사업으로 발전

기출문장 CHECK

01 (22-05-04) 자선조직협회는 사회진화론에 영향을 받았다.

02 (22-05-04) 토인비홀은 사무엘 바네트 목사가 설립한 인보관이다.

03 (20-05-04) 자선조직협회는 사회진화론의 영향을 받았다.

04 (14-05-08) 세계 최초 인보관은 영국의 토인비홀이다.

05 (14-05-08) 인보관 운동의 주요 이념은 자유주의, 급진주의이다.

06 (14-05-08) 인보관 운동은 빈곤문제 해결을 위하여 환경에 관심을 갖고 접근하였다.

07 (13-05-13) 인보관 운동은 사회구조의 변화에 관심을 가졌다.

08 (13-05-13) 인보관 운동은 빈민들과 함께 거주하면서 사회문제를 해결하려 하였다.

09 (11-05-01) 자선조직협회에서는 우애방문원들이 가정방문을 진행했으며, 이들은 오늘날 사회복지사의 모태가 되었다.

10 (10-05-08) 자선조직협회는 가난의 책임이 개인에게 있다고 여겼다.

11 (08-05-04) 인보관 운동은 지역주민을 대상으로 다양한 교육활동을 펼치기도 했다.

12 (08-05-04) 자선조직협회의 주요 특징: 가치 있는 빈민과 가치 없는 빈민으로 구분, 자선기관의 서비스 조정, 사회조사 실시, 우애방문원을 통한 사례개입

13 (06-05-04) 인보관은 서비스를 직접 제공하는 한편 사회개혁 운동을 진행하기도 했다.

14 (05-05-03) 자선조직협회는 서비스의 연계 및 조정 등 지역복지의 기원이 되었다.

15 (04-05-10) 자선조직협회는 빈민의 개조에 역점을 두었다.

16 (03-05-03) 인보관 운동은 빈민들과 함께 거주하며 진행되었다.

17 (02-05-04) 인보관 운동은 사회개혁을 강조했다.

18 (02-05-05) 자선조직협회는 산발적 자선모금 활동을 체계화하고, 불합리하게 진행되던 자선사업을 개선하고, 빈곤조사를 실시하며, 우애방문원을 통해 서비스를 제공하기도 했다.

복습 2 기출확인

대표기출 확인하기

14-05-08 난이도 ★☆☆

인보관에 관한 설명으로 옳지 않은 것은?

① 세계 최초 인보관은 영국의 토인비홀이다.
② 일본의 인보관은 간다(神田)의 킹스레이관에서 시작되었다.
③ 우애방문 활동을 중심으로 전개하였다.
④ 주요 이념은 자유주의, 급진주의이다.
⑤ 빈곤문제 해결을 위하여 환경에 관심을 갖고 접근하였다.

알짜확인

- 자선조직협회 및 인보관 운동의 특징에 대해 파악해두어야 한다. 주로 이 둘의 차이점을 파악하고 있는지를 확인하는 문제가 출제되고 있기 때문에 학습할 때에도 둘의 차이점을 비교하면서 정리해두는 것이 필요하다.
- 둘 모두 지역사회복지의 발전에 영향을 미쳤지만, 자선조직협회는 빈곤의 책임을 개인에게 돌렸고, 인보관 운동은 빈곤문제를 산업화의 산물로 봤다는 근본적인 차이가 있다. 이 둘은 근본적인 관점이 다르기 때문에 활동 내용이나 이념 등도 다르다.

답 ③

응시생들의 선택

① 1%	② 4%	③ 87%	④ 6%	⑤ 2%

③ 자선조직협회는 우애방문원들로 하여금 빈곤자들에 대해 개별 방문지도 활동을 수행하도록 하였다.

관련기출 더 보기

11-05-01 난이도 ★☆☆

자선조직협회(COS)와 인보관에 관한 설명으로 옳지 않은 것은?

① 자선조직협회에서는 우애방문원들이 가정방문을 하였다.
② 성직자나 대학생 등이 중심이 되어 인보관 운동을 전개하였다.
③ 우애방문원은 오늘날 사회복지사의 모태라고 할 수 있다.
④ 인보관 운동은 사회개혁을 추구했다.
⑤ 인보관 운동은 사회진화론에 바탕을 두었다.

답 ⑤

응시생들의 선택

① 2%	② 7%	③ 7%	④ 5%	⑤ 81%

⑤ 사회진화론은 변화하는 사회환경에 스스로의 능력으로 적응해나가는 존재만이 살아남을 수 있다고 하는 적자생존의 원리를 강조하며, 이는 자선조직협회의 사상적 바탕이 되었다. 자선조직협회는 이러한 사상에 입각하여 빈곤의 책임은 빈민 스스로에게 있다고 여기고, 개인의 노력을 강조하였다.

08-05-04 난이도 ★☆☆

인보관 활동에 대한 설명으로 옳은 것은?

① 지역주민 대상의 교육
② 가치있는 빈민과 가치없는 빈민으로 구분
③ 자선기관의 서비스 조정
④ 사회조사(social survey)의 실시
⑤ 우애방문원을 통한 사례개입

답 ①

응시생들의 선택

① 79%	② 0%	③ 4%	④ 15%	⑤ 2%

②③④⑤ 자선조직협회에 해당하는 설명이다.

복습 3 정답훈련

다음 내용이 옳은지 그른지 판단해보자

05-05-03

01 인보관 운동은 서비스의 연계 및 조정 등 지역복지의 기원이 되었다. ⓞⓧ

13-05-13

02 인보관 운동은 1:1 방문서비스를 원칙으로 하였다. ⓞⓧ

06-05-04

03 인보관 운동은 서비스를 직접 제공하는 한편 사회개혁 운동을 전개하기도 하였다. ⓞⓧ

04 인보관 운동은 함께 생활함으로써 문제를 파악할 수 있다는 전제를 가졌다. ⓞⓧ

10-05-08

05 자선조직협회는 급진적 이데올로기로 설명된다. ⓞⓧ

06 자선조직협회 활동은 개별사회사업의 발전에, 인보관 운동은 집단사회사업의 발전에 영향을 주었다.

04-05-10

07 자선조직협회는 자선기관들의 네트워크를 형성하였고 자선활동을 체계화하기 위해 노력했다.

08 인보관 운동은 빈민들의 의존문화 근절에 초점을 두고 문맹퇴치 등 다양한 교육활동을 진행했다.

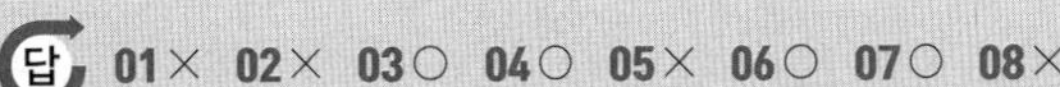
답 **01**× **02**× **03**○ **04**○ **05**× **06**○ **07**○ **08**×

해설 **01** 서비스의 연계 및 조정 등의 기원이 된 것은 자선조직협회의 활동이다.

02 자선조직협회는 우애방문원을 통해 1:1 방문서비스를 진행하였다.

05 자선조직협회는 사회진화론, 전자생존의 논리를 바탕으로 하며, 인보관 운동은 급진주의, 계몽주의, 자유주의를 바탕으로 한다.

08 인보관 운동에서는 문맹퇴치를 비롯한 다양한 교육활동을 진행했지만, 빈민들의 의존문화 근절에 초점을 둔 것은 자선조직협회에 해당한다.

미국 지역사회복지의 발달

1회독 월 일 | 2회독 월 일 | 3회독 월 일

최근 10년간 1문항 출제

이론요약

기본개념
지역사회복지론
pp.51~

지역사회복지의 태동기(1890~1910년대)

- 산업화에 따른 농촌인구의 도시화나 급증한 이민자들로 인한 도시빈곤, 남북전쟁 후의 흑인문제, 주택문제, 질병 등의 사회문제를 개선하려는 지역단위의 노력이 필요한 상황에서 국가의 역할은 국민의 재산권 보호와 자유 수호, 인권의 보장에 한정되어야 한다는 주장이 제기됨
- 이념적으로는 사회진화론, 실용주의, 자유주의 등의 영향이 크게 작용
- 사회적 문제해결을 위한 활동으로 영국의 영향을 받아 자선조직협회와 인보관 운동이 활발하게 추진

지역사회복지의 형성기(1920~1950년대)

- 20세기 초 사회복지기관의 재정난과 모금활동의 투명성 의혹 등에 따라 자선가 중심의 지역공동모금제도 및 지역복지협의회를 설립
- 자선조직협회 활동을 근간으로 하여 지역사회의 문제와 욕구를 충족시키기 위해 복지사업을 계획, 조정하는 것을 목적으로 사회복지기관협의회를 설립
- 사회문제나 빈곤의 해결방법을 개인이 아닌 지역사회조직화로부터 찾고자 하는 노력인 지역사회조직화(CO: Community Organization)의 발달
- 대공황 등으로 인한 복지수요 급증으로 기존의 민간 복지서비스로는 이를 담당하기 부족하여 연방정부의 개입이 확산됨에 따라 지역사회의 사업들도 정부기관으로 이양되거나 연방정부 단위의 사업으로 확대

지역사회복지의 정착기(1960년대 이후)

- 1960년대 빈곤과의 전쟁으로 연방정부의 책임 확대, 1965년 헤드스타트 프로그램 도입
- 1960년대 인종차별철폐운동, 반동운동, 여성해방운동 등 시민운동의 성장으로 1970년대 지역사회조직사업 촉진
- 1970년대 반복지주의적 물결 태동
- 1981년 신보수주의적 레이거노믹스 정책으로 '작은 정부'를 추진하면서 사회복지 부문의 민영화 진행

기출문장 CHECK

01 (16-05-04) 1970년대 미국에서 일어난 인종차별 금지와 반전(反戰) 운동은 지역사회조직사업을 촉진하였다.

02 (10-05-03) 사회진화론, 급진주의, 실용주의, 자유주의 등은 1800년대 후반부터 1900년대 초반의 미국 지역사회복지 발달에 영향을 미쳤다.

03 (09-05-05) 미국의 지역사회복지 역사에서 지역사회조직사업은 1960년대 들어와서 사회사업 전문분야의 위치를 확고히 하였다.

04 (09-05-05) 미국에서 인보관 운동은 자선조직협회보다 뒤에 시작되었다.

05 (08-05-06) 미국의 지역사회복지 역사에서 자선조직협회는 기관 간 서비스를 조정하기 위한 활동을, 인보관은 다양한 사회문제에 대처하기 위한 활동을 전개했다.

06 (08-05-06) 제1차 세계대전 이후 미국에서는 공동모금이 활성화되었다.

기출확인

대표기출 확인하기

16-05-04 난이도 ★★★

미국 지역사회복지의 역사적 특징으로 옳은 것은?

① 대공황 이전에는 공공이 지역사회복지실천의 주요 전달체계를 담당하였다.
② 케네디와 존슨 행정부의 '빈곤과의 전쟁'은 사회복지의 지방정부 역할과 책임을 강조하였다.
③ 1970년대 인종차별 금지와 반전(反戰)운동은 지역사회조직사업을 촉진하였다.
④ 1990년대 '복지개혁(Welfare Reform)'은 풀뿌리 지역사회조직활동을 강조하였다.
⑤ 오바마 행정부는 연방정부 중심의 지역사회복지 프로그램 평가에 주안점을 두었다.

알짜확인

- 미국의 역사에서 빈곤과의 전쟁, 신보수주의, 민영화 등의 흐름은 눈여겨 살펴봐야 한다. 지역사회복지와 관련해서는 세계대전을 거치며 시작된 공동모금과 1960~70년대 인권운동, 시민권운동 등이 지역사회조직사업의 발달로 이어졌다는 점은 기억해 둘 만하다.

답 ③

응시생들의 선택

① 15%	② 23%	③ 19%	④ 30%	⑤ 13%

① 대공황 이후 다양한 공공 복지사업이 마련되었다.
② 케네디와 존슨 행정부의 '빈곤과의 전쟁'은 연방정부의 역할과 책임을 강조하였다.
④ 1990년대 미국의 사회복지는 기관의 행정, 계획, 조직발전, 평가개발을 중심으로 이루어졌다. 1996년 복지개혁은 개인책임에 따른 근로연계복지가 핵심이었고, 공공부조에 대해서는 주정부에 권한과 책임을 이양했다.
⑤ 오바마 전 미국 대통령은 지역사회운동을 했던 활동가이기도 했고, 이를 바탕으로 이른바 '풀뿌리식' 선거운동을 진행하였다. 이로써 당선 이후 풀뿌리 지역사회조직활동에 대한 학문적, 실천적 관심이 더욱 확대되었다.

관련기출 더 보기

12-05-16 난이도 ★★☆

미국의 지역사회복지 발달 과정을 빠른 연대 순으로 배치한 것은?

ㄱ. 헐 하우스(Hull House) 건립
ㄴ. 자선조직협회 창설
ㄷ. 지역공동모금을 위한 상공회의소의 자선연합회 출현
ㄹ. '작은 정부' 지향으로 복지에 대한 지방정부 책임 강조
ㅁ. '빈곤과의 전쟁' 선포로 사회복지에 대한 연방정부 역할 증대

① ㄱ – ㄴ – ㄷ – ㄹ – ㅁ
② ㄱ – ㄴ – ㄷ – ㅁ – ㄹ
③ ㄱ – ㄷ – ㄴ – ㄹ – ㅁ
④ ㄴ – ㄱ – ㄷ – ㅁ – ㄹ
⑤ ㄴ – ㄷ – ㄱ – ㅁ – ㄹ

답 ④

응시생들의 선택

① 3%	② 15%	③ 3%	④ 67%	⑤ 12%

ㄴ. 1877년 – ㄱ. 1889년 – ㄷ. 1913년 – ㅁ. 1960년대 – ㄹ. 1970년대 후반 이후

10-05-03 난이도 ★★☆

1800년대 후반부터 1900년대 초반의 미국 지역사회복지 발달에 영향을 미친 이념이 아닌 것은?

① 사회진화주의
② 급진주의
③ 실용주의
④ 자유주의
⑤ 민권운동

답 ⑤

응시생들의 선택

① 11%	② 10%	③ 25%	④ 12%	⑤ 42%

⑤ 미국에서 민권운동이 활발하게 진행된 시기는 1960년대~1970년대에 해당한다.

복습 3

정답훈련

다음 내용이 옳은지 그른지 판단해보자

08-05-06

01 1990년대 이후 미국에서는 지역사회조직에 기초한 옹호적 접근이 강조되었다.

02 1980년대 미국에서는 신보수주의에 입각하여 국민의 복지에 대한 국가의 책임이 강조되었다.

03 제1차 세계대전을 거치면서 전시모금회가 생겨났고, 이는 이후 공동모금회로 발전하였다.

16-05-04

04 미국에서 케네디 및 존슨 행정부의 '빈곤과의 전쟁'은 사회복지에 대한 지방정부의 역할과 책임을 강조하였다.

05 1960년대 미국에서는 베트남 전쟁으로 인한 반전운동을 시작으로 이후 인종차별철폐운동, 여성해방운동 등 다양한 사회행동이 일어났고, 이는 지역사회조직사업의 발전으로 이어졌다.

10-05-03

06 사회진화론, 급진주의, 실용주의, 자유주의 등의 이념은 1800년대 후반부터 1900년대 초반의 미국 지역사회복지 발달에 영향을 미쳤다.

09-05-05

07 미국에서는 레이거노믹스 이후 복지예산 삭감에 대한 압력이 줄어들었다.

답 **01** × **02** × **03** ○ **04** × **05** ○ **06** ○ **07** ×

해설 **01** 1990년대 이후에는 지역사회조직에 기초한 옹호적 접근보다는 사회복지기관의 기획 및 마케팅 같은 행정적 능력이나 프로그램 평가 등이 강조되었다.

02 1980년대는 신보수주의에 따라 사회복지에 대한 정부지원이 축소되고 사회복지 영역들도 민영화가 단행되기 시작했다.

04 빈곤과의 전쟁은 지방정부가 아닌 연방정부(중앙정부)의 역할과 책임을 강조하고 확대했다.

07 1980년대 신보수주의 경향을 레이거노믹스라고 일컫는다. 레이거노믹스에 따라 복지예산 삭감에 대한 압력은 증가했다.

지역사회복지의 주요 이론

이 장에서는

구조기능론, 갈등이론, 교환이론, 자원동원이론, 생태이론 등을 비롯해 지역사회복지에 함의를 주는 다양한 이론들을 살펴본다.

10년간 출제분포도

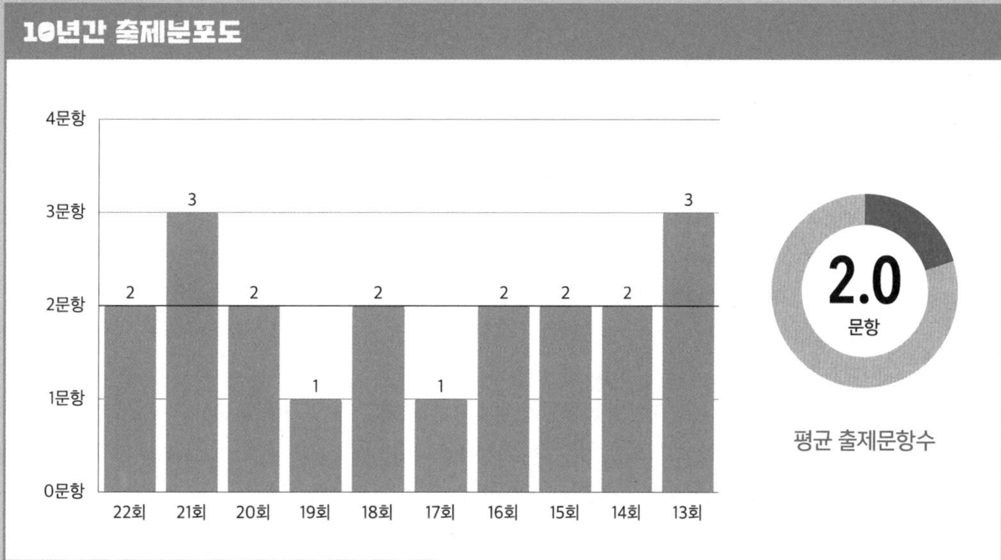

138 지역사회복지실천 이론들

강의 QR코드

1회독 월 일 | 2회독 월 일 | 3회독 월 일

최근 10년간 20문항 출제

복습 1 이론요약

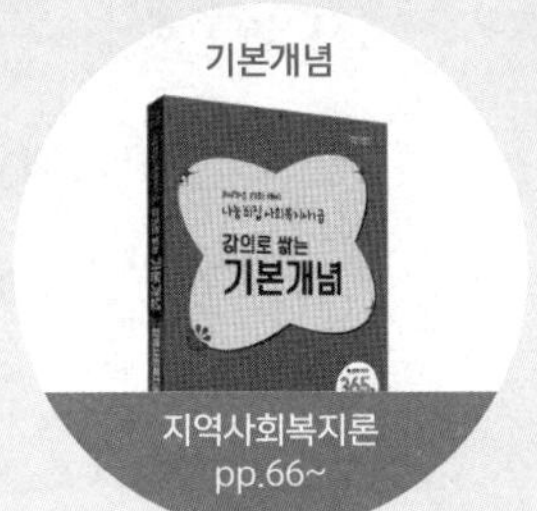

지역사회복지론
pp.66~

구조기능이론

- 지역사회는 여러 부분으로 구성되어 있고, 각 부분은 전체가 기능을 잘 발휘할 수 있도록 기여
- 지역사회의 균형과 안정을 강조

갈등이론

- 사회의 권력과 자원 등이 불평등하기 때문에 갈등은 본질적으로 발생하는 불가피한 현상이라고 봄
- 갈등을 사회변화를 가능하게 하는 주요 기제로 간주
- 어느 한 집단이 다른 집단을 성공적으로 완전히 지배함에 따라 안정이 일어날 수 있지만 이는 일시적인 현상일 뿐 사회는 본래 분열되어 있다고 봄

※ 알린스키(Alinsky)
- 갈등이론을 지역사회조직화에 적용한 대표적인 학자
- 모든 사람이 재화와 서비스에 평등하게 접근할 수 있어야 하며, 지역사회조직의 목표는 지배집단과 피지배집단이 동등한 혜택을 받는 것이라고 주장
- 소수의 지배집단이 갖고 있는 자원과 의사결정의 권한을 가져오기 위한 피지배집단의 조직화와 대항을 강조

사회체계이론

- 다양한 체계들 간의 상호작용을 강조
- 지역사회의 각 구성요소들이 상호 긴밀하게 연결되어 집단이 형성되고, 여러 집단이 서로 결합되어 제도를 이루고, 여러 제도들이 서로 결합되어 지역사회를 이룬다고 봄

생태(체계)이론

- 인간과 그를 둘러싼 사회환경을 하나의 거대한 생태계로 파악(환경 속 인간 관점)
- 사회환경의 변천과정을 역동적으로 설명할 수 있는 이론
- 경쟁, 지배, 집중화, 계승, 분산 등의 개념을 통해 지역사회의 변화과정을 설명

- 인간은 환경과 상호작용하면서 환경에 적응하는 동시에 진화하는 역동적 존재임을 가정하면서도, 환경에 대한 적응(환경과의 적합성)을 전제로 체계의 안정성을 지향하기 때문에 적극적인 변화나 저항을 추구하지는 않음

자원동원이론

- 사회운동조직의 역할과 한계를 규명하는 이론
- 조직의 활성화를 위해 자원이 필요하며 자원의 유무에 따라 사회운동의 성패가 결정된다고 봄
- 자원에는 돈, 정보, 사람, 조직원 간의 연대성, 사회운동의 목적과 방법에 대한 정당성 등이 포함됨
- 자원동원의 핵심 과제는 '조직원을 어떻게 확보할 것인가'와 '잠재적 조직원에게 조직의 철학과 이념을 어떻게 전달할 것인가'에 있음

교환이론

- 사회적 · 물질적 자원의 교환을 인간 상호작용의 근본 형태로 파악
- 지역사회복지실천도 교환의 장에서 이루어짐
- 교환자원: 상담, 지역중심 서비스, 기부금, 재정지원, 정보, 정치적 권력, 의미, 힘 등
- 교환관계의 단절이나 불균형, 교환자원의 부족 및 고갈 등으로 인해 지역사회문제가 발생할 수 있음

※ 하드캐슬의 권력균형전략

- 경쟁: 교환에 참여하는 대신 다른 자원을 찾는 것
- 재평가: A가 B의 자원을 재평가하여 종속을 피하는 방법
- 호혜성: A와 B가 서로에게 필요한 교환관계임을 인식하게 하여 A와 B의 관계를 독립적이고 동등한 관계로 바꾸는 것
- 연합: B에 종속된 A, C, D 등이 힘을 합쳐 B의 권력에 대항하는 전략
- 강제: 물리적 힘을 동원하여 B가 갖고 있는 자원을 A가 장악하는 전략(법적, 윤리적 문제가 발생할 수 있으므로 유의해야 함)

엘리트주의와 다원주의

- 엘리트주의: 소수의 지배 엘리트 집단(정치와 경제 등에서 중요한 정책을 결정할 때 우월한 지위에서 영향을 미치는 사람 또는 집단)이 국가의 정책을 좌우하는 권력을 장악하고 있다고 봄
- 다원주의: 다원화된 현대사회에서는 각 이익집단의 대결과 갈등을 정부가 종합하여 균형적인 결정을 내린다는 것

사회구성론

- 지식의 객관성을 강조하는 전통적인 실증주의를 비판
- 개인이 처한 사회나 문화 속 맥락에 따라 현실의 문제나 상황을 구성 또는 재구성할 수 있다는 관점
- 다양한 문화를 가진 클라이언트와의 지속적이고 집중적인 대화과정을 강조함
- 클라이언트의 행동에 영향을 끼치는 사회 · 경제 및 정치적 구조에 대한 이해를 갖고, 클라이언트의 다양한 문화적 가치와 규범에 대한 민감성을 강조

권력의존이론

- 집단들이 갖고 있는 자원의 크기에 따라 권력이 발생하며 권력이 작은 집단은 권력이 큰 집단에 의존하게 된다는 관점
- 지역사회 내 집단들 사이에 힘의 획득, 분산 등 권력구조를 파악하기 위한 이론적 토대가 됨

기출문장
CHECK

01 22-05-05 교환이론은 자원의 교환을 통한 지역사회의 발전을 강조한다.

02 21-05-05 갈등이론은 이해관계의 대립을 불평등한 분배로 설명한다.

03 21-05-07 사회복지관이 지방정부로부터 보조금 집행에 대한 지도점검을 받는 것은 권력의존이론의 관점으로 이해할 수 있다.

04 20-05-07 사회구성(주의) 이론: 가치나 규범, 신념, 태도 등은 다양한 문화적 집단에 따라 다르게 구성된다.

05 19-05-02 사회구성주의이론은 지역사회 문제를 객관적 사실로 인정하지 않고, 특정 집단에 의해 규정된다고 본다.

06 18-05-05 갈등이론은 갈등현상을 사회적 과정의 본질로 간주한다.

07 17-05-08 사회구성론의 적용 예: A사회복지사는 결혼이주여성들을 지원하는 과정에서 그들의 행동에 영향을 미쳤던 자국의 사회, 경제 및 정치적 구조를 이해하고 그들의 문화적 가치와 규범에 대한 의미를 해석해야 한다.

08 16-05-07 생태체계이론의 적용 예: 도농복합지역 A시의 최근 10년간 사회지표 분석결과, 원도심 지역은 공동화가 이루어지면서 노인가구 및 1인 가구 증가율이 급상승한 반면, 농촌지역은 공공기관 이전으로 인구의 평균연령이 낮아져 A시가 계층화되고 있는 것으로 나타났다.

09 15-05-01 다원주의이론의 관점: 다양한 집단과 조직이 이익을 표출함으로써 정책과정에 영향을 미칠 수 있다. 지역사회복지정책은 이익집단들 간의 갈등과 타협의 산물로 간주된다. 지역사회복지정책 결정은 이익집단들의 상대적 영향력 정도에 따라 달라진다.

10 15-05-05 권력의존이론의 적용 예: 사회복지관은 생존차원에서 외부 재정지원을 필요로 하지만 재정지원자의 요구를 무시하기 어렵다. 이런 상황에서 A사회복지관은 기관운영 재원을 마련하기 위해 다양한 후원기관을 발굴하였고, 이를 통해 직원들은 사업운영의 자율성이 확대되는 것을 경험하였다.

11 14-05-04 기능주의 관점에서는 조화, 적응, 안정, 균형을 중시한다.

12 14-05-04 기능주의 관점에서는 사회변화가 점진적으로 이루어진다고 전제한다.

13 14-05-06 사회구성주의에서는 지식은 사회적으로 구성되는 것이라고 본다.

14 13-05-21 사회체계이론은 보수적 이론으로 비판받지만 지역사회의 구조와 기능을 설명할 수 있다.

15 13-05-21 사회교환이론은 비영리 조직의 마케팅이나 네트워킹 활동을 설명할 수 있다.

16 13-05-22 생태학이론: 지역사회는 공간을 점유하는 인간집합체로서 경쟁, 중심화, 분산 및 분리 등의 현상이 존재한다. 지역사회의 변환과정을 역동적 진화과정으로 설명할 수 있다.

17 12-05-14 자원동원이론: 사회운동을 발전시키기 위하여 회원들을 적극적으로 참여하도록 독려한다. 조직의 발전을 위해서 구성원 모집, 자금 확충, 직원 고용에 힘쓴다.

18 11-05-03 자원동원이론은 힘의존이론(power dependency theory)에 영향을 받았다.

19 11-05-05 생태이론의 특징: 지역사회가 변화에 순응하면 살아남고 순응하지 못하면 도태된다는 자연의 섭리를 강조한다. 중심화나 분산 등의 개념을 사용하여 지역사회의 변환과정을 역동적으로 설명할 수 있다.

20 10-05-04 갈등론적 관점을 기반으로 한 지역사회복지실천은 지역사회의 불평등 관계를 바꾸는 데에 초점을 둔다.

21 10-05-07 교환이론에서 하드캐슬(Hardcastle)은 권력균형전략으로 경쟁, 재평가, 호혜성, 연합, 강제 등을 제시하였다.

22 09-05-03 자원동원론: 사회운동조직들의 역할과 한계를 설명한다.

23 08-05-08 체계이론: 다양한 체계들 간의 상호작용을 강조하며, 수평적인 관점과 수직적인 관점에 초점을 둔다.

24 07-05-06 갈등이론은 사회행동모델과 관련이 깊다.

25 06-05-10 갈등이론에서는 갈등이 지역사회 내부의 결속력을 강화시켜주기도 한다고 보았다.

기출확인

대표기출 확인하기

22-05-07 난이도 ★★★

다음을 설명하고 있는 이론은?

> 최근 A지방자치단체와 B지방자치단체는 중앙정부로부터 각각 100억 원의 복지 예산을 지원받았다. 노인복지단체가 많은 A지방자치단체는 지역 노인회의 요구로 노인복지 예산 편성 비율이 전체 예산의 50%를 차지하게 되었고, 상대적으로 젊은 층이 많이 거주하고 있는 B지방자치단체는 노인복지 예산의 편성비율이 20% 수준에 그쳤다.

① 교환이론
② 갈등주의이론
③ 사회체계이론
④ 사회자본이론
⑤ 다원주의이론

알짜확인

- 하나의 이론이 한 문제로 출제되기도 하지만 한 문제에서 여러 이론들이 종합적으로 다뤄지는 경우가 많아 몇몇 이론만 집중적으로 공부해서는 안 된다.
- 각 이론의 주요 특징들을 주요 키워드와 함께 정리하여 헷갈리지 않도록 하자.
- 단순히 특징만 파악하는 문제뿐만 아니라 이론이 실제 어떻게 적용될 수 있는지를 생각해보는 문제도 출제된다는 점에서 다소 깊이 있는 공부가 요구된다.

답 ⑤

응시생들의 선택

① 3%	② 7%	③ 34%	④ 31%	⑤ 25%

다원주의는 사회는 여러 독립적인 이익집단이나 결사체로 이루어져 있으므로 집단 간의 경쟁, 갈등, 협력에 의해 민주적으로 운영된다는 사상이다. 주어진 지문의 내용을 보면 A지방자치단체는 지역 내 '노인회'라는 이익집단 결사체가 예산확보에 대해 영향력을 행사하고 있는 반면, B지방자치단체는 젊은 층이 많이 거주하고 있어 노인인구의 영향력이 상대적으로 약하게 나타나고 있음을 알 수 있다. 이러한 사례는 다원주의의 이론을 전제로 설명할 수 있다. 또한 이 사례에서는 분권화에 따라 중앙정부의 일률적인 정책이 아닌 지역사회마다 다른 다원적 정책 실시가 가능함도 알 수 있다.

관련기출 더 보기

21-05-05 난이도 ★☆☆

갈등이론에 관한 설명으로 옳은 것은?

① 이익과 보상으로 사회적 관계가 유지된다.
② 특정 집단이 지닌 문화의 의미를 해석한다.
③ 지역사회는 상호의존적인 부분들로 구성되어 있다.
④ 조직구조 개발에 자원동원 과정을 중요하게 여긴다.
⑤ 이해관계의 대립을 불평등한 분배로 설명한다.

답 ⑤

응시생들의 선택

① 10%	② 4%	③ 6%	④ 3%	⑤ 77%

① 사회교환이론에 관한 설명이다.
② 사회구성론에 관한 설명이다.
③ 구조기능론에 관한 설명이다.
④ 자원동원이론에 관한 설명이다.

21-05-07 난이도 ★★☆

지역사회복지를 권력의존이론의 관점에서 설명한 것을 모두 고른 것은?

ㄱ. 장애인 편의시설 설치를 위해 다양한 장애인 단체가 의사결정에 참여하도록 한다.
ㄴ. 노인복지관은 은퇴노인의 재능을 활용한 봉사활동을 기획한다.
ㄷ. 사회복지관은 지방정부로부터 보조금 집행에 대한 지도점검을 받았다.

① ㄱ
② ㄷ
③ ㄱ, ㄴ
④ ㄱ, ㄷ
⑤ ㄱ, ㄴ, ㄷ

답 ②

응시생들의 선택

① 4%	② 55%	③ 3%	④ 30%	⑤ 8%

ㄱ. 장애인 편의시설 설치를 위해 다양한 장애인 단체가 의사결정에 참여하도록 하는 것은 다원주의이론에 해당한다.
ㄴ. 노인복지관이 은퇴노인의 재능을 활용한 봉사활동을 기획하는 것은 교환이론, 사회자본이론 등의 맥락으로 볼 수 있다.

20-05-05 난이도 ★★★

이론과 주요 개념의 연결이 옳지 않은 것은?

① 사회체계이론 – 체계와 경계
② 생태학적 관점 – 분리(segregation), 경쟁, 침입, 계승
③ 사회자본이론 – 네트워크, 일반화된 호혜성 규범
④ 갈등이론 – 갈등전술, 내부결속
⑤ 사회교환이론 – 자기효능감, 집단효능감

답 ⑤

응시생들의 선택

① 1%	② 48%	③ 9%	④ 3%	⑤ 39%

⑤ 사회교환이론은 인간은 자신의 이익을 추구하기 때문에 누군가와 사회적, 물질적 자원의 교환이라는 상호작용을 맺게 된다는 것이다.

19-05-02 난이도 ★★★

지역사회복지 관련 이론과 내용의 연결로 옳은 것은?

① 다원주의이론: 인간과 환경과의 상호작용에 초점을 둔다.
② 구조기능론: 지역사회 내 갈등이 변화의 원동력이다.
③ 사회구성주의이론: 지역사회 문제를 객관적 사실로 인정하지 않고, 특정 집단에 의해 규정된다고 본다.
④ 권력관계이론: 지역사회는 구성 부분들의 조화와 협력으로 발전된다.
⑤ 사회자본이론: 지역사회 내 소수의 엘리트 집단의 권력이 정책을 좌우한다.

답 ③

응시생들의 선택

① 40%	② 16%	③ 32%	④ 6%	⑤ 6%

① 인간과 환경의 상호작용에 초점을 둔 이론은 생태이론이다.
② 갈등을 변화의 원동력으로 본 것은 갈등론적 관점이다.
④ 지역사회가 구성 부분들의 조화와 협력으로 발전된다고 본 것은 구조기능적 관점이다.
⑤ 지역사회 내 소수의 엘리트 집단의 권력이 정책을 좌우한다고 본 것은 엘리트주의이다.

18-05-06 난이도 ★★★

다음 사례에 해당하는 지역사회복지 실천이론이 올바르게 짝지어진 것은?

A사회복지관은 지역의 B단체로부터 많은 후원금을 지원받았고 단체 회원들의 자원봉사 참여가 많았다. 그러나 최근에는 B단체의 후원금과 자원봉사자가 감소하여 교육을 통해 주민들의 역량을 강화시켜 복지관 사업에 함께 참여하도록 하고 있다. 또한, 다양한 후원기관을 발굴하고자 노력 중이다.

① 사회학습이론, 권력의존이론
② 권력의존이론, 사회구성이론
③ 사회구성이론, 다원주의이론
④ 다원주의이론, 엘리트이론
⑤ 엘리트이론, 사회학습이론

답 ①

응시생들의 선택

① 29%	② 44%	③ 22%	④ 1%	⑤ 4%

- 사회학습이론: 지역사회 및 환경에 대한 학습을 통해 주민들의 역량을 강화시킴으로써 지역사회의 발전을 이끌어낼 수 있다고 본다.
- 권력의존이론: 지역주민이나 집단 또는 조직의 힘의 소유 여부가 지역사회의 발전에 중대한 영향을 미친다는 것을 강조한다.

14-05-04 난이도 ★☆☆

지역사회에 관한 기능주의 관점을 설명한 것으로 옳은 것을 모두 고른 것은?

ㄱ. 사회는 항상 불안하다고 전제한다.
ㄴ. 조화, 적응, 안정 균형을 중시한다.
ㄷ. 소수 엘리트에 의한 주도적 가치판단을 중시한다.
ㄹ. 사회변화가 점진적으로 이루어진다고 전제한다.

① ㄱ, ㄴ, ㄷ ② ㄱ, ㄷ
③ ㄴ, ㄹ ④ ㄹ
⑤ ㄱ, ㄴ, ㄷ, ㄹ

답 ③

응시생들의 선택

① 3%	② 5%	③ 87%	④ 3%	⑤ 2%

ㄱ. 사회불안과 갈등을 본질적 속성으로 본 이론은 갈등이론이다.
ㄷ. 엘리트주의에 해당하는 내용이다.

13-05-18 난이도 ★★★

사회복지사는 '아동보호를 위한 마을만들기 지원 사업'을 시작하기 위해 지역사회복지 이론에 기초한 실천을 계획하였다. 다음 중 옳은 것을 모두 고른 것은?

ㄱ. 사회체계이론의 관점에서 학교나 병원과 같은 아동관련 하위체계를 조사하고 방문할 계획이다.
ㄴ. 생태학이론의 관점에서 과거부터 지금까지의 아동관련 지역사회 활동을 조사할 계획이다.
ㄷ. 사회자본이론의 관점에서 '아동이 살기 좋은 마을은 모두에게 안전한 마을'이라는 슬로건 하에 지역사회의 호혜성을 강화할 계획이다.
ㄹ. 갈등이론의 관점에서 학부형의 연대가 중요하므로 비학부형은 참여대상에서 제외할 계획이다.

① ㄱ, ㄴ, ㄷ ② ㄱ, ㄷ
③ ㄴ, ㄹ ④ ㄹ
⑤ ㄱ, ㄴ, ㄷ, ㄹ

답 ①

응시생들의 선택

① 31%	② 64%	③ 2%	④ 1%	⑤ 2%

ㄹ. 갈등이론은 갈등을 해결해나가는 과정이 곧 사회발전의 과정으로 이어진다고 본다. 따라서 학부형이 아니어도 참여할 수 있다.

12-05-20 난이도 ★★★

하드캐슬(Hardcastle)이 제시한 전략 중 A정신건강복지센터가 사용한 전략은?

A정신건강복지센터는 B정신병원으로부터 클라이언트를 의뢰받고 있다. 최근에 B정신병원이 클라이언트를 의뢰해 주는 조건으로, 입원환자들을 위한 상담서비스에 A정신건강복지센터의 자원봉사자를 활용할 수 있도록 요구하였다. A정신건강복지센터는 현재의 자원봉사인력을 고려할 때, 이러한 조건을 들어주기가 어려웠다. 이에 인근에 있는 C정신병원과 새롭게 연계하여 필요한 클라이언트를 의뢰받기로 하였다.

① 경쟁 ② 연합
③ 강압 ④ 타협
⑤ 호혜

답 ①

응시생들의 선택

① 22%	② 52%	③ 1%	④ 14%	⑤ 11%

① A정신건강복지센터는 B정신병원과의 교환 관계에서 문제가 발생하자 다른 C정신병원을 통해 당면 문제를 해결하고자 하는 것이기 때문에 경쟁 전략에 해당한다.

11-05-03 난이도 ★★★

자원동원이론에 관한 설명으로 옳은 것은?

① 사회적 불만의 팽배가 사회운동의 직접적 원인이다.
② 지역사회의 신뢰, 네트워크, 호혜성을 강조한다.
③ 의사결정 시 각 조직 간의 자원 불균형을 고려하지 않는다.
④ 자원동원이론은 힘의존이론(power dependency theory)에 영향을 받았다.
⑤ 자원에는 연대성이 포함되지 않는다.

답 ④

응시생들의 선택

① 8%	② 44%	③ 3%	④ 44%	⑤ 1%

④ 갈등이론, 힘(권력)의존이론, 자원동원이론 등은 모두 힘과 관련된 이론들로 서로 연관성이 있다.

복습

3 정답훈련

다음 내용이 왜 틀렸는지를 확인해보자

01 갈등이론에서는 갈등으로 인해 사회가 분열되고 사회변화가 제한된다고 보았다.

> 갈등이론에서는 사회가 분열되어 있다고 보며, 갈등 상황에서 해결책을 만들어 나가는 과정을 곧 사회발전의 과정이라고 보았다.

02 다원주의는 개인 혹은 개별 집단이 자신의 목표와 이익을 달성하기 위해 각자의 의견을 표출함으로써 대립과 타협이 일어나며 그 과정에서 가장 큰 힘을 가진 개인 혹은 집단이 권력을 갖고 정책을 좌우하게 된다는 것이다.

> 다원주의에서는 개인과 집단 사이에 갈등이 일어날 때 정부가 공정하고 종합적인 입장에서 조정하여 균형 있는 정책을 내놓는다고 본다.

03 생태이론은 인간과 환경 사이의 갈등, 환경에 대한 인간의 저항 등을 설명한다.

> 생태이론은 기본적으로 체계의 안정성을 지향하기 때문에 갈등이나 저항을 설명하지 못하며, 환경에 대한 인간의 변화 노력은 적극적인 변화가 아닌 대안 제시 정도에 그친다.

04 사회구성론은 다양한 문화적 배경을 가진 클라이언트와 함께하는 사회복지사에게 문화적 민감성을 가질 수 있는 함의를 제공하면서도 지배구조에 대한 적응을 강조한다는 한계가 있다.

> 사회구성론은 기존 지식이 지배집단의 이익을 대변하는 경향에 대해 비판적이다. 따라서 지배구조나 잘못된 제도에 대한 적응을 강조하지 않는다. 오히려 이에 대해 어떻게 대항해야 할 것인지에 관심을 갖는다.

05 교환이론에서는 교환이 반복될수록 당사자 간에 갈등이 커진다고 보았다.

> 교환이론에서는 교환행위가 반복됨에 따라 당사자 사이에 사회적 관계가 더욱 강화된다고 보았다.

06 자원동원이론은 신뢰, 네트워크, 호혜성 등의 개념을 통해 자원이 사회운동의 성패에 미치는 영향력을 설명하였다.

> 자원동원이론은 조직원의 충원, 자금조달, 적절한 조직구조의 개발 등 자원의 유무에 따라 사회운동의 성패가 결정된다고 보았다.
> 신뢰, 네트워크, 호혜성 등은 사회자본이론에서 제시된 개념들이다.

빈칸에 들어갈 알맞은 말을 채워보자

15-05-05

01 (　　　　　　)이론의 예: 사회복지관은 생존차원에서 외부 재정지원을 필요로 하지만 재정지원자의 요구를 무시하기 어렵다. 이런 상황에서 A사회복지관은 기관운영 재원을 마련하기 위해 다양한 후원기관을 발굴하였고, 이를 통해 직원들은 사업운영의 자율성이 확대되는 것을 경험하였다.

13-05-22

02 (　　　　　　)이론: 지역사회는 공간을 점유하는 인간집합체로서 경쟁, 중심화, 분산 및 분리 등의 현상이 존재한다. 지역사회의 변환과정을 역동적 진화과정으로 설명할 수 있다.

12-05-14

03 (　　　　　　)이론: 사회운동을 발전시키기 위하여 회원들을 적극적으로 참여하도록 독려한다. 조직의 발전을 위해서 구성원 모집, 자금 확충, 직원 고용에 힘쓴다.

10-05-07

04 하드캐슬이 제시한 권력균형전략: 경쟁, (　　　　　　), 호혜성, 연합, 강제

15-05-01

05 (　　　　　　)이론: 다양한 집단과 조직이 이익을 표출함으로써 정책 과정에 영향을 미칠 수 있다. 지역사회복지정책 결정은 이익집단들의 상대적 영향력 정도에 따라 달라진다.

17-05-08

06 (　　　　　　)이론의 예: A사회복지사는 결혼이주여성들을 지원하는 과정에서 그들의 행동에 영향을 미쳤던 자국의 사회, 경제 및 정치적 구조를 이해하고 그들의 문화적 가치와 규범에 대한 의미를 해석해야 한다.

09-05-03

07 (　　　　　　)이론: 전체 사회는 크고 작은 하위체계로 구성되어 있다고 보면서 다양한 하위체계들 사이의 상호작용을 강조하였다.

21-05-06

08 (　　　　　　)이론의 예: A지역은 외국인 노동자의 유입으로 특정 국적의 외국인 주거 공동체가 형성되기 시작하면서 주민 간 갈등이 발생하였다.

01 권력의존 **02** 생태 **03** 자원동원 **04** 재평가 **05** 다원주의 **06** 사회구성 **07** 체계 **08** 생태

다음 내용이 옳은지 그른지 판단해보자

13-05-21

01 갈등이론은 갈등을 둘러싼 연대와 권력형성의 도구가 될 수 있다는 측면에서 사회행동모델에 유용하다. 

22-05-05

02 기능주의이론은 지역사회 변화의 원동력을 갈등으로 간주한다. 

22-05-05

03 자원동원이론은 이익집단들 간의 갈등과 타협을 강조한다. 

11-05-03

04 자원동원이론에서 말하는 자원에 연대성은 포함되지 않는다. 

09-05-04

05 사회교환론은 사회복지조직이 생존을 위해 외부의 재정적 지원에 의존하게 되는 현실을 설명하는 이론이다. 

11-05-05

06 생태이론은 지역사회가 변화에 순응하면 살아남고 순응하지 못하면 도태된다는 자연의 섭리를 강조한다. 

13-05-21

07 자원동원이론은 재정자원에 초점을 두고 있어 사회적 소수자의 권리옹호를 위한 실천에는 유용하지 않다. 

09-05-03

08 사회구성론은 모든 현상에 대한 객관적 진실이 존재한다는 점에 의구심을 던지며, 개인이 처한 사회문화적 맥락에 따라서 현실의 문제나 상황을 구성 또는 재구성할 수 있다고 보았다. 

답 **01**○ **02**× **03**× **04**× **05**× **06**○ **07**× **08**○

해설 **02** 갈등을 지역사회 변화의 원동력으로 본 것은 갈등이론이다.

03 사회를 구성하는 여러 이익집단들이 서로 경쟁, 갈등, 협력하면서 정책결정이 이루어진다고 본 것은 다원주의이론이다.

04 자원동원이론에서의 자원은 물질적인 차원에 한정된 것은 아니다.

05 사회복지조직이 생존을 위해 외부의 재정적 지원에 의존하게 됨을 설명한 이론은 권력의존이론이다.

07 사회운동조직이 비주류계층 및 사회적 약자의 권리옹호나 대변 등을 포함한 사회적 항의 활동을 할 때 동원할 수 있는 자원의 정도와 범위에 따라 활동의 역할과 한계가 규정된다는 점에서 자원동원이론을 적용해볼 수 있다.

지역사회복지 실천모델의 이해

이 장에서는

로스만의 제시한 지역사회개발모델, 사회계획모델, 사회행동모델을 비롯해 웨일과 갬블의 모델, 테일러와 로버츠의 모델, 포플의 모델 등 지역사회복지 실천모델에 대해 살펴본다.

10년간 출제분포도

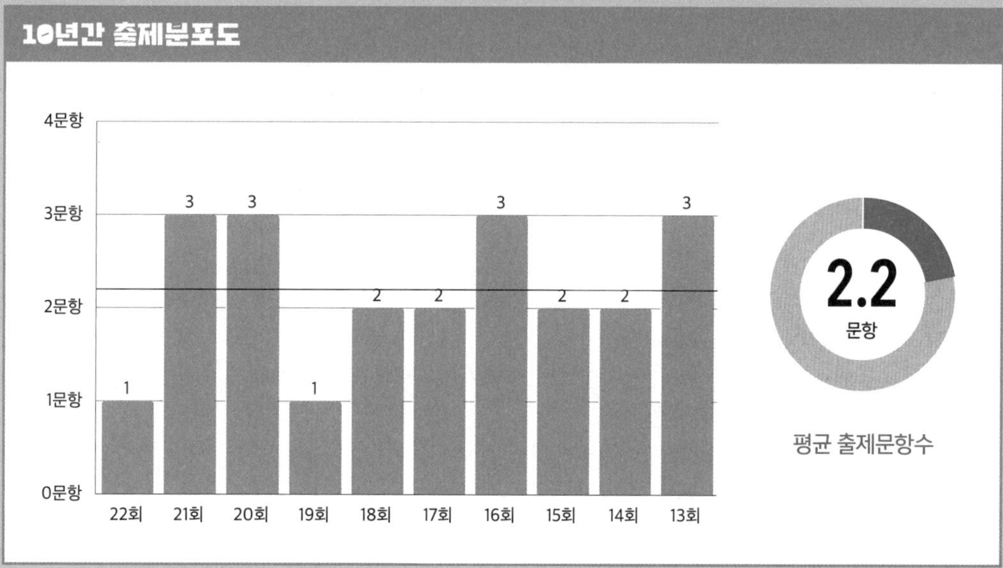

139 로스만의 모델

1회독 월 일 | 2회독 월 일 | 3회독 월 일

최근 10년간 9문항 출제

이론요약

지역사회개발모델

- 지역사회의 변화를 위한 주민참여 강조
- **과업지향적 소집단 활용**
- **자조정신, 자발적 협동, 민주적 절차, 교육, 토착 지도자 개발에 초점**
- 일부 집단이 아닌 다양한 집단의 참여를 강조
- **과정중심 목표**
- **전술: 합의, 대화, 집단토의**
- 기본 전략: "함께 모여서 이야기해보자"
- 사회복지사의 역할: 촉매자, 조정자, 교육자

사회계획모델

- **사회문제 해결에 초점**
- **전문가에 의한** 조사·분석, 대안모색, 합리적·체계적 계획 수립 및 실행
- **과업중심 목표**
- 전술: 문제분석, 사정, 목표설정, 실행, 평가(상황에 따라 합의, 갈등 활용)
- 기본 전략: "진상을 파악해서 합리적인 조치를 강구하자"
- 사회복지사의 역할: 계획가, 전문가, 분석가

사회행동모델

- 지역사회에 존재하는 권력관계와 불평등에 초점, 공정한 자원 분배의 요구
- 사회정의와 민주주의에 입각하여 기존 구조의 변화를 모색
- 피지배집단 내지는 억압받는 집단의 조직화 강조
- **과정중심 목표, 과업중심 목표 모두 강조**(다만 때때로 과정중심 목표가 무시되기도 함)
- **전술: 갈등 및 대결, 항의, 시위 등**
- 기본 전략: "억압자(지배집단)를 분쇄하기 위해 규합하자"
- 사회복지사의 역할: 옹호자, 행동가, 중재자, 조직가

혼합모델

각각의 모델은 다음과 같이 혼합적으로 활용할 수 있다.

- 계획 · 개발모형: 새로운 계획 과정에 주민의 참여를 강조한다.
- 행동 · 계획모형: 다양한 형태의 사회행동과 함께 문제해결을 위한 과학적 조사와 연구도 병행한다.
- 개발 · 행동모형: 과정에서는 개발모델의 특성을 나타내면서 목적에서는 사회행동모델을 따른다.

※ 지역사회복지실천의 목표

로스만(Rothman)은 지역사회복지실천의 목표를 크게 과업중심 목표와 과정중심 목표로 구분하였고, 던햄(Dunham)은 과업중심 목표와 과정중심 목표에 관계중심 목표를 추가하여 설명하였다.

- 과정중심 목표: 문제해결을 위한 수단과 방법에 있어 지역사회의 역량강화 및 협동관계 수립, 참여 등을 강조한다.
- 과업중심 목표: 어떤 사업을 기획할 것인지, 어떤 입법 활동이 필요할 것인지 등 문제에 대한 분석을 토대로 지역사회에 대한 개입에 따른 성과(혹은 결과)에 초점을 맞춘다.
- 관계중심 목표: 지역사회 구성요소 간의 사회관계에 있어 변화를 시도하는 데에 역점을 둔다.

기출문장 CHECK

01 (22-05-16) 사회행동모델의 변화를 위한 기본 전략은 억압자에 대항하기 위한 규합이다.

02 (22-05-16) 사회행동모델은 지역사회 내 불평등한 권력구조의 변화를 지향한다.

03 (22-05-16) 사회행동모델은 변화 매개체로 대중조직을 활용한다.

04 (22-05-16) 사회행동모델은 여성운동, 빈민운동, 환경운동 등 시민운동에도 활용될 수 있다.

05 (21-05-10) 사회행동모델에서는 지역사회 내 집단들이 갈등관계로 인해 타협과 조정이 어렵다고 본다.

06 (20-05-09) 지역사회개발모델은 지역사회의 아노미 상황에 사용할 수 있다.

07 (20-05-09) 지역사회개발모델은 변화를 위한 전략으로 문제해결에 다수의 사람을 참여시킨다.

08 (20-05-09) 지역사회개발모델은 지역사회 변화를 위한 전술로 합의방법을 사용한다.

09 (20-05-09) 지역사회개발모델에서 변화의 매개체는 과업지향의 소집단이다.

10 (18-05-08) 사회행동모델은 불이익을 받거나 권리가 박탈당한 사람의 이익을 옹호한다.

11 (18-05-08) 지역사회개발모델은 지역사회나 문제의 아노미 또는 쇠퇴된 상황을 전제한다.

12 (17-05-06) 지역사회 내 자원 배분과 권력 이양에 초점을 두는 것은 사회행동모델에 해당하며, 고도의 복잡한 지역사회문제를 조사 · 분석하고 해결방안을 모색하는 데에 초점을 두는 것은 사회계획모델에 해당한다.

13 (16-05-09) 지역사회개발모델의 주요 특징: 지역사회 주민의 광범위한 참여를 전제로 한다. 조력자, 촉매자, 조정자로서의 사회복지사 역할을 강조한다. 과업의 성취보다는 과정중심 목표에 중점을 둔다. 변화의 매개체로 과업지향적인 소집단을 활용한다.

14 (15-05-12) 로스만의 지역사회개발모델은 합의와 집단토의 등을 변화전술과 기법으로 활용한다.

15 (14-05-22) 지역사회개발모델+사회계획모델의 예: 사회복지사로 종사하는 '갑'은 지역 내에 독거노인들이 급격히 증가하면서 여러 가지 생활 어려움에 직면해 있는 현실을 직시하고, 동시에 관련 자료의 수집 및 분석과 분야의 전문가들을 만나서 설명과 그 문제해결을 위한 모임을 갖기로 하였다. 그리고 지역주민들이 참여하는 토론회 개최 등을 통해 문제해결방안을 모색한다.

16 (13-05-02) 로스만의 지역사회개발모델은 변화 매개체로서 과업지향의 소집단을 활용한다.

17 (12-05-15) 사회계획모델의 예: 2014년 A시의 지역복지전문가들이 보건, 교육, 주택, 고용, 복지 등 지역사회 문제를 해결하고자 문제규명, 욕구사정, 목표개발 등을 실행하려는 움직임이 있다.

18 (11-05-11) 로스만의 지역사회개발모델은 지리적 측면에서의 지역사회 전체를 대상 집단으로 본다.

19 (11-05-15) 사회행동모델에서는 '지역사회는 혜택과 권한의 배분에 따른 계층이 유지되고 있다'고 본다.

20 (11-05-19) 로스만의 사회행동모델에서는 갈등이나 대결을 전술로 이용한다.

21 (10-05-10) 로스만의 사회행동모델은 지역사회집단들 간에 적대적이거나 이해가 상반되는 문제가 있는 경우나 논의 · 협상으로 결정하기 어려운 문제를 해결하는 데 적합하다.

22 (10-05-29) 대중조직 개발, 조직적 대항, 입법로비 활동, 불매운동 등은 사회행동모형에서 사용하는 행동 및 전술 유형이다.

23 (09-05-09) 지역사회개발모델의 개입목표는 지역사회 능력의 향상과 통합에 있다.

24 (09-05-10) 사회계획모델은 객관적 자료분석 결과를 고려한 합리성에 기반하며, '위로부터의 접근'의 속성을 갖는다.

25 (09-05-11) 사회개발+사회계획 모형의 사례: 사회복지사 A의 사회조사결과, 모금활동과 관련한 주민참여가 취약하다는 점이 발견되었다. 이에 A는 주민들의 참여방안을 수립하였으며, 주민들은 모금 관련 교육 훈련에 참가하였다. 6개월 후 주민조직을 결성하여 주체적으로 모금활동을 전개하였다.

26 (08-05-11) 지역사회개발모델은 지역 내 관련 집단 간에 합의와 협력을 이끌어내기가 현실적으로 어렵다는 한계가 있다.

27 (07-05-10) 사회행동모델에서의 클라이언트 집단은 주로 희생자나 불이익을 받는 집단이다.

28 (07-05-29) 사회행동모델은 문제해결을 위한 전술로 대결을 활용한다.

29 (06-05-07) 청소년 비행, 불량주택, 실업자 등의 사회문제해결에 역점을 두는 모델은 사회계획모델이다.

30 (05-05-05) 지역사회개발모델에서는 지역사회 구성원을 문제해결이 가능한 사람으로 본다.

31 (05-05-07) 사회행동모델은 대중조직과 정치과정의 활용을 매개로 하는 지역사회복지실천모델이다.

32 (05-05-22) 로스만의 실천모델 중 전문가들에 의해 지역사회문제를 해결하고 규명하는 모델은 사회계획모델이다.

33 (04-05-14) 지역사회개발모델은 문제해결에 필요한 지역사회 역량기반의 강화를 강조한다.

34 (03-05-05) 사회계획모델은 범죄, 주택 등의 사회문제를 해결하고자 하는 과정이다.

35 (03-05-06) 지역사회개발모델은 전체 지역사회를 클라이언트 집단으로 간주한다.

기출확인

대표기출 확인하기

22-05-16 난이도 ★★☆

로스만(J. Rothman)의 사회행동 모델에 해당하지 않는 것은?

① 클라이언트 집단을 소비자로 본다.
② 변화를 위한 기본 전략은 '억압자에 대항하기 위한 규합'을 추구한다.
③ 지역사회 내 불평등한 권력구조의 변화를 지향한다.
④ 변화 매개체로 대중조직을 활용한다.
⑤ 여성운동, 빈민운동, 환경운동 등 시민운동에도 활용될 수 있다.

알짜확인

- 각 모델의 초점 및 목표, 변화를 위한 전략, 전술 및 기법, 변화 매개체 등에 대해 꼼꼼하게 학습해두어야 한다.
- 3가지 모델은 혼합된 형태로 활용될 수 있음을 함께 살펴봐야 한다.
- 어떤 상황에서 어떤 모델이 적용될 수 있는지를 이해함으로써 사례제시형 문제에 대비해두어야 한다.

답 ①

응시생들의 선택

① 69%	② 13%	③ 8%	④ 8%	⑤ 2%

① 클라이언트 집단을 소비자로 보는 것은 사회계획모델에 해당한다.

관련기출 더 보기

21-05-10 난이도 ★★☆

로스만(J. Rothman)의 지역사회복지 실천모델에 관한 설명으로 옳은 것을 모두 고른 것은?

ㄱ. 지역사회개발모델은 지역사회 구성원의 조직화를 주요 실천과정으로 본다.
ㄴ. 지역사회개발모델의 변화 매개체는 공식적 조직과 객관적 자료이다.
ㄷ. 사회계획모델에서 사회복지사의 핵심 역할은 협상가, 옹호자이다.
ㄹ. 사회행동모델에서는 지역사회 내 집단들이 갈등관계로 인해 타협과 조정이 어렵다고 본다.

① ㄱ, ㄷ
② ㄱ, ㄹ
③ ㄴ, ㄷ
④ ㄱ, ㄴ, ㄹ
⑤ ㄱ, ㄷ, ㄹ

답 ②

응시생들의 선택

① 24%	② 44%	③ 6%	④ 18%	⑤ 8%

ㄴ. 지역사회개발모델의 변화 매개체는 과업지향적 소집단이다. 사회계획모델에서의 변화 매개체는 공식적 조직이며, 변화를 위한 전술로 객관적 자료를 분석한다.
ㄷ. 사회복지사의 핵심 역할이 협상가, 옹호자인 것은 사회행동모델이다.

17-05-06 난이도 ★☆☆

다음 예시문의 ( )에 들어갈 내용을 옳게 나열한 것은?

> 지역사회복지실천의 효과성을 높이기 위해 로스만(J. Rothman)의 모델을 순차적으로 적용해볼 수 있다. 즉 (ㄱ)모델로 지역사회 내의 자원 배분과 권력 이양을 성취한 후, 고도의 복잡한 지역사회문제를 조사·분석하고 해결방안을 모색하기 위해 (ㄴ) 모델을 적용할 수 있다.

① ㄱ: 사회행동, ㄴ: 사회계획
② ㄱ: 지역사회개발, ㄴ: 계획
③ ㄱ: 사회행동, ㄴ: 근린지역의 지역사회조직
④ ㄱ: 근린지역의 지역사회조직, ㄴ: 계획
⑤ ㄱ: 연합, ㄴ: 사회계획

답 ①

응시생들의 선택

① 76%	② 12%	③ 5%	④ 3%	⑤ 4%

ㄱ: 지역사회 내의 자원 배분과 권력 이양을 성취하기 위해서는 사회행동모델을 적용할 수 있다. 사회행동모델은 지역사회에는 권력과 자원의 불평등한 관계가 존재한다는 전제하에 이를 완화하기 위한 사회변화를 꾀한다.
ㄴ: 고도의 복잡한 지역사회문제를 조사·분석하고 해결방안을 모색하는 것은 사회계획모델에 해당한다. 사회계획모델은 전문가에 의한 합리적인 계획 수립 및 실행을 강조하는 모델이다.

16-05-09 난이도 ★★★

로스만(J. Rothman)의 지역사회개발모델에 관한 설명으로 옳지 않은 것은?

① 지역사회 주민의 광범위한 참여를 전제한다.
② 조력자, 촉매자, 조정자로서의 사회복지사 역할을 강조한다.
③ 과업의 성취보다는 과정중심 목표에 중점을 둔다.
④ 변화의 매개체로 과업지향적인 소집단을 활용한다.
⑤ 변화전략은 표적대상에 대한 조치를 취할 수 있도록 주민을 동원하는 것이다.

답 ⑤

응시생들의 선택

① 4%	② 11%	③ 15%	④ 35%	⑤ 35%

⑤ 집단행동을 조직하여 표적집단에 대한 조치를 취할 수 있도록 하는 것은 사회행동모델의 변화전략에 해당한다.

12-05-15 난이도 ★★☆

다음은 지역사회복지실천 모델 중 어떤 모델에 관한 설명인가?

> 2014년 A시의 지역복지전문가들이 보건, 교육, 주택, 고용, 복지 등 지역사회 문제를 해결하고자 문제규명, 욕구사정, 목표개발 등을 실행하려는 움직임이 있다.

① 지역사회개발모델
② 사회계획모델
③ 사회행동모델
④ 연합모델
⑤ 기능적인 지역사회모델

답 ②

응시생들의 선택

① 23%	② 63%	③ 7%	④ 2%	⑤ 5%

② 사회계획모델은 범죄, 주택, 정신건강과 같은 사회문제의 해결에 있어 전문가에 의한 합리적인 계획 수립과 기술적 과정, 통제된 변화를 강조한다.

11-05-11 난이도 ★★☆

로스만(J. Rothman)의 지역사회복지실천모델에 관한 설명으로 옳은 것은?

① 지역사회개발모델은 과업중심의 목표를 강조한다.
② 지역사회개발모델은 지리적 측면에서의 지역사회 전체를 대상 집단으로 본다.
③ 사회계획모델은 과정중심의 목표를 강조한다.
④ 사회계획모델에서는 클라이언트가 전문가의 동지로 여겨진다.
⑤ 사회행동모델에서는 권력의 소재를 전문가의 후원자나 고용기관으로 본다.

답 ②

응시생들의 선택

① 8%	② 65%	③ 7%	④ 7%	⑤ 12%

① 지역사회개발모델은 과정중심의 목표를 강조한다.
③ 사회계획모델은 과업중심의 목표를 강조한다.
④ 사회계획모델에서 전문가는 문제해결의 주체이며, 클라이언트는 수혜자에 머무른다.
⑤ 사회행동모델에서 권력의 소재는 시정해야 할 대상이나 불합리하고 불평등한 권력구조이다.

복습

3 정답훈련

다음 내용이 왜 틀렸는지를 확인해보자

08-05-11

01 지역사회개발모델에서는 전략적 수단에 대해 주민들의 저항이 일어날 수 있다는 한계가 있다.

수단에 대한 주민들의 저항은 사회행동모델에서 발생할 수 있는 한계이다. 지배집단에 대한 갈등 및 대결, 항의, 시위 등을 추진하기 때문에 주민들이 이러한 전술에 대해 과격하다고 느껴 반대나 저항이 일어나기도 한다.

10-05-29

02 보건교육활동, 대중조직개발 등은 사회행동모델의 주요 행동 내용이다.

사회행동모델은 대중조직 활동은 진행하지만 보건교육활동은 거리가 멀다.

03 사회계획모델에서 사회복지사는 분석가, 계획가, 전문가로서 주민들 간 대화를 통해 합의를 이끌어내는 데 초점을 둔다.

주민들 간 대화와 합의는 지역사회개발모델에서의 전술이다. 사회계획모델에서는 사회복지사가 문제를 분석하고 사정하여 적절한 계획을 세우고 실행해나가는 것이 전술이다.

04-05-22

04 사회행동모델의 기본 전략은 논리적 조치를 강구하는 것이다.

논리적 조치를 강구하는 것은 사회계획모델의 기본 전략이다.

07-05-09

05 ○○단체는 뉴타운 개발로 거주지에서 밀려나게 된 ○○지역 주민들의 현황과 문제점을 조사하고, 이를 기반으로 주민들의 주거권을 옹호하기 위한 활동을 진행하였다. → 이는 사회계획모델과 지역사회개발모델이 혼합된 사례이다.

주민들의 현황 및 문제점 조사는 사회계획모델에 해당하며, 옹호 활동은 사회행동모델에 해당한다. 따라서 사회계획모델과 사회행동모델이 혼합된 형태의 사례이다.

다음 내용이 옳은지 그른지 판단해보자

05-05-05

01 지역사회개발모델은 지역사회에는 전문가가 해결해야 할 문제가 많다고 전제한다. ⓞ ⊗

02 지역사회개발모델에서는 권력을 가진 사람들도 지역사회를 위한 공동의 목적에 따라 공동의 노력을 기울인다고 전제한다. ⓞ ⊗

03 소비자운동이나 환경운동 등은 사회행동모델과 사회계획모델이 혼합된 형태로 진행되기도 한다. ⓞ ⊗

04 사회행동모델에서는 지역사회의 근본적인 제도적, 구조적 변화를 추구하기 때문에 과정중심적 활동은 일어나지 않는다. ⓞ ⊗

04-05-15

05 변화를 위한 전술에서 사실 여부와 기술적 과정을 강조하는 지역사회복지실천모델은 사회행동모델이다. ⓞ ⊗

05-05-07

06 대중조직과 정치과정을 변화의 매개체로 활용하는 모델은 사회행동모델이다. ⓞ ⊗

08-05-10

07 사회계획모델에서 클라이언트는 서비스를 받는 수혜자의 위치에 머무른다. ⓞ ⊗

08 지역사회개발모델은 지역주민들이 문제해결에 필요한 역량이나 잠재적 능력이 없다고 전제한다. ⓞ ⊗

16-05-09

09 지역사회개발모델은 변화의 매개체로 과업지향적인 소집단을 활용한다. ⓞ ⊗

10 권력구조에 있는 구성원을 협력자로 인식하며 변화전략으로 문제해결에 있어 지역사회 다수의 사람을 참여시키는 모델은 지역사회개발모델이다. ⓞ ⊗

답 **01**× **02**○ **03**○ **04**× **05**× **06**○ **07**○ **08**× **09**○ **10**○

해설 **01** 지역사회에는 전문가가 해결해야 할 문제가 많다고 전제하는 것은 사회계획모델이다.

04 대중조직의 규합이 사회행동에서의 힘이 되기 때문에 조직화를 강조하며 구성원들의 정치적 영향력을 증대시키는 데에 관심을 두게 되는데, 이는 과정중심적 활동이다. 이렇듯 사회행동모델은 과업중심적이기도 하지만 과정중심적인 성격을 갖기도 한다.

05 사실 여부와 기술적 과정을 강조하는 모델은 사회계획모델이다.

08 지역사회개발모델에서는 지역주민들이 문제를 해결해나갈 수 있는 잠재력을 가지고 있다고 전제하며, 전문가는 이 잠재력을 끌어내기 위한 조력자로서의 역할을 해야 한다고 본다.

140 웨일과 갬블의 모델

1회독	2회독	3회독
월 일	월 일	월 일

최근 10년간 8문항 출제

1 이론요약

8가지 모델의 주요 특징

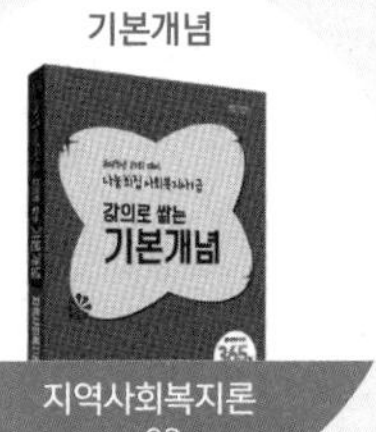

지역사회복지론 pp.93~

▶ 근린 지역사회조직모델

- 지리적 의미의 지역사회 내에서 지역사회개발을 통한 지역주민의 삶의 질 향상을 목표로 함
- 지역사회 구성원들의 능력개발을 강조

▶ 기능적 지역사회조직모델

- 지리적인 의미의 지역사회가 아닌 동일한 정체성이나 관심사, 이해관계를 기초로 한 기능적 지역사회의 조직에 초점
- 이 모델의 구성원들은 지리적으로 흩어져 있기 때문에 사회복지사는 이들 사이의 원활한 소통을 위한 정보전달자로서의 역할을 수행하게 됨

▶ 지역사회의 사회·경제 개발모델

- 지역사회의 전반적인 개발을 위해서 사회적 개발과 경제적 개발이 동시에 진행되어야 함을 강조
- 방글라데시의 그라민 뱅크가 대표적인 예

▶ 사회계획모델

- 객관성, 합리성에 기반을 두고 지역사회 문제를 해결하려는 모델
- 전문가의 지식과 기술, 객관적 조사와 자료분석 등을 기초로 함

▶ 프로그램 개발과 지역사회 연계모델

- 사회계획모델을 바탕으로 하면서도 지역의 욕구를 충족하기 위해서는 지역사회와의 연계 및 주민의 참여가 중요함을 강조하는 모델

▶ 정치·사회 행동모델

- 지역주민의 정치적 권력의 강화와 기존 제도의 변화를 추구
- 정치적 캠페인, 옹호, 집단소송, 로비활동 등을 진행

▶ 연대활동(연합)모델

- 한 집단의 노력으로는 문제해결이 어렵다는 점에서 분리된 개별 조직을 집합적인 활동에 동참시키는 모델

- 다양한 개별 집단, 조직들이 독립성을 유지하면서 새로운 조직을 구성하거나 연대하여 사회변화 행동을 진행

▶ **사회운동모델**
- 사회운동을 통해 바람직한 사회변화를 추구하는 것을 강조하는 모델
- 사회정의 실현을 위한 사회전체의 변화에 초점
- 인권운동, 여성운동, 반전운동 등

4가지 유형

8가지 모델은 기능과 특성에 따라 4가지 유형으로 다음과 같이 재분류할 수 있다.
- 개발: 지역사회의 사회 · 경제개발모델
- 조직화: 근린지역사회조직모델, 기능적 지역사회조직모델
- 계획: 프로그램 개발과 지역사회 연계모델, 사회계획모델
- 사회변화: 정치 · 사회행동모델, 연대활동모델, 사회운동모델

로스만 모델과의 비교

웨일과 갬블의 모델은 다음과 같이 로스만의 모델을 바탕으로 세분화한 것이다.
- 지역사회개발모델 – 근린지역사회조직모델, 기능적 지역사회조직모델, 지역사회의 사회 · 경제개발모델
- 사회계획모델 – 프로그램 개발과 지역사회 연계모델, 사회계획모델
- 사회행동모델 – 정치 · 사회행동모델, 연대활동모델, 사회운동모델

기출문장 CHECK

01 (21-05-09) 기능적 지역사회조직은 일반 대중 및 정부기관을 변화의 표적체계로 파악한다.

02 (20-05-10) 정치 · 사회행동 모델의 특징: 기회를 제한하는 불평등에 도전, 사회적 · 정치적 · 경제적 정의를 위한 행동, 표적체계에 선출직 공무원도 해당

03 (19-05-05) 근린지역사회조직 모형은 대면접촉이 이루어지는 가까운 지역사회에 초점을 둔다. 사회복지사의 역할은 조직가, 촉진자, 교육자, 코치 등이다.

04 (18-05-08) 기능적 지역사회조직모델은 발달장애아동의 부모 모임과 같이 공통 이슈를 지닌 집단의 이해관계를 기반으로 한다.

05 (18-05-08) 연합모델의 표적체계는 선출직 공무원이나 재단 및 정부당국이 될 수 있다.

06 (18-05-13) 사회 · 경제 개발모델: 주민의 관점에서 개발계획을 수립하고, 주민들이 사회 · 경제적 투자를 이용하도록 준비시킨다.

07 (17-05-03) 프로그램 개발과 지역사회연계 모델에서 사회복지사는 계획가, 관리자, 프로포절 제안자로서의 역할을 수행한다.

08 (16-05-08) 사회운동모델의 성취목표는 특정 대상집단 또는 이슈 관련 사회정의를 위한 행동이다.

09 (15-05-09) 연합모델: 프로그램의 방향 또는 자원을 최대한 끌어낼 수 있는 조직 기반을 형성하는 것을 목표로 한다. 변화의 표적체계는 선출된 공무원, 재단, 정부기관 등이다. 일차적 구성원은 특정 이슈에 이해관계가 있는 조직이다. 사회복지사의 역할은 중재자, 협상가, 대변인 등이다.

10 (13-05-12) 근린지역사회조직모델: 사회적 · 경제적 환경의 변화를 위한 구성원의 능력개발을 목표로 하며, 사회복지사의 주된 역할은 조직가, 교사, 촉진자이다.

11 (11-05-21) 기능적 지역사회조직모델: 지리적 의미의 지역사회보다는 기능적 지역사회에 초점을 두고 있다. 이해관계 즉, 학교폭력 추방이나 정신지체아동의 사회재활과 같은 특정의 공통 관심사나 이슈를 기반으로 조직화되는 특성이 있다.

12 (11-05-26) 근린지역사회조직모델은 지역사회개발모델에서 그 원형을 찾을 수 있다.

13 (08-05-13) 정치 · 사회행동모델의 사례: 지적장애아동의 성공적인 사회재활을 위해 장애인에 대한 차별적 처우를 시정하도록 정부당국의 조치를 촉구하고 있다.

14 (05-05-06) 지역사회의 사회 · 경제개발모델은 지역주민을 표적체계로 한다.

15 (04-05-19) 사회운동모델은 일반 대중이나 정치제도를 변화를 위한 표적체계로 하여 사회변화를 추구하는 모델이다.

기출확인

대표기출 확인하기

21-05-09 난이도 ★★★

다음에서 설명하는 웨일과 갬블(M. Weil & D. Gamble)의 지역사회복지 실천모델은?

- 공통 관심사나 특정 이슈에 대한 정책, 행위, 인식의 변화에 초점
- 일반 대중 및 정부기관을 변화의 표적체계로 파악
- 조직가, 촉진자, 옹호자, 정보전달자를 사회복지사의 주요 역할로 인식

① 사회계획
② 기능적 지역사회조직
③ 프로그램 개발과 지역사회 연계
④ 연합
⑤ 정치사회행동

알짜확인

- 8가지 모델의 종류를 암기하는 것은 기본이다. 웨일과 갬블은 로스만의 3가지 모델을 기반으로 8가지 모델로 확장하여 제시하였다. 따라서 8가지 모델의 특징을 정리할 때에는 로스만의 모델과 비교하면서 어떻게 세분화되었는지를 살펴보면 좀 더 수월하게 학습할 수 있을 것이다.

답 ②

응시생들의 선택

① 7%	② 18%	③ 9%	④ 7%	⑤ 59%

① 사회계획모델: 지역사회의 사회적 욕구 통합과 사회서비스 관계망 조정 등에 관심을 두며, 사회복지사는 조사자, 관리자, 프로포절 작성자 등의 역할을 한다.
③ 프로그램 개발과 지역사회 연계 모델: 사회복지사는 대변인, 계획가, 관리자, 프로포절 제안자 등의 역할을 수행하며 특정 대상이나 지역사회를 위한 서비스를 개발한다.
④ 연합모델: 특정 이슈에 이해관계가 있는 조직들이 자원을 동원하고 복합적인 권력기반을 구축하기 위한 모델이다. 사회복지사는 중재자, 협상가, 대변가 등의 역할을 한다.
⑤ 정치사회행동모델: 정책 및 정책결정자의 변화에 초점을 둔 모델로 선거권자, 선출직 공무원 등을 표적체계로 한다. 사회복지사는 옹호자, 조직가, 조사자, 조정자 등의 역할을 한다.

관련기출 더 보기

20-05-10 난이도 ★☆☆

다음의 설명에 해당되는 웨일과 갬블(M. Weil & D. Gamble)의 실천모델은?

- 기회를 제한하는 불평등에 도전
- 사회적 · 정치적 · 경제적 정의를 위한 행동
- 표적체계에 선출직 공무원도 해당

① 근린 · 지역사회 조직화 모델
② 지역사회 사회 · 경제개발 모델
③ 프로그램 개발과 지역사회연계 모델
④ 정치 · 사회행동 모델
⑤ 사회계획 모델

답 ④

응시생들의 선택

① 3%	② 11%	③ 2%	④ 80%	⑤ 4%

① 근린 · 지역사회 조직화 모델: 지리적으로 가까운 지역 사회조직화에 초점을 두고, 지역주민의 삶의 질 향상에 관심을 둔다. 로스만의 지역사회개발모델과 유사한 모델이다.
② 지역사회 사회 · 경제개발 모델: 지역주민의 소득, 자원 등과 관련하여 지역사회의 사회적 개발과 경제적 개발이 동시에 이루어져야 함을 강조한다. 로스만의 지역사회개발모델에서 파생된 모델이다.
③ 프로그램 개발과 지역사회연계 모델: 지역주민의 욕구충족을 위해서는 지역사회와 프로그램이 연계되어야 함을 강조한다. 로스만의 사회계획모델에서 세분화된 모델이다.
⑤ 사회계획 모델: 객관적 조사를 토대로 지역사회의 문제를 합리적으로 해결하려는 모델이다. 로스만의 사회계획모델과 유사한 모델이다.

19-05-05 난이도 ★☆☆

다음에서 설명하는 웨일과 갬블(M. Weil & D. Gamble)의 지역사회복지 실천모형에 해당하는 것은?

- 대면접촉이 이루어지는 가까운 지역사회에 초점을 둔다.
- 조직화를 위한 구성원의 능력개발, 지역주민의 삶의 질 증진을 목표로 한다.
- 사회복지사의 역할은 조직가, 촉진자, 교육자, 코치 등이다.

① 근린지역사회조직 모형
② 프로그램개발 모형
③ 정치사회적행동 모형
④ 연합 모형
⑤ 사회운동 모형

답 ①

응시생들의 선택

① 83%	② 10%	③ 1%	④ 2%	⑤ 4%

① 근린지역사회조직 모형은 지리적으로 가까운 지역사회 조직화에 초점을 두고, 지역사회주민의 삶의 질에 관심을 두고 있다. 주요 전략은 지역사회의 변화를 유도하기 위한 지역사회주민의 능력개발과 외부개발자들이 지역에 미칠 영향을 조절하는 것이다. 사회복지사는 조직가, 교사, 코치, 촉진자 등의 역할을 수행한다.

18-05-13 난이도 ★☆☆

다음에서 설명하는 지역사회복지실천모델은?

주민의 관점에서 개발계획을 수립하고, 주민들이 사회·경제적 투자를 이용하도록 준비시킨다.

① 사회운동모델
② 정치·사회적 행동모델
③ 근린지역사회 조직모델
④ 지역사회 사회·경제 개발모델
⑤ 프로그램 개발과 지역사회 연결모델

답 ④

응시생들의 선택

① 1%	② 2%	③ 8%	④ 78%	⑤ 11%

④ 지역사회 사회·경제 개발모델은 지역주민의 소득, 자원, 사회적 지원의 개발 등 지역사회의 경제개발과 사회개발이 동시에 진행되어야 한다는 관점이다. 지역주민의 삶의 질 향상을 목적으로 시민참여를 통한 사회·경제적 발전을 도모한다.

16-05-08 난이도 ★★★

웨일과 갬블(M. Weil & D. Gamble)의 지역사회복지실천모델에 관한 설명으로 옳은 것을 모두 고른 것은?

ㄱ. 사회운동모델: 성취목표는 특정 대상집단 또는 이슈 관련 사회정의를 위한 행동이다.
ㄴ. 근린지역사회조직모델: 사회복지사의 역할은 정보전달자, 관리자 등이다.
ㄷ. 사회계획모델: 관심영역은 특정 욕구를 가진 대상자를 위한 서비스 개발이다.
ㄹ. 정치 · 사회행동모델: 일차적 구성원은 선출된 공무원, 사회복지기관 등이다.

① ㄱ
② ㄱ, ㄴ
③ ㄴ, ㄷ
④ ㄷ, ㄹ
⑤ ㄱ, ㄷ, ㄹ

답 ①

응시생들의 선택

① 22%	② 31%	③ 10%	④ 3%	⑤ 34%

ㄴ. 근린지역사회조직모델에서 주된 사회복지사의 역할은 조직가, 교사, 코치, 정보전달자, 촉진자 등이다.
ㄷ. 사회계획모델은 지역사회의 사회적 욕구 통합과 사회서비스 관계망 조정에 관심을 둔다. 관심영역을 특정 욕구를 가진 대상자를 위한 서비스 개발에 두는 것은 프로그램 개발과 지역사회연계모델에 해당한다.
ㄹ. 정치·사회행동모델의 일차적 구성원은 정치적 권한이 있는 시민이다. 선출된 공무원은 변화를 위한 표적체계에 해당한다.

15-05-09 난이도 ★★★

다음에서 설명하는 웨일과 갬블(Weil & Gamble)의 지역사회복지실천모델은?

- 목표는 프로그램의 방향 또는 자원을 최대한 끌어낼 수 있는 조직 기반
- 변화의 표적체계는 선출된 공무원, 재단, 정부기관
- 일차적 구성원은 특정 이슈에 이해관계가 있는 조직
- 사회복지사의 역할은 중재자, 협상가, 대변인

① 연합
② 정치적 권력강화
③ 근린지역사회조직
④ 기능적인 지역사회조직
⑤ 프로그램의 개발과 조정

답 ①

응시생들의 선택

① 14%	② 35%	③ 30%	④ 12%	⑤ 9%

② 정치적 권력강화 모델과 ⑤ 프로그램의 개발과 조정 모델은 테일러와 로버츠의 모델 중 하나이다.
③ 근린지역사회조직 모델은 지리적 의미의 지역사회 내에서 지역사회개발을 통한 지역주민의 삶의 질 향상을 목표로 하며, 지역사회 구성원들의 능력개발을 강조한다.
④ 기능적인 지역사회조직 모델은 동일한 정체성이나 관심사, 이해관계를 기초로 한 기능적 지역사회의 조직에 초점을 둔다.

11-05-26 난이도 ★★★

웨일과 갬블(M. Weil & D. Gamble)의 지역사회복지 실천모델에 관한 설명으로 옳은 것을 모두 고른 것은?

ㄱ. 프로그램 개발과 지역사회연계모델의 목적은 특정 대상 집단이나 이슈에 대한 사회정의를 실현하는 것이다.
ㄴ. 정치·사회행동모델은 선거권자와 공무원 등을 표적체계로 하고 특정 대상자를 위한 서비스 개발을 목적으로 한다.
ㄷ. 연합모델의 관심영역은 지역사회의 사회적 욕구통합과 사회서비스 관계망 조정 등이다.
ㄹ. 근린지역사회조직모델은 지역사회개발모델에서 그 원형을 찾을 수 있다.

① ㄱ, ㄴ, ㄷ
② ㄱ, ㄷ
③ ㄴ, ㄹ
④ ㄹ
⑤ ㄱ, ㄴ, ㄷ, ㄹ

답 ④

응시생들의 선택

① 7%	② 21%	③ 26%	④ 27%	⑤ 18%

ㄱ. 프로그램 개발과 지역사회연계모델은 지역주민들의 욕구충족을 위해 지역사회와 연계된 다양한 프로그램을 개발하고 확대하는 것을 목표로 한다.
ㄴ. 정치·사회행동모델은 정책 또는 정책결정자의 변화를 통해 사회정의를 추구한다.
ㄷ. 연합모델은 연합을 구성하는 집단과 특정 이슈에 관심을 둔다.

덧붙임

근린지역사회조직모델, 기능적 지역사회조직모델, 지역사회의 사회·경제개발모델 등 3가지는 모두 로스만의 지역사회개발모델을 세분화한 모델이기 때문에 헷갈리기 쉽다.
가장 큰 차이점을 정리하면, 근린지역사회조직모델은 지리적 의미의 지역사회를, 기능적 지역사회조직모델은 기능적 의미의 지역사회를 토대로 하며, 지역사회의 사회·경제개발모델은 사회개발과 경제개발이 같이 이루어져야 한다는 입장의 모델로 주로 저소득층이 일차적 구성원이 된다.

복습 3

정답훈련

다음 내용이 왜 틀렸는지를 확인해보자

11-05-26

01 프로그램 개발과 지역사회연계모델의 목적은 특정 대상집단이나 이슈에 대한 사회정의를 실현하는 것이다.

사회정의 실현을 목적으로 하는 모델은 사회운동모델이다.
프로그램 개발과 지역사회연계모델은 사회계획모델에서 세분화된 모델로, 특정 대상이나 지역사회를 위한 서비스를 개발하는 데에 목적을 둔다.

02 지역사회의 사회 · 경제 개발모델은 로스만의 사회계획모델에서 그 원형을 찾을 수 있다.

사회 · 경제 개발모델은 로스만의 지역사회개발모델을 토대로 세분화된 모델 중 하나이다.

11-05-26

03 연합모델의 관심영역은 지역사회의 사회적 욕구통합과 사회서비스 관계망 조정 등이다.

지역사회의 사회적 욕구통합과 사회서비스 관계망 조정 등에 관심을 두는 모델은 사회계획모델에 해당한다.
연합모델은 특정 문제의 해결을 위해 다양한 집단의 연대를 끌어내는 데에 초점을 둔다.

04 기능적 지역사회조직모델은 지리적 의미의 지역사회에 초점을 둔 모델이다.

기능적 지역사회조직모델은 기능적 의미의 지역사회에 초점을 둔 모델이다.

05 사회운동모델에서 사회복지사는 중재자, 협상가, 조직가로서의 역할을 강조한다.

사회운동모델에서 사회복지사는 옹호자, 촉진자로서의 역할을 수행한다.

11-05-26

06 정치 · 사회행동모델은 선거권자와 공무원 등을 표적체계로 하고 특정 대상자를 위한 서비스 개발을 목적으로 한다.

특정 대상자를 위한 서비스 개발을 목적으로 하는 모델은 프로그램 개발과 지역사회연계모델에 해당한다.
정치 · 사회행동모델은 선거권자와 공무원 등을 표적체계로 하지만, 정치권력의 형성, 제도의 변화 등에 관심을 둔다.

빈칸에 들어갈 알맞은 말을 채워보자

13-05-12

01 (   ) 모델: 사회적 · 경제적 환경의 변화를 위한 지역사회 구성원의 능력개발을 목표로 하며, 사회복지사의 주된 역할은 조직가, 교사, 촉진자이다.

04-05-19

02 (   ) 모델: 일반 대중이나 정치제도를 표적체계로 하여 옹호하거나 이슈화를 진행한다.

10-05-11

03 (   ) 모델: 자원을 동원할 수 있는 잠재력을 가진 연대조직체를 형성하여 집합적으로 문제를 해결하고자 한다.

11-05-21

04 (   ) 모델: 학교폭력 추방이나 정신지체아동의 사회재활과 같은 특정의 공통 관심사나 이슈를 기반으로 조직화되는 특성이 있다.

18-05-13

05 (   ) 모델: 주민의 관점에서 개발계획을 수립하고, 주민들이 사회 · 경제적 투자를 이용하도록 준비시킨다.

10-05-11

06 (   ) 모델: 객관성과 합리성에 기반을 두고 지역사회문제를 해결하려는 모형으로, 전문가의 지식과 기술, 객관적 조사와 자료분석 등을 기초로 한다.

17-05-03

07 (   ) 모델: 사회복지사는 계획가, 관리자, 프로포절 제안자 등의 역할을 주로 수행한다.

16-05-08

08 (   ) 모델: 일차적 구성원은 정치적 권한이 있는 시민이다. 선출직 공무원을 표적체계로 하여 기존 제도의 변화를 추구한다.

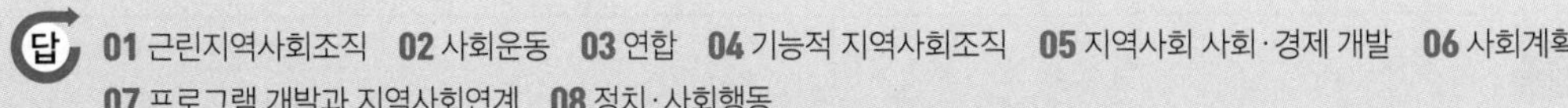

답 **01** 근린지역사회조직 **02** 사회운동 **03** 연합 **04** 기능적 지역사회조직 **05** 지역사회 사회 · 경제 개발 **06** 사회계획 **07** 프로그램 개발과 지역사회연계 **08** 정치 · 사회행동

141 테일러와 로버츠의 모델

강의 QR코드

1회독 월 일 | 2회독 월 일 | 3회독 월 일

최근 10년간 5문항 출제

복습 1 이론요약

테일러와 로버츠가 제시한 5가지 모델

기본개념
지역사회복지론 pp.98~

- 프로그램 개발 및 조정 모델: 지역사회의 변화를 효과적이고 효율적으로 유도하기 위해 공공기관을 중심으로 프로그램을 개발하고 조정해나가는 모델로, 클라이언트의 참여는 매우 제한적이다.
- 계획모델: 로스만의 사회계획모델이 지나치게 합리적이고 과학적인 접근을 지향한다는 점을 지적하며 의사결정에 있어 상호교류와 인간지향적 특성을 추가하고자 한 모델이다.
- 지역사회연계모델: 클라이언트의 개별적 문제를 지역사회에 연계하여 지역사회의 문제를 해결하고자 하는 모델이다.
- 지역사회개발모델: 지역사회의 자체적 역량을 개발하여 지역사회 문제를 스스로 해결할 수 있도록 지지하고 지원하는 것에 초점을 둔다.
- 정치적 권력강화(역량강화)모델: 사회적으로 배제된 집단과 그 구성원들에 초점을 두면서 배제된 집단구성원의 사회참여 노력을 확대시키는 것에 중점을 둔다. 클라이언트의 참여와 결정권이 가장 강하게 나타나는 모델이다.

기출문장 CHECK

01 (21-05-11) 테일러와 로버츠(S. Taylor & R. Roberts)의 지역사회개발모델은 지역주민의 참여와 자조를 중시한다.

02 (14-05-23) 테일러와 로버츠의 모델: 프로그램 개발 및 조정 모델, 계획모델, 지역사회연계모델, 지역사회개발모델, 정치적 권력강화모델

03 (13-05-17) 테일러와 로버츠의 계획모델은 합리적 기획모델에 기초한 조사전략 및 기술을 강조한다. 특히 사람들과의 상호교류적 노력을 강조하고, 옹호적이며 진보적인 접근을 포함한다.

복습 2 기출확인

대표기출 확인하기

21-05-11 난이도 ★★☆

테일러와 로버츠(S. Taylor & R. Roberts)의 지역사회복지 실천모델에 관한 설명으로 옳지 않은 것은?

① 프로그램 개발과 조정: 지역주민의 역량강화 및 지도력 개발에 관심
② 계획: 구체적 조사전략 및 기술 강조
③ 지역사회연계: 지역사회 문제해결을 위한 관계망 구축 강조
④ 지역사회개발: 지역주민의 참여와 자조 중시
⑤ 정치적 역량강화: 상대적으로 권력이 약한 시민의 권한 강화에 관심

 알짜확인

- 테일러와 로버츠의 모델 자체는 출제율이 높은 편은 아니지만, 로스만의 모델이나 웨일과 갬블의 모델에 관한 문제에서 선택지로 구성되어 응시생들을 혼란에 빠뜨릴 때가 종종 있다. 따라서 각 학자가 제시한 모델 이름을 정확히 기억해두는 것이 필요하다.

답 ①

응시생들의 선택

① 45%	② 17%	③ 4%	④ 9%	⑤ 25%

① 지역주민의 역량강화 및 지도력 개발에 관심을 두는 것은 지역사회개발모델이다. 프로그램 개발과 조정 모델은 지역사회의 변화를 효과적이고 효율적으로 유도하기 위해 공공기관을 중심으로 프로그램을 개발하고 조정해나가는 모델이다. 서비스는 행정기관이 직접 전달하거나, 민간단체나 협회를 통해 전달할 수 있다. 후원자가 전적으로 의사결정을 하고 클라이언트(대상자)는 이들에 의해 기획된 서비스를 제공받으며, 클라이언트의 참여는 매우 제한적이다.

관련기출 더 보기

22-05-10 난이도 ★★☆

포플(K. Popple, 1996)의 지역사회복지실천 모델을 모두 고른 것은?

ㄱ. 지역사회개발　　ㄴ. 지역사회보호
ㄷ. 지역사회조직　　ㄹ. 지역사회연계

① ㄱ, ㄴ　　② ㄷ, ㄹ
③ ㄱ, ㄴ, ㄷ　　④ ㄱ, ㄴ, ㄹ
⑤ ㄱ, ㄴ, ㄷ, ㄹ

답 ③

응시생들의 선택

① 4%	② 3%	③ 14%	④ 13%	⑤ 66%

ㄹ. 지역사회연계 모델을 제시한 학자는 테일러와 로버츠이다. 테일러와 로버츠는 후원자의 권한과 클라이언트의 권한 정도에 따라 프로그램 개발 및 조정 모델, 계획모델, 지역사회연계 모델, 지역사회개발 모델, 정치적 역량강화 모델 등을 제시하였다.

덧붙임

최근에는 커뮤니티케어가 강조되는 정책적 흐름을 반영하여 지역사회보호 모델을 제시한 포플의 모델도 시험에 등장하기 시작했다. 아직 상세하게 출제되지는 않았으나 지역사회보호, 지역사회조직, 지역사회개발, 사회 · 지역계획, 지역사회교육, 지역사회행동, 여권주의적 지역사회사업, 인종차별철폐 지역사회사업 등 제시한 모델을 기억해두는 것은 필요하다.

20-05-08

난이도 ★★☆

테일러와 로버츠(S. Taylor & R. Roberts) 모델에 해당되는 것을 모두 고른 것은?

ㄱ. 프로그램 개발 및 조정
ㄴ. 지역사회개발
ㄷ. 정치적 권력(역량)강화
ㄹ. 연합
ㅁ. 지역사회연계

① ㄱ, ㄴ
② ㄴ, ㄷ
③ ㄱ, ㄹ, ㅁ
④ ㄱ, ㄴ, ㄷ, ㅁ
⑤ ㄱ, ㄷ, ㄹ, ㅁ

답 ④

응시생들의 선택

① 3%	② 4%	③ 15%	④ 54%	⑤ 24%

ㄹ. 연합모델은 웨일과 갬블의 모델에 해당한다.

14-05-23

난이도 ★★★

테일러와 로버츠(S. H. Taylor & R. W. Roberts)의 지역사회복지실천모델이 아닌 것은?

① 정치적 권력강화
② 지역사회개발
③ 지역사회연계
④ 연합
⑤ 계획

답 ④

응시생들의 선택

① 47%	② 6%	③ 4%	④ 36%	⑤ 7%

④ 테일러와 로버츠는 후원자의 권한과 클라이언트의 권한 비율에 따라 프로그램 개발 및 조정, 계획모델, 지역사회연계모델, 지역사회개발모델, 정치적 권력강화모델 등 5가지를 제시하였다. 왼쪽에서 오른쪽으로 갈수록 후원자의 권한보다 클라이언트의 권한이 강하게 나타난다.

복습 3

정답훈련

다음 내용이 왜 틀렸는지를 확인해보자

01 정치적 역량강화모델은 로스만의 지역사회개발모델을 바탕으로 한다.

정치적 역량강화모델은 로스만의 사회행동모델과 유사하다.

14-05-23

02 테일러와 로버츠의 모델: 정치적 권력강화, 지역사회개발, 지역사회연계, 연합, 계획

연합모델은 웨일과 갬블이 제시한 모델이다.

03 테일러와 로버츠의 계획모델은 조사전략 및 기술을 강조하기 때문에 과정을 무시한다는 한계가 있다.

이 모델은 로스만의 사회계획모델이 지나치게 합리적이고 과학적인 접근만을 지향한다는 한계를 지적하면서 의사결정에 있어 클라이언트와의 교류를 강조하는 등 과정적 측면을 고려하였다.

12-05-04

04 지역사회연계 모델은 후원자가 클라이언트보다 더 많은 결정권한이 있다.

지역사회연계모델은 클라이언트와 후원자의 영향력이 동등한 모델이다.

05 지역사회개발모델보다 프로그램 개발 및 조정모델에서 클라이언트의 권한이 더 크게 나타난다.

'프로그램 개발 및 조정 < 계획 < 지역사회연계 < 지역사회개발 < 정치적 역량강화'의 순서대로 클라이언트의 권한이 강하게 나타난다.

16-05-10

06 테일러와 로버츠의 모델 중 지역사회개발 모델은 갈등이론과 다원주의 사회에서 다양한 이익집단의 경쟁원리에 기초한 모델로, 시민참여를 보장하고 극대화하는 데에 중요한 목적이 있다.

지역사회개발 모델이 아닌 정치적 역량강화 모델에 관한 설명이다.

지역사회복지 실천과정

이 장에서는

지역사회복지의 실천과정 및 각 과정별 과업에 관한 사항을 학습한다. 기본적으로 각 과정을 순서대로 나열할 수 있어야 하며, 각 과정에서 요구되는 과업을 파악해두어야 한다.

※ 알림: 이 책은 출제빈도를 우선으로 구성하고 있어 사정 단계를 먼저 소개하지만, 실제 실천과정은 '문제확인 → 사정 → 계획 및 실행 → 평가'의 순서로 진행된다.

10년간 출제분포도

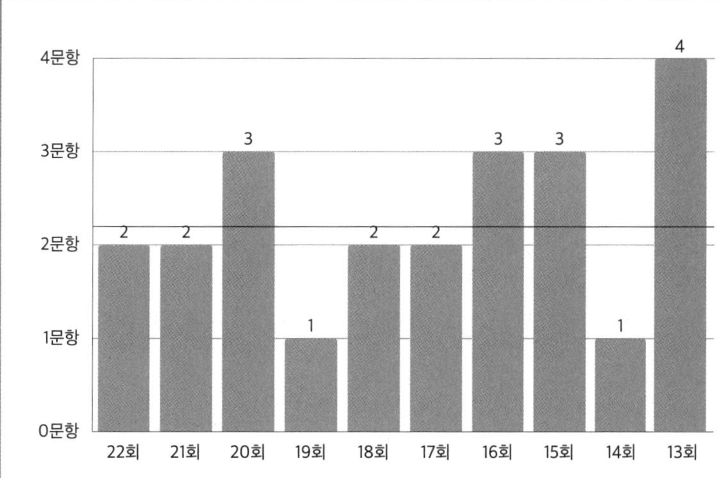

평균 출제문항수

사정 단계

1회독	2회독	3회독
월 일	월 일	월 일

최근 10년간 12문항 출제

이론요약

기본개념

지역사회복지론 pp.106~

사정의 개념 및 원칙

- 문제확인 단계에서 파악된 문제를 해결하기 위한 서비스나 프로그램을 개발하기 위한 준비단계
- 주요 원칙: 사정의 목표와 초점의 명확화, 제한된 자원과 역량을 고려, 구체적 쟁점이나 문제에 초점, 지역주민의 참여

사정에서 고려할 사항

- 지역사회의 발전 과정
- 정치적 · 사회적 구조
- 경제적 상황
- 사회문화적 특징

사정의 유형

- 포괄적 사정: 특정한 문제나 표적집단에 한정하지 않고 지역사회 전반을 대상으로 한 사정 유형
- 문제중심 사정: 지역사회에서 우선적으로 해결이 필요한 중요한 영역에 초점을 둔 유형
- 하위체계 사정: 지역사회의 특정 하위체계를 중심으로 사정
- 자원사정: 권력, 전문기술, 재정, 서비스 등 인적 · 물적 자원 영역을 검토
- 협력 사정: 지역사회 참여자들이 완전한 파트너로서 조사계획, 참여관찰, 분석과 실행 국면 등에 관계되면서 지역사회에 의해 수행되는 사정

사정을 위한 자료수집 방법

▶양적 접근

- 구조화된 서베이
  - 구조화된 질문지를 통해 설문조사를 진행하여 응답을 구하는 방식
- 사회지표 분석
  - 통계청, 국가기관, 복지 관련 전문 기관 등에서 진행한 수치화된 자료를 활용하여 욕구를 파악하는 방법

▶ 질적 접근

• 델파이기법
- 문제와 관련된 전문가에게 이메일이나 우편 등을 통해 개방형 질문으로 설문지를 발송하여 의견을 취합하는 방식
- 참여자 간의 영향력은 방지할 수 있지만 정해진 기간 안에 의견 취합이 안 되는 경우가 많으며, 반복적으로 진행하다 보면 점점 답변 회수율이 떨어질 수 있음

• 명목집단기법
- 참여자들이 의견을 무기명으로 적어 제출하면 사회자가 각 내용을 발표한 후 투표를 진행하여 우선순위 결정
- 참여자들이 서로 누가 어떤 의견을 냈는지 모른다는 점은 델파이기법의 장점과 동일함

• 초점집단기법
- 소집단으로 구성하여 참여자들의 토론 및 질의응답을 통해 문제에 대한 의견을 듣는 방법
- 전문가도 참여하지만 수혜자, 잠정적 수혜자, 지역주민 등이 참여하는 직접적 욕구조사 방법

• 주요정보제공자기법
- 문제와 관련된 전문가, 실무자 등을 통해 대상집단 및 욕구를 파악하는 방법
- 서비스 제공자, 관련 단체의 대표자 등 전문가들이 주로 참여하는 간접적 욕구조사 방법

• 지역사회포럼
- 모든 지역주민들에게 공개적으로 진행하는 방식으로, 토론자들이 먼저 관련 문제에 대한 설명 및 토론 등을 진행한 후 방청한 지역주민들과의 질의응답 시간을 진행함
- 지역주민의 욕구나 문제에 대한 지역주민의 인식을 알 수 있음
- 다양한 의견이 제시될 수 있으나 문제의 본질이나 욕구파악이 오히려 어려울 수 있음

• 공청회
- 정부의 프로그램이나 계획에 대해 의견을 개진할 수 있는 기회를 제공
- 공청회에 참석한 참석자들의 견해가 전체 지역주민을 대표하는지를 확신하기 어려우며, 통제가 어렵다는 한계가 있음
※ 포럼과 진행방식은 동일하지만 공청회의 주체는 국가 및 지자체

• 참여관찰
- 지역주민의 일상적인 삶에 참여하여 주민들의 문제를 직접 보고 들으며 체험하는 방법

기출문장 CHECK

01 (22-05-12) 지역사회 사정을 통해 지역사회의 욕구를 파악한다.

02 (22-05-12) 지역사회 사정을 위해 지역 공청회를 통해 주민 의견을 수렴할 수 있다.

03 (22-05-12) 지역사회 사정을 위해 명목집단 등을 활용하여 욕구의 우선순위를 결정할 수 있다.

04 (22-05-12) 지역사회 사정을 위해 서베이, 델파이기법 등을 활용하여 자료를 수집할 수 있다.

05 (21-05-13) 지역사회포럼은 지역주민이 참여할 수 있는 공개 모임을 개최하여 구성원의 의견을 모색한다.

06 (20-05-15) 델파이 기법: 전문가 패널의 의견을 수렴하는 방법, 합의에 이르기까지 여러 번 설문 실시, 반복되는 설문을 통하여 패널의 의견 수정 가능

07 (19-05-10) 자원봉사자 수, 예산 규모, 이용자 수 등에 관한 사정은 자원 사정에 해당한다.

08 (17-05-11) 델파이 기법은 응답 내용이 합의에 이르기까지 여러 번에 걸쳐 설문 과정을 반복한다.

09 (15-05-10) 초점집단(Focus Group) 기법: 지역사회집단의 이해관계를 가장 잘 대표할 수 있는 참여자들을 선정하여 한 곳에 모여 특정 문제에 대한 의견을 집단으로 토론한다.

10 (14-05-09) 자원 사정은 지역사회에서 이용할 수 있는 권력, 전문기술, 재정, 서비스 등을 조사하는 사정이다.

11 (13-05-08) 명목집단기법은 문제이해, 목표확인, 행동계획 개발 등에 활용된다.

12 (10-05-21) 명목집단기법: 지역주민을 한 자리에 모아 지역에 영향을 미치는 문제나 이슈를 제시하도록 하고, 참가자들로 하여금 열거된 문제에 대한 우선순위를 매기도록 하는 과정을 거친다.

13 (07-05-07) 지역사회포럼을 통해 지역주민들은 자신이 생각하는 지역사회 문제에 대한 의견을 이야기할 수 있다.

14 (06-05-15) 비공식적 인터뷰, 민속학적 방법 등은 지역사회의 정보를 얻기 위해 사용하는 질적 접근 방법이다.

기출확인

대표기출 확인하기

21-05-13 난이도 ★☆☆

지역사회 욕구사정 방법에 관한 설명으로 옳은 것은?

① 명목집단기법: 지역주민으로부터 설문조사를 통해 직접적으로 자료를 획득
② 초점집단기법: 전문가 패널을 대상으로 반복된 설문을 통해 합의에 이를 때까지 의견을 수렴
③ 델파이기법: 정부기관이나 사회복지 관련 조직에 의해 수집된 기존 자료를 활용
④ 지역사회포럼: 지역주민이 참여할 수 있는 공개 모임을 개최하여 구성원의 의견을 모색
⑤ 사회지표분석: 지역사회 문제를 잘 파악하고 있는 사람들을 대상으로 정보를 확보

알짜확인

- 사정의 원칙, 고려해야 할 사항, 사정의 유형 등 다양한 내용을 꼼꼼히 살펴봐야 한다.
- 사정방법(욕구조사 방법)은 자칫 헷갈릴 수 있는 비슷한 방법들이 있으니 잘 구분할 수 있도록 방법적 차이를 파악해두어야 한다.

답 ④

응시생들의 선택

① 4%	② 5%	③ 3%	④ 85%	⑤ 3%

① 지역주민으로부터 설문조사를 통해 직접적으로 자료를 획득하는 것은 서베이 조사에 해당한다.
② 전문가 패널을 대상으로 반복된 설문을 통해 합의에 이를 때까지 의견을 수렴하는 것은 델파이기법에 해당한다.
③ 정부기관이나 사회복지 관련 조직에 의해 수집된 기존 자료를 활용하는 것은 사회지표분석에 해당한다.
⑤ 지역사회 문제를 잘 파악하고 있는 사람들을 대상으로 정보를 확보하는 것은 초점집단기법에 해당한다.

관련기출 더 보기

22-05-12 난이도 ★★☆

지역사회 사정에 해당하지 않은 것은?

① 지역사회의 욕구를 파악한다.
② 협력 · 조정을 위한 네트워크를 구축한다.
③ 지역 공청회를 통해 주민 의견을 수렴한다.
④ 명목집단 등을 활용한 욕구의 우선순위를 결정할 수 있다.
⑤ 서베이, 델파이기법 등을 활용하여 자료를 수집한다.

답 ②

응시생들의 선택

① 3%	② 52%	③ 1%	④ 21%	⑤ 23%

② 협력 · 조정을 위한 네트워크의 구축은 계획 및 실행단계에서의 과업이다.

22-05-13 난이도 ★☆☆

지역사회복지실천 과정의 순서로 옳은 것은?

ㄱ. 지역사회 사정　　ㄴ. 실행
ㄷ. 성과평가　　ㄹ. 실행계획 수립

① ㄱ→ㄴ→ㄷ→ㄹ　② ㄱ→ㄹ→ㄴ→ㄷ
③ ㄹ→ㄱ→ㄴ→ㄷ　④ ㄹ→ㄱ→ㄷ→ㄴ
⑤ ㄹ→ㄴ→ㄷ→ㄱ

답 ②

응시생들의 선택

① 1%	② 76%	③ 18%	④ 3%	⑤ 2%

ㄱ. 지역사회 사정: 지역사회의 문제 및 욕구 파악
ㄹ. 실행계획 수립: 목표설정, 자원확보, 구체적인 활동 계획
ㄴ. 실행: 계획에 따른 실행 및 점검
ㄷ. 성과평가: 실행에 따른 결과 평가

19-05-10 난이도 ★☆☆

다음 자료를 활용한 지역사회 사정(assessment) 유형에 해당하는 것은?

- 사회복지시설 및 기관의 자원봉사자 수
- 관할 지방자치단체의 사회복지분야 예산 규모
- 기업의 사회공헌 프로그램 유형과 이용자 수

① 하위체계 사정
② 포괄적 사정
③ 자원 사정
④ 문제중심 사정
⑤ 협력적 사정

답 ③

응시생들의 선택

① 1%	② 9%	③ 86%	④ 1%	⑤ 3%

③ 자원 사정은 권력, 전문기술, 재정, 서비스 등 인적 · 물적 자원 영역을 검토한다.

16-05-15 난이도 ★☆☆

지역사회복지실천에서 이루어지는 초기 욕구사정에 관한 설명으로 옳지 않은 것은?

① 욕구의 상대적 중요성을 확인하는 목적이 있다.
② 지역사회복지 실천을 위한 성과평가의 의미를 갖는다.
③ 욕구사정에 대한 다양한 방법론을 이해해야 한다.
④ 문제확인과 해결의 우선순위에 주안점을 둔다.
⑤ 욕구사정의 초점은 서비스 및 접근가능성이 포함된다.

답 ②

응시생들의 선택

① 3%	② 86%	③ 2%	④ 8%	⑤ 1%

② 욕구사정은 주민들의 문제와 욕구를 살펴보고 프로그램 설계를 위해 정보를 분석하는 과정으로, 성과평가의 의미를 갖는 것은 아니다.

12-05-06 난이도 ★☆☆

지역사회를 분석하기 위해서는 지역사회 사정(assessment)을 해야 하는데, 다음의 지역사회사정과정 중 사회복지사가 확인한 변수는?

A종합사회복지관에 근무하는 사회복지사는 지역에 혼자 사는 노인에게 밑반찬서비스를 제공하는 지역부녀회, 기초노령연금을 지급하는 동주민센터, 후원금을 지원하는 종교단체가 있다는 사실을 확인하였다.

① 사람
② 사회문제
③ 가치
④ 자원의 유용성
⑤ 서비스 전달 조직

답 ⑤

응시생들의 선택

① 0%	② 0%	③ 1%	④ 22%	⑤ 77%

사례는 지역사회 내 노인복지와 관련하여 서비스를 전달하고 있는 조직들을 사정한 것으로 하위체계 사정에 해당한다.

10-05-17 난이도 ★★★

지역사회복지실천 과정 중 욕구사정 단계에서 고려해야 할 사항을 모두 고른 것은?

ㄱ. 프로그램의 적절성 정도
ㄴ. 지역사회 문제해결을 위해 필요한 재원 확보
ㄷ. 사회변화를 추구하는 집단 간의 합의 도출
ㄹ. 지역사회의 사회구조와 경제적인 상황

① ㄱ, ㄴ, ㄷ
② ㄱ, ㄷ
③ ㄴ, ㄹ
④ ㄹ
⑤ ㄱ, ㄴ, ㄷ, ㄹ

답 ④

응시생들의 선택

① 6%	② 13%	③ 29%	④ 24%	⑤ 28%

ㄱ. 계획단계에서 적절성에 따라 프로그램을 수립하기도 하며, 평가단계에서 결과적으로 적절했는지를 살펴보기도 한다.
ㄴ. ㄷ. 지역사회 문제해결을 위해 필요한 재원 확보 및 사회변화를 추구하는 집단 간의 합의 도출은 지역사회복지실천 계획을 수립하고 실행해나가는 과정에서 고려해야 할 사항에 해당한다.

복습 3 **정답훈련**

다음 내용이 왜 틀렸는지를 확인해보자

01 사정단계는 지역사회의 전반적인 분위기를 파악하고 문제나 욕구를 확인하기 위해 정보를 수집하는 데에 초점을 둔다.

사정단계는 서비스나 프로그램을 개발하기 위한 준비단계이기 때문에 정보수집에 그치는 것이 아니라 수집된 정보를 토대로 문제를 구체화시켜야 한다.

13-05-08

02 하위체계사정은 하위체계의 정태적인 이해를 높이는 데 활용된다.

하위체계사정은 하위체계의 역동성을 고려하여 동태적으로 파악할 수 있도록 진행해야 한다.

03 초점집단조사방법은 다수의 사람들이 정보와 의견을 나눌 수 있도록 하는 욕구조사방법이다.

초점집단조사방법은 문제와 관련 있는 소수의 사람들이 한 자리에 모여 정보와 의견을 나눔으로써 욕구조사를 진행하는 방법이다.

17-05-11

04 델파이기법에서 설문지는 폐쇄형 질문으로 구성한다.

설문구성은 개방형으로 시작해서 이후에는 유사한 응답내용을 폐쇄형으로 구성하여 질문한다.

13-05-08

05 민속학적(ethnographic) 방법은 일반적으로 표준화된 면담도구를 사용한다.

민속학적 방법은 표준화된 면담도구를 사용하기보다는 현지 관찰을 통해 지역주민의 삶, 행동, 문화, 가치 등을 파악한다.

06 협력 사정을 통해 지역사회에 존재하는 재정, 서비스, 전문기술 등 인적, 물적 자원 영역을 검토한다.

인적, 물적 자원 영역을 검토하는 것은 자원 사정에 해당한다.
협력 사정은 문제에 관한 조사 계획부터 관찰, 분석, 실행 등의 과정에 지역사회 참여자들이 완전한 파트너로서 협조하며 함께하는 사정을 말한다.

07-05-07

07 지역사회포럼은 공청회와 달리 참석자들에 대한 통제가 용이하다.

지역사회포럼과 공청회는 진행방식이 동일하다. 전문가들이 주제와 관련된 화제를 제시하고 청중들이 질문이나 의견을 제시하게 되는데, 분위기가 과열될 경우 통제가 어렵다.

13-05-08

08 비공식적 인터뷰는 자료수집과정에서 신뢰도와 일관성을 높이는 방법이다.

비공식 인터뷰는 질적 방법에 해당하는데, 대체로 질적 방법은 양적 방법에 비해 신뢰도와 일관성에 취약하다.

빈칸에 들어갈 알맞은 말을 채워보자

16-05-16

01 (　　　　　　) 기법은 모든 참여자가 직접 만나 욕구에 대한 우선순위를 결정한다. 욕구순위에 대한 합의의 과정이 반복시행을 거쳐 이루어질 수 있다.

17-05-11

02 (　　　　　　) 기법은 지역사회문제에 대한 전문지식을 갖고 있는 주요 정보제공자로 구성하며, 응답 내용이 합의에 이르기까지 여러 번에 걸쳐 설문 과정을 반복한다.

09-05-13

03 (　　　　　　) 기법은 질적 자료수집 방법 중 하나로써 소집단으로 구성되며 여러 명이 동시에 질의와 응답에 참여할 수 있고, 집중적인 토론에 유용한 지역사회사정 방법이다.

04 (　　　　　　) 사정은 해결이 필요한 특정 이슈나 영역에 초점을 두어 진행하는 사정 유형이다.

14-05-09

05 (　　　　　　) 사정은 지역사회에서 이용할 수 있는 권력, 전문기술, 재정, 서비스 등을 조사하는 사정이다.

06-05-15

06 민속학적 방법, 비공식 인터뷰는 질적 자료수집 방법이며, 사회지표 분석은 (　　　　　　) 방법이다.

답 **01** 명목집단 **02** 델파이 **03** 초점집단 **04** 문제중심 **05** 자원 **06** 양적

다음 내용이 옳은지 그른지 판단해보자

22-05-12

01 지역사회 사정 과정에서는 명목집단 등을 활용하여 욕구의 우선순위를 결정할 수 있다. ⓞⓧ

02 욕구조사단계에서는 주요 정보제공자 인터뷰, 지역사회포럼 개최, 사회지표 등을 활용할 수 있다. ⓞⓧ

13-05-20

03 목적 및 목표 설정단계는 지역주민 욕구사정 이전에 진행한다. ⓞⓧ

04 지역사회 사정에서는 지역사회의 문제 및 지역주민의 욕구를 파악하는 데에 주력한다. ⓞⓧ

05 우선적으로 해결해야 할 지역사회의 문제 영역에 초점을 두는 사정 유형은 자원 사정이다. ⓞⓧ

17-05-11

06 델파이 기법은 응답 내용이 합의에 이르기까지 여러 번에 걸쳐 설문 과정을 반복한다. ⓞⓧ

07 사정을 통해서 지역사회의 문제를 욕구로 변환하여 서비스 개발로 연결할 수 있도록 해야 한다. ⓞⓧ

답 **01**○ **02**○ **03**× **04**○ **05**× **06**○ **07**○

해설 **03** 사정의 결과를 토대로 목적 및 목표 설정을 한다.
05 우선적으로 해결해야 할 지역사회의 문제 영역에 초점을 두는 사정 유형은 문제중심 사정이다.

143 문제확인 단계

1회독	2회독	3회독
월 일	월 일	월 일

최근 10년간 2문항 출제

복습 1

이론요약

주요 내용

- 이미 발생한 문제 외에 잠재적 문제도 파악
- 지역사회의 문제를 탐색함에 있어서는 개방적인 태도를 가져야 함
- 객관적 자료 확보, 관련 당사자 · 전문가 등과 인터뷰 등 다양한 조사방법 활용
- 문제를 둘러싼 지역사회의 관련 상황 파악
- 문제로 인해 이익을 보는 집단과 손해를 보는 집단을 분석
- 문제의 원인 및 지속 요인 확인
- 여러 문제들에 대한 우선순위 선정
- 표적집단은 문제를 겪는 동시에 변화가 필요한 집단으로 시간과 자원의 한계에 따라 표적집단을 파악

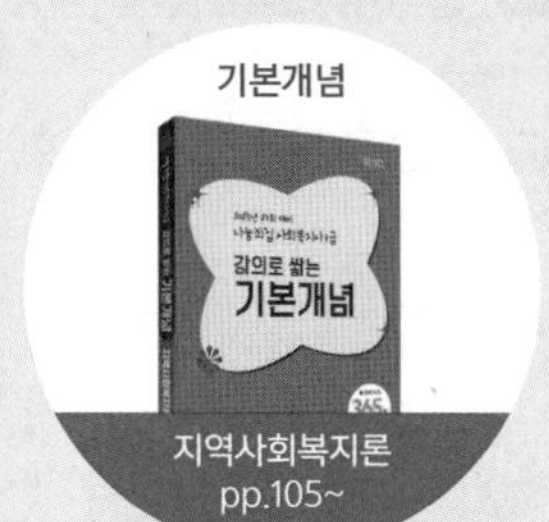

지역사회복지론
pp.105~

기출문장 CHECK

01 (20-05-11) 문제확인 단계의 과업: 이슈의 개념화, 이슈와 관련된 다양한 가치관 고려, 이슈와 관련된 이론과 자료 분석

02 (12-05-05) 문제확인 단계에서는 문제에 대해 공식적으로 인정하고 지역사회행동을 위한 어젠다(agenda)로 채택한다.

03 (12-05-05) 지역사회문제를 규명하기 위해 해당 문제와 관련된 문헌을 검토한다.

04 (12-05-05) 문제확인 단계에서는 문제해결을 위한 장애 요인과 문제의 지속 요인을 파악한다.

05 (10-05-13) 문제확인 단계에서는 초기에는 개방적인 태도를 가지고, 관련된 당사자들과 폭넓게 대화를 나누며, 다양한 조사방법을 통해 객관적인 자료를 확보해야 한다.

06 (10-05-13) 문제확인 단계에서는 시간과 자원의 양에 따라 표적집단을 결정하는 것이 필요하다.

복습 2 기출확인

대표기출 확인하기

20-05-11 난이도 ★☆☆

다음의 설명에 해당하는 지역사회복지실천 단계는?

- 이슈의 개념화
- 이슈와 관련된 다양한 가치관 고려
- 이슈와 관련된 이론과 자료 분석

① 문제확인 단계 ② 자원동원 단계
③ 실행 단계 ④ 모니터링 단계
⑤ 평가 단계

알짜확인

- 문제확인 단계의 과업과 함께 주의해야 할 사항들을 정리해두도록 하자.

답 ①

응시생들의 선택

① 79%	② 6%	③ 7%	④ 7%	⑤ 1%

지역사회의 문제 및 문제와 관련된 다양한 지형들을 살펴보는 과정은 문제확인 단계에 해당한다.

관련기출 더 보기

13-05-25 난이도 ★☆☆

다음은 지역사회복지실천 과정 중 어느 단계에 관한 설명인가?

주거빈곤의 어려움을 호소하는 클라이언트에 대해 사회복지사는 해당 지역에 대한 조사를 실시한 후 이를 개인의 경제적 문제, 지역사회의 불량주택문제, 공공임대주택정책의 문제 중 어떤 문제로 볼 것인지를 결정하였다.

① 자원계획 및 동원단계 ② 목적 및 목표 설정단계
③ 문제발견 및 분석단계 ④ 실행단계
⑤ 평가단계

답 ③

응시생들의 선택

① 2%	② 10%	③ 88%	④ 0%	⑤ 0%

사례의 내용은 상담과정에서 나타난 클라이언트의 문제를 분석하고, 확인하는 활동으로 문제발견 및 분석단계에 해당한다.

10-05-13 난이도 ★☆☆

지역사회복지실천 과정에서 문제확인에 관한 설명으로 옳지 않은 것은?

① 관련된 당사자들과 폭넓게 대화를 나눈다.
② 문제의 범위 설정에 있어 초기에는 개방적인 태도를 갖는다.
③ 시간과 자원의 양에 따라 표적집단을 결정하는 것이 필요하다.
④ 과거의 지역사회복지실천을 위한 장애요인은 무시해야 한다.
⑤ 문제확인을 위해서는 다양한 조사방법을 통해 객관적인 자료를 확보해야 한다.

답 ④

응시생들의 선택

① 1%	② 1%	③ 1%	④ 96%	⑤ 1%

④ 지역사회의 문제해결을 위한 과거의 접근방법과 노력들, 장애요인, 실패이유 등을 파악하는 것이 필요하다.

복습

3 정답훈련

다음 내용이 옳은지 그른지 판단해보자

01 지역사회의 문제를 살펴볼 때에는 현재 나타난 문제뿐만 아니라 잠재적 문제도 살펴봐야 한다. 

10-05-13

02 문제확인 단계에서는 과거에 나타났던 문제해결의 장애요인은 무시해야 한다. 

12-05-05

03 지역사회의 문제를 확인하는 단계에서는 지역사회 지도자, 공직자, 토착주민, 지역운동가 등 유력인사의 인식은 배제한다. 

04 문제를 확인하는 과정에서는 표적집단의 규모를 파악해두는 것이 필요하다. 

05 문제를 확인하기 위해서는 문제로 인해 손해를 보게 된 집단에 대해서만 집중적으로 조사해야 한다. 

 **01** ○ **02** × **03** × **04** ○ **05** ×

해설 **02** 과거에 나타났던 장애요인들을 확인해야 한다.
03 지역 내 유력인사의 인식도 포함해야 한다.
05 문제를 확인하는 단계에서는 문제와 관련된 다양한 정치적 지형을 살펴보는 것이 필요하다. 따라서 문제로 손해를 보게 된 집단뿐만 아니라 이익을 얻게 된 집단도 함께 살펴봐야 한다.

144 계획 및 실행 단계

1회독	2회독	3회독
월 일	월 일	월 일

최근 10년간 5문항 출제

복습 1 이론요약

준비/계획 단계

- 목표 설정: 미션 > 목적 > 목표로 구체화됨
- 목표에 따라 프로그램 계획
- 예산 수립
- 프로그램 홍보

기본개념

지역사회복지론 pp.110~

실행 단계

- 계획에 맞춰 실행
- 주민조직화, 참여자들의 동기 강화, 참여자들 간 갈등 관리
- 진행상황을 점검하며 상황변화에 대응
- 지역사회의 서비스 공급주체 간 연계 협력을 추진

기출문장 CHECK

01 (21-05-12) 실행 단계에서는 재정자원의 집행, 추진인력의 확보 및 활용, 협력과 조정을 위한 네트워크 구축 등을 수행한다.

02 (20-05-12) 실행 단계의 과업: 재정자원 집행, 참여자 간의 갈등 관리, 클라이언트의 적응 촉진, 협력과 조정을 위한 네트워크 구축

03 (18-05-10) 프로그램을 기획하는 과정에서는 업무 설계, 구체적인 실행 방법 수립 등을 진행한다.

04 (18-05-10) 프로그램 기획의 목적은 개별 사회복지기관이 다룰 수 있는 영역과 범위 안에 있는 이슈를 해결하기 위함이다.

05 (15-05-15) 실행 단계에서는 참여자의 적응을 촉진하고, 참여자 간 저항과 갈등을 관리한다.

06 (09-05-14) 목적은 미션보다 좀 더 구체적인 방향을 제시한다. 목표들은 목적에 통합될 수 있어야 한다.

07 (09-05-14) 결과목표는 표적집단을 어떠한 상태로 향상시킬 것인가의 내용을 담고 있어야 한다.

08 (09-05-14) 과정목표는 무슨 일을 누가 어떻게 할 것인지에 관해 기술한다.

09 (03-05-11) 계획 단계에서는 실천 목표를 설정하고, 목표 달성을 위한 방법을 선택한다.

복습 2 기출확인

대표기출 확인하기

21-05-12 난이도 ★☆☆

지역사회복지 실천과정에서 다음 과업이 수행되는 단계는?

- 재정자원의 집행
- 추진인력의 확보 및 활용
- 협력과 조정을 위한 네트워크 구축

① 문제발견 및 분석 단계
② 사정 및 욕구 파악 단계
③ 계획 단계
④ 실행 단계
⑤ 점검 및 평가 단계

알짜확인

- 문제를 해결하기 위해 프로그램에 대한 계획을 세우고 실행에 옮기는 과정에서 고려해야 할 사항들을 생각해보자.
- 계획을 세우기에 앞서 목표를 설정하게 되는데 이와 관련된 사항들을 정리해두자.

답 ④

응시생들의 선택

① 2%	② 4%	③ 19%	④ 73%	⑤ 2%

④ 실행 단계에서는 지역사회복지실천의 다양한 개입 전략과 전술을 고려하여 선택한다. 계획에 맞춰 자원을 집행하고 프로그램을 실행하며, 문제해결의 주체가 되는 지역주민의 참여를 조직화한다. 참여자들의 동기를 강화하고 반응을 확인하며, 참여자들 간 갈등을 관리한다. 진행상황을 점검하며 상황변화에 대응하고, 지역사회의 서비스 공급주체 간 연계 · 협력을 추진한다.

관련기출 더 보기

20-05-12 난이도 ★☆☆

지역사회복지 실천의 '실행 단계'에 해당하지 않는 것은?

① 재정자원 집행
② 참여자 간의 갈등 관리
③ 클라이언트의 적응 촉진
④ 실천계획의 목표 설정
⑤ 협력과 조정을 위한 네트워크 구축

답 ④

응시생들의 선택

① 5%	② 3%	③ 5%	④ 84%	⑤ 3%

④ 목표 설정은 계획 단계에 해당한다. 설정된 목표에 따라 계획을 수립하고 수립된 계획을 실행에 옮기게 된다.

18-05-10 난이도 ★☆☆

다음에서 설명하는 사회복지사의 활동방법은?

- 업무 설계 기재
- 구체적인 실행방법 명시
- 개별 사회복지기관이 다룰 수 있는 영역과 범위 안에 있는 이슈를 해결하기 위함

① 사회지표 분석
② 프로그램 기획
③ 커뮤니티 프로파일링
④ 지역사회 지도 그리기
⑤ 청원

답 ②

응시생들의 선택

① 6%	② 72%	③ 18%	④ 3%	⑤ 1%

①③④ 지역사회를 조사하는 과정에서 진행될 수 있는 활동들이다.
⑤ 청원은 특정 조직이나 기관이 일정한 조치를 요청하기 위해 다수인의 서명지를 제출하는 것이다.

복습 3 정답훈련

다음 내용이 왜 틀렸는지를 확인해보자

03-05-11

01 계획 단계에서는 지역주민들이 문제를 어떻게 경험하고 어떻게 인식하고 있는지를 파악하는 데 중점을 둔다.

문제를 어떻게 경험하고 어떻게 인식하고 있는지를 파악하는 것은 계획 단계 이전에 이루어져야 한다.

15-05-15

02 지역사회복지실천 과정에서 참여자의 적응 촉진, 참여자 간 저항과 갈등 관리 등은 문제확인 단계에서의 과업이다.

실행 단계에서의 과업이다.

03 계획 과정에서는 인적, 물적 자원을 동원하기 위한 사정을 반드시 진행해야 한다.

자원에 대한 사정은 계획 과정 이전에 진행되며, 사정의 결과를 계획 수립에 반영하게 된다.

09-05-14

04 목적과 목표를 설정하는 과정에는 클라이언트를 참여시킬 수 없다.

목적과 목표를 설정할 때에 클라이언트를 참여시킴으로써 소비자주권주의를 실현할 수 있다.

145 평가 단계

1회독	2회독	3회독
월 일	월 일	월 일

최근 10년간 4문항 출제

이론요약

평가 유형

- 양적 평가: 수량화된 자료를 바탕으로 한 평가 방식으로 주로 성과 정도를 파악할 때 이용
- 질적 평가: 인터뷰, 관찰 등을 통해 진행하는 평가 방식으로 수량화가 어려운 부문에서 진행하거나 모니터링의 용도로 사용됨
- 형성평가: 진행과정의 문제점을 발견하여 수정·보완하기 위한 평가
- 총괄평가: 달성하고자 했던 목표를 얼마나 잘 성취했는가의 여부를 평가

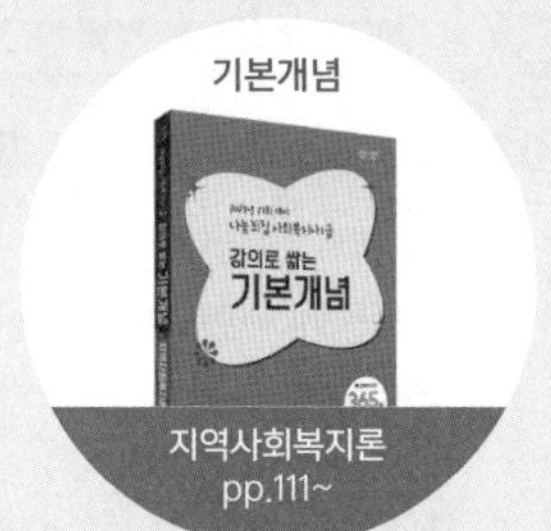

평가 요소(논리모델)

- 투입: 프로그램에 투여되는 인적, 물적 자원
- 전환(활동, 과정): 제공하는 서비스 및 개입방법 등을 의미
- 산출: 프로그램을 통해 제공된 실적, 결과물
- 성과: 프로그램 종결 후 클라이언트에게서 나타난 변화

기출문장 CHECK

01 (12-05-03) 지역아동센터 사업에 대한 평가를 진행할 때 투입 예산, 자원봉사자 수, 센터 종사자 수, 센터 규모 등은 투입 요소에 해당한다.

02 (09-05-15) 효율성평가는 투입비용과 서비스 산출단위의 비교량으로 평가한다.

03 (09-05-15) 평가는 변화의 장점이나 가치에 대해 판단을 내리는 사회적 과정이다.

04 (09-05-15) 형성평가는 프로그램 초기에 등장한 문제점을 수정, 보완하기 위해 실시한다.

복습 2

기출확인

대표기출 확인하기

09-05-15 난이도 ★☆☆

지역사회복지실천 과정 중 평가에 관한 설명으로 옳지 않은 것은?

① 평가는 변화의 장점이나 가치에 대해 판단을 내리는 사회적 과정이다.
② 형성평가는 프로그램 초기에 등장한 문제점을 수정, 보완하기 위해 실시한다.
③ 효율성평가는 투입비용과 서비스 산출단위의 비교량으로 평가한다.
④ 과정목표의 성취여부는 주로 양적인 기준에 의해 판단한다.
⑤ 성과평가는 일반적으로 효과성평가의 속성을 갖는다.

알짜확인

• 평가 유형, 평가 요소(논리모델) 등을 토대로 평가의 대상 및 초점 등에 대해 살펴보자.

답 ④

응시생들의 선택

① 1%	② 0%	③ 2%	④ 71%	⑤ 27%

④ 질적 기준 혹은 주관적 판단에 초점을 둘 수도 있다.

관련기출 더 보기

12-05-03 난이도 ★☆☆

지역아동센터 사업에 대한 평가를 한다고 할 때 속성이 다른 하나는?

① 투입 예산
② 자원봉사자 수
③ 센터 종사자 수
④ 아동의 학교 출석률
⑤ 센터 규모

답 ④

응시생들의 선택

① 8%	② 5%	③ 1%	④ 74%	⑤ 12%

④ 투입한 예산, 자원봉사자의 수, 센터 종사자의 수, 센터 규모와 같은 인적 · 물적 자원은 '투입'에 해당한다.

정답훈련

다음 내용이 옳은지 그른지 판단해보자

01 평가에 대한 계획은 모든 개입이 종료된 후 수립한다. ⓞ ⓧ

02 논리모델의 구성: 투입 → 산출 → 전환 → 성과 ⓞ ⓧ

03 수량화된 자료를 바탕으로 한 양적 평가는 프로그램의 성과 정도를 파악할 때 유용하다. ⓞ ⓧ

04 형성평가는 개입이 종료된 후 결과보다는 과정에 초점을 두고 진행된다. ⓞ ⓧ

05 총괄평가는 달성하고자 했던 목표의 달성 여부에 관심을 둔다. ⓞ ⓧ

답 **01**× **02**× **03**○ **04**× **05**○

해설 **01** 평가에 대한 계획 역시 계획 단계에서 수립한다.
02 논리모델의 구성: 투입 → 전환(활동) → 산출 → 성과
04 형성평가는 개입이 진행되는 과정에서 실시된다.

지역사회복지실천에서의 사회복지사의 역할

이 장에서는

지역사회복지실천에서 수행하게 되는 사회복지사의 역할에 대해 학습한다. 안내자, 행정가, 조직가, 조력가, 사회치료자, 계획가, 행동가 등 다양한 역할을 수행하게 됨을 이해하는 장이다.

10년간 출제분포도

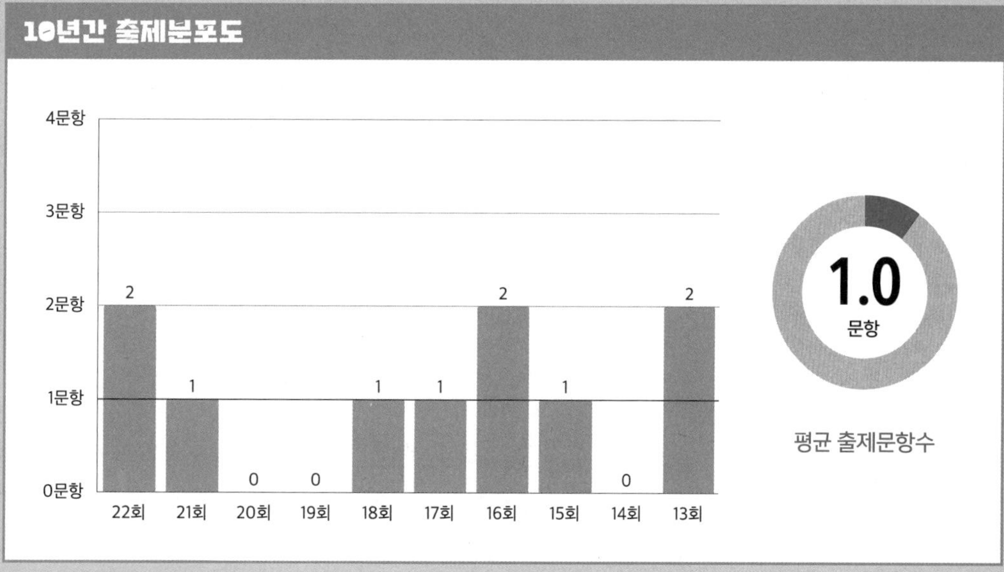

146 사회복지사의 역할

강의 QR코드

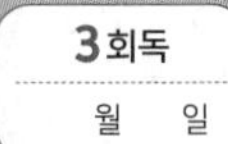

1회독 월 일 | 2회독 월 일 | 3회독 월 일

최근 10년간 10문항 출제

복습 1 이론요약

사회복지사는 다음에 제시된 다양한 역할을 동시에 수행해야 할 때가 많은데, 이로 인해 어떤 역할을 더 우선시해야 하는가와 관련해 역할갈등을 느낄 수 있다.

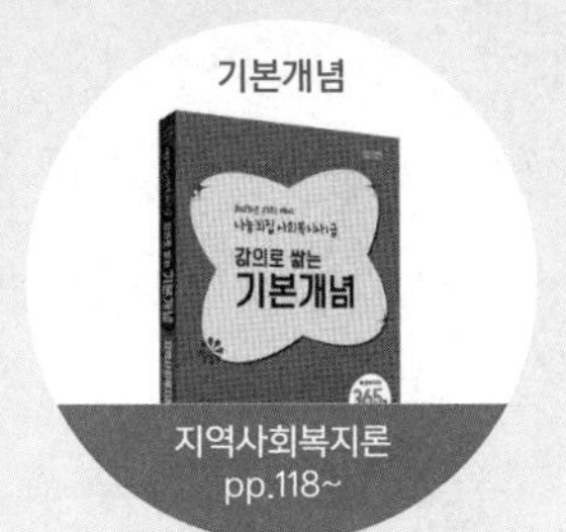

기본개념 지역사회복지론 pp.118~

지역사회개발모델에서 사회복지사의 역할

▶ 안내자
- 가장 1차적인 역할
- 지역의 사회 · 문화에 대한 충분한 지식을 가져야 함
- 지역사회의 잠재능력을 파악해야 함
- 지역사회에 대하여 객관적인 입장을 취하고 있는 그대로 수용해야 함
- 특정 집단을 옹호하거나 반대로 특정 집단에 대해 배타적인 태도를 취해서는 안 됨
- 사회복지사가 직접 판단을 내리는 것이 아닌 주민들이 판단을 내릴 수 있도록 지원

▶ 조력가
- 지역주민들의 표출된 불만을 집약
- 조직화 격려
- 좋은 인간관계의 조성
- 공동목표 강조

▶ 전문가
- 지역사회 진단, 조사
- 타 지역사회에 대한 정보 및 방법에 관한 조언
- 자료 제공 및 직접적 충고, 기술상의 정보 제공
- 사업 과정에 대한 설명 및 평가

▶ 사회치료자
- 지역사회에 대해 적절히 진단하여 주민들의 이해를 도움
- 금기적 사고나 전통적 태도가 지역사회에 긴장을 일으키거나 지역사회의 발전을 방해할 때에 이를 변화시키기 위한 활동을 전개

- 지역사회가 발전해온 역사, 지역사회의 권력구조 등에 대해 파악해야 함

사회계획모델에서 사회복지사의 역할

▶ 계획가

- 목표 설정
- 목표달성을 위한 수단 검토
- 문제해결을 위한 계획

▶ 분석가

- 사회문제와 문제에 영향을 미치는 요인들을 조사
- 프로그램 과정 분석
- 계획 수립의 과정 분석
- 변화에 대한 평가

▶ 조직가

- 주민들의 참여의식 고취
- 주민들의 사기진작 및 능력 격려

▶ 행정가

- 계획 수립 및 프로그램 운영
- 인적 · 물적 자원 관리

사회행동모델에서 사회복지사의 역할

조력가 < 중개자 < 옹호자 < 행동가로 갈수록 사회복지사의 적극성이 강하게 나타남

▶ 조력가

- 취약계층의 복지 증진을 위해 그들 편에 서서 활동 전개
- 간접적 개입으로 중립적 입장을 취함

▶ 중개자(자원연결자)

- 사회복지사는 클라이언트와 지역사회의 자원을 연결하는 역할을 수행
- 지역주민이 필요로 하는 자원이 어디 있는지 가르쳐줌으로써 이에 접근할 수 있게 해줌

▶ 옹호자(대변자)

- 주민 입장의 정당성을 주장하여 문제가 해결될 수 있도록 함
- 클라이언트 편에서 클라이언트의 역할을 대신함

▶ 행동가

- 수동적이거나 중립적 자세를 취하지 않고 클라이언트와 함께 행동

▶ 조직가(그로스만, Grossman)

- 기술적 과업: 문제에 대한 토의, 집단행동 조직, 목적 성취(행동의 성공/승리)에 초점
- 이데올로기적 과업: 기존의 권력구조에 대항, 주민들의 정치의식 증대를 꾀함, 주민들의 통제능력 향상을 추구 등

기출문장 CHECK

01 (22-05-14) 사회복지사는 조력자로서 좋은 대인관계를 조성하는 일, 불만을 집약하는 일, 공동의 목표를 강조하는 일, 조직화를 격려하는 일 등을 수행한다.

02 (22-05-15) 샌더스는 사회계획모델에서의 사회복지사의 역할로 분석가, 조직가, 계획가, 행정가 등을 제시하였다.

03 (21-05-14) 사회복지사의 옹호자의 역할은 지역주민 입장의 정당성을 주장하고, 지도력과 자원을 제공한다.

04 (17-05-15) 조력자의 역할: 지역사회 내 다양한 집단들에 의해 표출된 불만을 집약, 지역사회조직 과정에서 지역주민들에게 공동의 목표 강조

05 (16-05-14) 사회복지사는 중개자로서 클라이언트가 필요로 하는 자원을 연결해주는 역할을 한다.

06 (15-05-13) 사회복지사는 자원연결자(중개자)로서 서비스 및 시설입소 의뢰, 취업정보 제공 및 알선 등을 제공한다.

07 (13-05-10) 사회치료자 역할의 예: 사회복지사는 지역사회개발모델에 근거하여 낙후된 도시지역을 대상으로 지역 진단을 실시하고, 해당 지역에 대한 주민들의 이해를 높였다. 그리고 주민간의 협력을 방해하는 요인을 제거하도록 도왔다.

08 (13-05-24) 저소득층 독거노인을 위한 의료 네트워크 형성 사업을 하려고 하는 사회복지사는 옹호자, 촉매자, 협상가, 조정가 등 다양한 역할을 동시에 수행할 수 있다.

09 (12-05-09) 행정가 역할의 예: P 사회복지사는 사회복지관 평가에 대비하여 업무를 조정하고 준비를 위한 계획표를 작성하였다. 그리고 해당 기간 동안의 문서를 정리하고 직원들이 각 분야별로 역할을 분담하도록 하였다. 이는 사회복지관이 우수하게 평가받을 수 있도록 하기 위한 노력이다.

10 (11-05-13) 조력자 역할의 예: 저소득층 밀집지역에서 활동하는 사회복지사는 지역주민의 조직화를 통해 지역사회의 생활환경 개선을 위한 사업을 추진하였다.

11 (11-05-17) 문제해결을 위한 합리적 계획수립과 통제된 변화를 강조하는 사회계획모델에서는 계획가로서의 역할이 강조된다.

12 (11-05-28) 조력자로서의 역할은 조직화를 격려한다.

13 (10-05-15) 중개자 역할의 예: 사회복지사는 중증장애아동을 양육하고 있는 부모의 양육스트레스를 경감시키고자 장애인 주간보호서비스에 대한 정보를 제공하였다. 장애인의 부모는 사회복지사의 정보를 활용하여 장애인 주간보호서비스를 이용하게 되었다.

14 (09-05-16) 지역주민들이 스스로 조직화하여 문제를 해결해나갈 수 있도록 원조하였다면 이는 조직가로서의 역할로 볼 수 있다.

15 (09-05-17) 사회복지사는 안내자로서 자신의 역할에 대해 설명하고, 객관적인 입장을 견지해야 한다.

16 (08-05-12) 조력가로서의 사회복지사는 주민들의 불만을 집약하고, 조직화를 격려하고, 조직 내 인간관계에 관심을 두며, 공동의 목표를 강조한다.

17 (06-05-02) 옹호자 역할의 예: 성폭력 피해여성들의 권익을 위해 전국적인 서명운동을 진행했다.

18 (05-05-11) 중개자의 역할은 클라이언트가 필요로 하는 자원에 대한 소재를 밝혀주는 것이다.

19 (05-05-23) 사회복지사는 조력가로서 주민들이 불만을 표출할 수 있도록 돕는다.

20 (04-05-12) 사회복지사는 중개자로서 클라이언트가 필요로 하는 자원을 소개해준다.

21 (03-05-12) 사회복지사는 안내자로서 지역주민들이 문제해결을 위한 목표를 설정하도록 돕는다.

22 (03-05-13) 사회복지사는 전문가로서 문제와 관련하여 수집된 자료를 제공하고 직접적인 충고를 하기도 한다.

23 (02-05-13) 그로서(Grosser)는 사회복지사의 역할을 조력가, 중개자, 옹호자, 행동가 등으로 구분하였다.

24 (02-05-13) 로스(Ross)는 사회복지사의 역할을 안내자, 조력가, 전문가, 사회치료자 등으로 구분하였다.

복습

2 기출확인

대표기출 확인하기

21-05-14 난이도 ★☆☆

다음에서 제시된 사회복지사의 핵심 역할은?

> A지역은 저소득가구 밀집지역으로 방임, 결식 등 취약계층 아동 비율이 높은 곳이다. 사회복지사는 지역사회 아동의 안전한 보호와 부모의 양육부담 완화를 위해 아동돌봄시설 확충을 위한 서명운동 및 조례제정 입법 활동을 하였다.

① 옹호자
② 교육자
③ 중재자
④ 자원연결자
⑤ 조정자

알짜확인

- 사회복지사의 역할에 관한 문제는 주로 사례제시형으로 출제되고 있다. 각 역할은 서로 겹치는 점도 있기 때문에 뚜렷하게 구분하기에 헷갈리는 부분들도 있지만 각 역할의 주된 초점을 중심으로 구분해두어야 사례제시형 문제의 답을 찾기가 수월하다.
- 사회복지사는 여러 역할을 동시에 수행하게 된다는 점도 함께 기억해두자.

답 ①

응시생들의 선택

① 89%	② 2%	③ 1%	④ 3%	⑤ 5%

① 사회복지사가 A지역 저소득가구 아동의 안전한 보호와 부모의 양육부담 완화를 위해 아동돌봄시설 확충을 위한 서명운동 및 조례제정 입법 활동을 하는 것은 옹호자(대변자)의 역할에 해당한다. 옹호자의 역할은 자원의 소재를 알려주는 중개자의 역할에서 더 나아가 클라이언트나 지역사회에 필요한 정보를 직접 수집한다. 지역주민 입장의 정당성을 주장하고, 지도력과 자원을 제공하며, 사회복지사는 전문적 역량을 오로지 클라이언트의 이익을 위해서 사용한다.

관련기출 더 보기

22-05-14 난이도 ★★☆

지역사회개발 모델 중 조력자로서의 사회복지사 역할이 아닌 것은?

① 좋은 대인관계를 조성하는 일
② 지역사회를 진단하는 일
③ 불만을 집약하는 일
④ 공동의 목표를 강조하는 일
⑤ 조직화를 격려하는 일

답 ②

응시생들의 선택

① 3%	② 71%	③ 21%	④ 3%	⑤ 2%

② 지역사회개발 모델에서 강조되는 역할은 안내자, 조력자, 전문가, 사회치료자 등이다. 그 중 지역사회 진단이 중요한 역할은 전문가로서의 역할과 사회치료자로서의 역할이다. 사회복지사는 전문가로서 지역사회를 현 상황을 진단하여 도움이 될 자료를 만들고 정보를 제공할 수 있어야 한다. 한편, 사회치료자로서 지역사회에 존재하는 불화나 긴장상태에 대해 적절히 진단하고 주민들에게 문제의 원인, 성격 등을 이해시킬 수 있어야 한다.

22-05-15 난이도 ★★☆

사회계획 모델에서 샌더스(I. T. Sanders)가 주장한 사회복지사의 역할이 아닌 것은?

① 분석가
② 조직가
③ 계획가
④ 옹호자
⑤ 행정가

답 ④

응시생들의 선택

① 10%	② 6%	③ 2%	④ 67%	⑤ 15%

④ 옹호자는 사회행동모델에서의 주요 역할이다.

16-05-12 난이도 ★☆☆

밑줄 친 사회복지사의 핵심 역할로 옳은 것은?

> A지역은 공장지대에 위치해 있어 학교의 대기오염도가 매우 높게 나타났다. 그래서 사회복지사는 학생들의 건강권 확보를 위한 조례 제정 입법활동을 하였다.

① 계획가
② 옹호자
③ 치료자
④ 교육자
⑤ 행정가

답 ②

응시생들의 선택

① 4%	② 76%	③ 1%	④ 1%	⑤ 18%

사례에서 사회복지사는 학생들의 건강권 확보를 위한 옹호 활동을 진행하였다.

13-05-10 난이도 ★★★

사회복지사가 지역사회개발모델에 근거하여 아래와 같은 실천을 하였다. 이를 모두 충족하는 사회복지사의 역할은?

> 사회복지사는 낙후된 도시지역을 대상으로 지역진단을 실시하고, 해당 지역에 대한 주민들의 이해를 높였다. 그리고 주민간의 협력을 방해하는 요인을 제거하도록 도왔다.

① 안내자
② 조정자
③ 사회치료자
④ 촉매자
⑤ 조사자

답 ③

응시생들의 선택

① 7%	② 60%	③ 23%	④ 8%	⑤ 2%

사례와 같이 문제에 대한 주민들의 이해를 돕고 갈등이나 불화를 일으키는 요인을 제거하고 긴장을 해소하는 데에 초점을 두는 역할은 사회치료자로서의 역할이다.

덧붙임

많은 응시생들이 선택한 조정자로서의 역할은 지역 내 흩어져 있는 서비스가 중복되거나 누락되지 않도록 하는 데에 초점을 둔다.

12-05-09 난이도 ★★☆

다음에서 설명하는 사회복지사의 역할은?

> P 사회복지사는 사회복지관 평가에 대비하여 업무를 조정하고 준비를 위한 계획표를 작성하였다. 그리고 해당 기간 동안의 문서를 정리하고 직원들이 각 분야별로 역할을 분담하도록 하였다. 이는 사회복지관이 우수하게 평가받을 수 있도록 하기 위한 노력이다.

① 행정가
② 조직가
③ 계획가
④ 분석가
⑤ 치료자

답 ①

응시생들의 선택

① 56%	② 17%	③ 26%	④ 1%	⑤ 0%

② 조직가: 지역주민이나 단체를 지역사회행동체계에 참여시킨다.
③ 계획가: 사회문제 해결을 위해 계획을 수립하고, 목표를 설정한다.
④ 분석가: 사회문제를 분석하고, 그러한 사회문제에 영향을 미치는 요인들을 조사한다.
⑤ 치료자: 적절한 진단을 통해 규명된 성격과 특성을 주민들에게 제시하여 그들의 이해를 돕는다.

11-05-28 난이도 ★★☆

사회복지사의 역할에 관한 설명이 바르게 연결된 것은?

① 조력자 – 조직화를 격려
② 안내자 – 공동목표의 강조
③ 전문가 – 불만의 집약
④ 계획가 – 자기 역할의 수용
⑤ 행동가 – 프로그램 운영 규칙 적용

답 ①

응시생들의 선택

① 68%	② 19%	③ 3%	④ 1%	⑤ 9%

②③ 사회복지사는 조력가로서 불만을 집약하고, 조직화를 격려하며, 좋은 인간관계를 조성하고, 공동목표를 강조하는 일을 하게 된다.
④ 자기 역할을 수용하고, 자신과 지역사회를 동일시하며, 지역사회의 조건에 대해 객관적 입장을 취하는 역할을 하는 것은 안내자로서의 역할이다.
⑤ 프로그램 운영 규칙 적용과 관련한 것은 행정가로서의 역할에 해당한다.

복습 3 정답훈련

다음 내용이 왜 틀렸는지를 확인해보자

01 조직가로서의 역할은 클라이언트 집단을 조직화하여 집단행동을 끌어내는 데에 초점을 둘 뿐 **그 조직의 실제적인 활동에 대해 원조하는 것은 아니다.**

> 조직가의 역할에는 집단행동을 조직화하는 것 외에 조직의 유지 및 활동 원조 등이 모두 포함된다.

05-05-23

02 **조력가로서의 역할**은 지역사회에 있는 문제를 파악하고 분석하여 문제해결을 위한 계획을 수립하는 것이다.

> 분석가 및 계획가로서의 역할에 해당한다.

03-05-13

03 사회복지사는 전문가로서 **지역주민들의 불만을 집약**하고 문제와 관련된 자료를 수집하여 제공할 수 있어야 한다.

> 지역주민들의 불만을 집약하는 역할은 주로 조력가로서의 역할이다.

04 사회계획모델에서는 **안내자, 사회치료자,** 계획가, 조직가, 행정가로서의 역할이 강조된다.

> 안내자, 사회치료자로서의 역할은 지역사회개발모델에서 더 강조된다.

05-05-10

05 임대주택단지 내 사회복지관에서 근무하는 K사회복지사는 그 지역의 전기 임대료 지원을 요구하는 조례제정을 주제로 청원을 제출했다. → **행정가로서의 역할**에 해당한다.

> 대변가로서의 역할에 해당한다.

07-05-08

06 A지역에서 일하는 사회복지사 B는 공부방을 세우려고, 시청에서 근무하는 분들을 만나 예산을 확보하기 위해 노력하고 있다. → **행동가로서의 역할**에 해당한다.

> 해결책 및 목표를 수립하고 목표를 달성하기 위한 수단들을 파악하는 것은 계획가로서의 역할에 해당한다.
> 행동가로서의 역할은 갈등적인 상황에서 주민들의 행동을 조직화하고 적극적으로 함께 행동하는 것이다.

빈칸에 들어갈 알맞은 말을 채워보자

11-05-15

01 사회복지사는 중증장애아동을 양육하고 있는 부모의 양육스트레스를 경감시키고자 장애인 주간보호서비스에 대한 정보를 제공하였다. 장애인의 부모는 사회복지사의 정보를 활용하여 장애인 주간보호서비스를 이용하게 되었다. → (   )로서의 역할

09-05-16

02 지역 내 환경문제를 해결하기 위해 주부들을 모집하여 환경봉사단을 결성하고 교육 훈련 프로그램에 참여하도록 하여 지역사회의 환경문제를 스스로 해결해 나갈 수 있도록 원조하였다. → (   )로서의 역할

17-05-15

03 지역사회 내 다양한 집단들에 의해 표출된 불만을 집약하고, 지역사회조직 과정에서 주민들에게 공동의 목표를 강조한다. → (   )로서의 역할

 **01** 중개자 **02** 조직가 **03** 조력자

다음 내용이 옳은지 그른지 판단해보자

01 사회행동모델에 따라 지역복지를 실천하는 사회복지사는 조력가, 중개자, 옹호자, 행동가로서의 역할을 수행한다. 

02 안내자로서의 역할은 가장 1차적인 역할로 사회복지사가 주민들을 대신하여 전문적인 판단을 내리고 문제해결방안을 지시한다. 

03 사회복지사는 문제해결을 방해하는 지역사회 내의 금기적 사고나 전통적 태도를 변화시키기 위한 활동을 전개하는 사회치료자로서의 역할을 한다. 

04 그로서(Grosser)가 제시한 사회복지사의 역할은 중개자 < 조력가 < 행동가 < 옹호자의 순서로 사회복지사의 적극성이 더 강해진다. 

답 **01** ○ **02** × **03** ○ **04** ×

해설 **02** 안내자로서의 역할은 사회복지사가 직접 판단하거나 지시하지 않으며 주민들이 판단을 내릴 수 있도록 다양한 자료를 제시해주는 데에 초점을 둔다.

04 조력가 < 중개자 < 옹호자 < 행동가의 순서대로 사회복지사의 적극성이 더 강하게 나타난다.

지역사회복지 실천기술 Ⅰ

이 장에서는

지역사회복지실천에서 활용되는 기술 중 조직화, 네트워크, 자원동원 등을 살펴본다. 각각의 주요 특징을 정리해두되, 주민조직과 네트워크를 통해 자원동원이 이루어질 수 있기 때문에 서로 연결성을 갖는다는 점도 기억해두어야 한다.

10년간 출제분포도

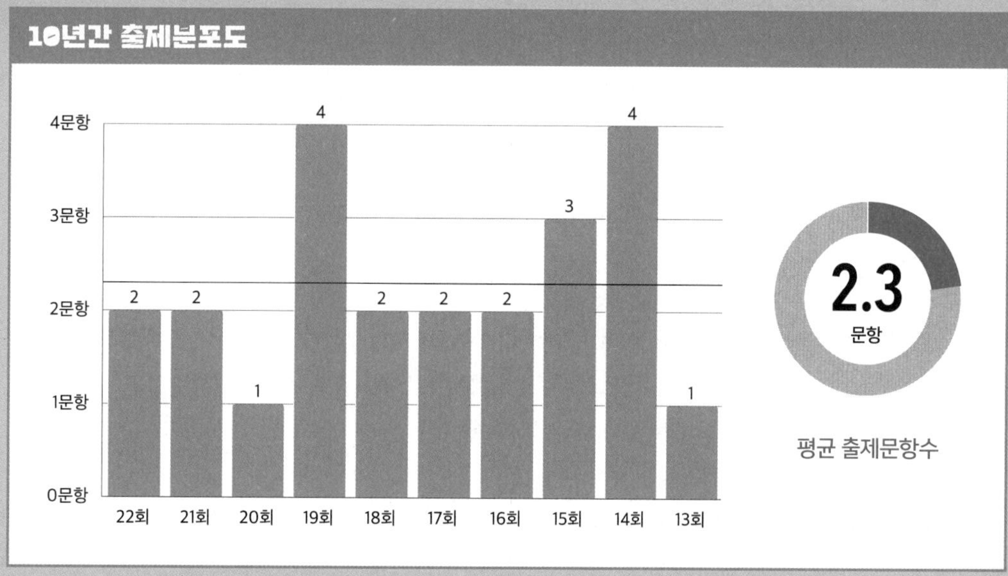

강의 QR코드

147 조직화 기술

1회독 월 일 | 2회독 월 일 | 3회독 월 일

최근 10년간 7문항 출제

1 이론요약

조직화 기술의 주요 특징

- 지역사회의 문제해결을 위해 시급한 쟁점을 중심으로 주민조직 형성
- 지역사회의 불만을 공통된 불만으로 집약
- 주체는 사회복지사가 아닌 주민이며, 사회복지사는 주민들의 참여를 이끌어야 함
- 사회복지사는 주민들 사이의 다양한 의견과 갈등을 인식해야 함
- 주민들이 주체적으로 문제를 해결해나갈 수 있도록 주민 리더의 성장을 도움
- 정서적 활동을 통해 유대감을 형성
- 주민조직은 해산을 전제로 하지 않음. 지속적인 유지를 통해 지역문제를 예방하거나 빠르게 대응할 수 있도록 함
- 사회복지사는 조직가로서 촉매자, 연계자, 교사, 촉진자 등의 역할을 수행

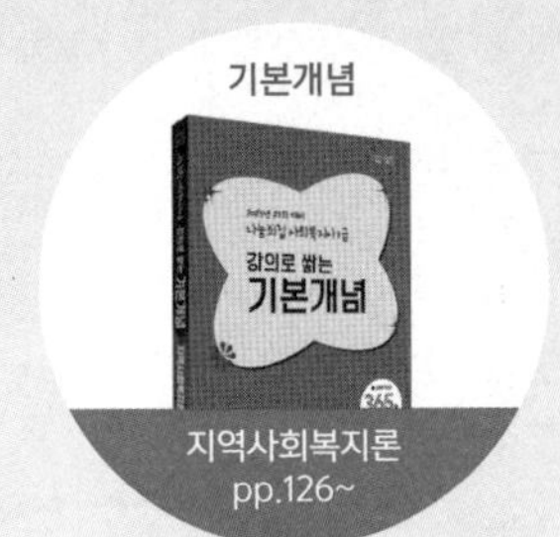

기본개념 지역사회복지론 pp.126~

기출문장 CHECK

01 (20-05-14) 조직화 기술: 지역주민이 주체가 되어 사회복지조직의 목표를 성취하도록 운영한다. 지역주민이 자신들의 문제를 함께 풀어나가는 과정을 포함한다.

02 (19-05-08) 주민조직은 지역사회의 문제해결을 위해 조직된다.

03 (18-05-14) 조직화 과정에서 사회복지사는 주민들의 능력개발을 위한 교사로서의 역할을 수행한다.

04 (16-05-11) 조직화에서 사회복지사는 주민조직이 원활하게 활동할 수 있도록 지역사회의 특성을 파악해야 하며, 주민들의 참여유도, 역량강화, 갈등관리 등의 역할을 수행하게 된다.

05 (15-05-17) 조직화에 있어 회의 기술, 협상 기술, 지역문제 이슈설정 기술, 지역사회 지도자 발굴 기술 등이 요구된다.

06 (14-05-14) 사회복지사는 조직화 과정에서 지역사회가 여러 갈등을 갖고 있음을 알아야 한다.

07 (14-05-14) 조직화에 있어 사회복지사는 해당 조직의 행사에 참여하여 운영과정을 이해해야 한다.

08 (09-05-18) 조직화 기술은 클라이언트의 문제를 해결하기 위해 필요한 인력이나 서비스를 규합한다.

09 (09-05-18) 지역사회 문제를 해결하기 위해 전체 주민을 대표하는 주민들을 선정하여 조직화한다.

복습 2

기출확인

대표기출 확인하기

20-05-14 난이도 ★☆☆

조직화 기술에 관한 설명으로 옳은 것을 모두 고른 것은?

ㄱ. 지역주민이 주체가 되어 사회복지조직의 목표를 성취하도록 운영한다.
ㄴ. 지역주민이 자신들의 문제를 함께 풀어나가는 과정을 포함한다.
ㄷ. 지역사회 역량강화를 위해 지역사회복지 거버넌스 구조와 기능을 축소시킨다.

① ㄴ
② ㄱ, ㄴ
③ ㄱ, ㄷ
④ ㄴ, ㄷ
⑤ ㄱ, ㄴ, ㄷ

알짜확인

• 조직화 기술에서 가장 유의해야 할 점은 사회복지사는 주민조직을 만들고 조직의 활동이 적절히 이루어질 수 있도록 지원하는 것이 주요 역할이며, 문제해결의 주체는 주민이라는 점이다.

답 ②

응시생들의 선택

① 7%	② 81%	③ 2%	④ 2%	⑤ 8%

ㄷ. 지역사회 역량강화를 위해 지역사회복지 거버넌스 구조와 기능을 확대시킬 필요가 있다.

관련기출 더 보기

19-05-08 난이도 ★★☆

공식 사회복지조직과 주민조직을 네 가지 차원에서 비교·제시하였다. 다음에서 옳은 것을 모두 고른 것은?

	차원	공식 사회복지조직	주민조직
ㄱ	목표	조직의 미션달성	지역사회 문제해결
ㄴ	지역사회개입모델	사회행동모델이 주로 쓰임	사회계획모델이 주로 쓰임
ㄷ	정부통제로부터의 자율성	상대적으로 높음	상대적으로 낮음
ㄹ	주요 참여자	사회복지사 등의 전문직	일반주민

① ㄱ, ㄴ
② ㄱ, ㄷ
③ ㄱ, ㄹ
④ ㄴ, ㄹ
⑤ ㄴ, ㄷ, ㄹ

답 ③

응시생들의 선택

① 2%	② 5%	③ 76%	④ 9%	⑤ 8%

ㄴ. 공식 사회복지조직은 주로 사회계획모델이 쓰이고, 주민조직은 지역사회개발모델과 관련이 깊으며 사회행동을 진행하기도 한다.
ㄷ. 공식 사회복지조직은 공공과 민간을 모두 포함하는데, 공공기관뿐만 아니라 민간기관도 기본적으로 법률 및 정책의 범위 내에서 활동하며 국가나 지방자치단체의 위탁을 받거나 예산지원을 받기 때문에 정부통제로부터의 자율성은 상대적으로 낮을 수밖에 없다.

17-05-10 난이도 ★★☆

다음 설명에 해당하는 지역사회복지 실천기술은?

> A사회복지사는 지역사회 내 저소득 장애인의 취업문제를 해결하는 과정에서 당사자들이 문제의식을 갖게 하고, 그들 스스로 문제해결능력을 향상시키기 위해 노력하였다.

① 중개 ② 연계
③ 옹호 ④ 조직화
⑤ 자원개발

답 ④

응시생들의 선택

① 4%	② 2%	③ 32%	④ 47%	⑤ 15%

④ 주민들이 스스로 문제해결능력을 향상시킬 수 있도록 하는 것은 조직화 기술에 해당한다.

15-05-17 난이도 ★★★

사회복지사가 활용하는 조직화 기술에 해당하지 않는 것은?

① 회의 기술
② 협상 기술
③ 지역문제 이슈설정 기술
④ 지역사회 지도자 발굴 기술
⑤ 주민통제 기술

답 ⑤

응시생들의 선택

① 10%	② 14%	③ 8%	④ 43%	⑤ 25%

⑤ 조직화 기술은 주민을 통제하는 것이 아니라 지역주민의 참여를 유도하고 독려함으로써 지역사회의 문제를 해결해나가고자 하는 기술이다.

덧붙임

조직화 초기 과정에서는 사회복지사가 문제를 쟁점화하여 주민들을 규합하며 주도적인 역할을 하게 되지만, 시간이 지날수록 점차 주민들이 주도적인 역할을 할 수 있도록 해야 한다. 따라서 주민조직을 잘 이끌어 나갈 수 있는 지도자를 발굴해내는 것도 조직화 과정에서 사회복지사가 수행해야 할 역할이다.

14-05-14 난이도 ★☆☆

지역사회 조직화 과정에서 사회복지사가 지켜야 할 중요한 원칙으로 옳지 않은 것은?

① 지역사회는 여러 갈등을 갖고 있음을 알아야 한다.
② 지역사회의 외적 능력에 우선 중점을 두어야 한다.
③ 모든 일에 솔직하고 근면하여야 한다.
④ 행사에 참여하여 운영과정을 이해해야 한다.
⑤ 지역사회 관련법, 제도, 규칙 등을 알아야 한다.

답 ②

응시생들의 선택

① 0%	② 96%	③ 2%	④ 1%	⑤ 1%

② 조직화 기술은 지역사회가 스스로 상황을 인식하고 목표를 세우고 문제를 해결해나갈 수 있도록 돕는 기술이다. 사회복지사는 지역사회가 스스로 문제를 해결해나갈 수 있도록 지역사회의 인적, 물적 자원을 활용하고 개발하도록 해야 한다.

09-05-18 난이도 ★★☆

지역사회복지 실천 중 조직화 기술에 관한 설명으로 옳지 않은 것은?

① 지역복지운동은 조직화 기술을 활용한다.
② 클라이언트의 문제를 해결하기 위해 필요한 인력이나 서비스를 규합한다.
③ 지역사회 문제를 해결하기 위해 전체 주민을 대표하는 주민들을 선정하여 모임을 구성한다.
④ 효과적인 조직화를 위해서는 갈등과 대립을 의도적으로 피해야 한다.
⑤ 사회복지관을 비롯한 다양한 지역사회기관에서 활용한다.

답 ④

응시생들의 선택

① 7%	② 3%	③ 36%	④ 52%	⑤ 2%

④ 조직화는 문제에 공감하는 주민들을 규합하는 것이기 때문에 적대집단에 대한 갈등과 대립을 활용함으로써 더 많은 주민들의 적극적인 참여를 유도할 수 있다.

복습 3 정답훈련

다음 내용이 왜 틀렸는지를 확인해보자

15-05-17

01 사회복지사는 효과적인 조직화를 위해 주민통제 기술을 활용한다.

조직화 기술은 주민을 통제하는 것이 아니라 지역주민의 참여를 유도하고 독려함으로써 지역사회의 문제를 해결해나가고자 하는 기술이다.

04-05-17

02 조직화에 있어 쟁점은 시급한 문제로 표현되어서는 안 된다.

쟁점을 시급한 문제로 표현하는 것이 결집에 유리하다.

04-05-17

03 효과적인 조직화를 위해 갈등과 대립을 의도적으로 만들어서는 안 된다.

효과적인 조직화를 위해서 갈등과 대립을 의도적으로 활용하기도 한다.

04 조직화는 주요 쟁점이 해결된 이후에 해산을 전제로 한다.

조직화는 쟁점을 중심으로 구성되긴 하지만 해산을 전제로 하지는 않는다. 문제해결 이후에도 주민조직이 유지되게 함으로써 또 다른 쟁점에 대한 활동이 이어질 수 있다.

14-05-14

05 사회복지사는 지역사회 조직화 과정에서 지역사회의 외적 능력에 우선 중점을 두어야 한다.

조직화 기술은 지역사회가 스스로 상황을 인식하고 목표를 세우고 문제를 해결해나갈 수 있도록 돕는 기술이다. 따라서 지역사회의 외적 능력에만 중점을 두는 것이 아니라 지역사회가 가지고 있는 능력을 활용할 수 있도록 해야 한다.

06 사회복지사는 주민조직의 결성 및 유지를 위해 주민들에게 다양한 정보와 필요한 기술을 가르치는 옹호자로서의 역할을 수행한다.

다양한 정보를 제공하고 필요한 기술을 가르치는 역할은 보통 교사로서의 역할에 해당한다.

다음 내용이 옳은지 그른지 판단해보자

20-05-14

01 조직화는 지역주민이 자신들의 문제를 함께 풀어나가는 과정을 포함한다. 

15-05-17

02 조직화 기술에서는 지역사회 지도자 발굴을 강조한다. 

14-05-14

03 조직화 과정에서 사회복지사는 지역사회에 여러 갈등이 있음을 알아야 한다. 

04 사회복지사가 주민 조직화를 추진하는 궁극적인 목적은 취약계층의 권리를 대변하기 위함이다. 

10-05-19

05 주민조직의 형성 초기에는 지역주민들이 주도적인 역할을 수행하게 되지만 점차 사회복지사가 주도적인 역할을 수행하는 것이 좋다. 

06 조직화에서는 주민 간 유대관계가 중요하기 때문에 정서적인 내용이 담긴 활동을 포함하는 것도 필요하다. 

답 **01** ○ **02** ○ **03** ○ **04** × **05** × **06** ○

해설 **04** 주민 조직화는 지역주민들이 모임을 통해 지역의 문제와 욕구를 스스로 해결해나갈 수 있도록 하기 위한 것이다. 취약계층의 권리 대변은 옹호 기술의 목적이다.

05 주민조직의 형성 초기에는 주민들의 참여를 이끌어내기 위해 사회복지사의 역할이 크게 나타나지만 점차 지역 주민들이 주도적인 역할을 수행할 수 있도록 해야 한다.

148 네트워크 기술

강의 QR코드

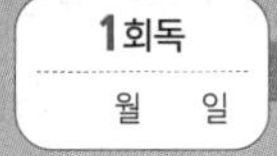
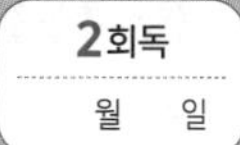
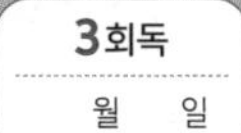

최근 10년간 11문항 출제

이론요약

주요 특징

- 지역사회 또는 지역주민에게 필요한 자원이나 서비스를 연결하는 것을 돕는 기술
- 지역사회의 유용한 자원에 대한 정보나 그것을 이용할 지역주민의 능력이 부족할 경우 적절
- 지역사회 내 서비스의 중복 제공이나 누락 문제를 해결하기 위한 전략
- 다양한 집단이 독립성을 유지하면서 상호신뢰를 바탕으로 공동의 목적을 달성하기 위해 네트워크를 구축, 지속하는 과정에 활용
- 상호 신뢰와 호혜성에 기반을 두며, 긴밀한 상호의존 관계를 가지면서도 수평적인 관계 강조

기본개념

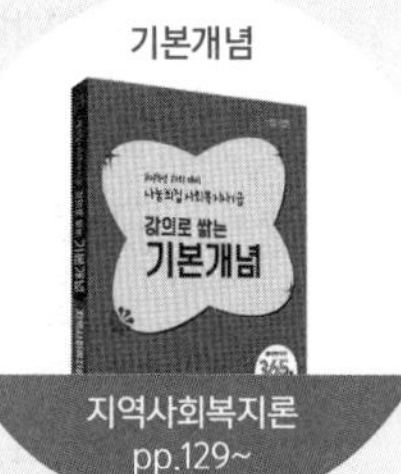

지역사회복지론
pp.129~

네트워크 구성의 원칙

- 자발성
- 분권성
- 평등성
- 유연성

사회자본

- 사회공동체 구성원 사이의 협조, 협동을 가능하게 해주는 네트워크, 규범, 신뢰를 통해 구성
- 네트워크의 형성을 통해 사회자본이 확보될 수 있다는 점에서 네트워크는 사회자본을 위한 필요조건이 됨
- 사회자본의 주요 특징
  - 사회자본은 양적, 질적으로 모두 충족되어야 사회자본의 총량이 증가하게 됨
  - 사회자본의 이익은 그 공동체에 공유됨
  - 사회자본은 그 유지를 위한 별도의 지속적 노력이 필요함
  - 사회자본의 교환은 동시성을 전제로 하지 않음
  - 사회자본은 사용할수록 그 총량이 증가함

기출문장 CHECK

01 (22-05-06) 사회자본의 구성요소로는 신뢰, 네트워크, 호혜성 등이 있다.

02 (22-05-17) 연계기술을 통해 클라이언트 중심의 사회적 관계망을 강화시킬 수 있다.

03 (22-05-17) 연계기술을 통해 이용자 중심의 통합적 서비스를 제공할 수 있다.

04 (22-05-17) 연계기술을 통해 새로운 인프라 구축에 필요한 시간과 비용을 줄일 수 있다.

05 (22-05-17) 연계기술을 통해 사회복지시설의 서비스 중복 · 누락을 방지할 수 있다.

06 (21-05-15) 연계 기술은 사회복지사의 자원 네트워크를 확장한다.

07 (19-05-04) 네트워크는 사회적 자본의 전제가 된다.

08 (19-05-04) 사회적 자본은 지역사회의 집합적 자산으로서 의미를 가진다.

09 (19-05-04) 사회적 자본은 한 번 형성된 후에도 소멸될 수 있다.

10 (19-05-04) 사회적 자본의 한 가지 요소인 신뢰는 공동체의 문제를 해결할 수 있는 자원이다.

11 (19-05-13) 네트워크 기술은 자원의 효율적 관리, 서비스의 중복과 누락 방지, 시민 연대의식 강화, 지역주민에게 필요한 자원이나 서비스 연결 등의 측면에서 강조된다.

12 (18-05-12) 네트워크에 참여하는 기관들은 평등한 주체로서의 관계가 보장되어야 한다.

13 (18-05-12) 구성원 사이의 신뢰와 호혜성이 형성되어야 네트워크가 지속될 수 있다.

14 (18-05-12) 사회적 교환은 네트워크 형성과 유지의 작동원리이다.

15 (17-05-12) 연계 기술의 특징: 사회복지기관의 서비스 제공과정에서 효율성 증대, 사회복지사의 연계망 강화 및 확장, 이용자 중심의 통합적 서비스 제공, 서비스 계획의 공동 수립과 서비스 제공에서 팀 접근 수행

16 (15-05-19) 연계 기술을 사용하는 사회복지사는 자원연결자, 중개자 등으로서의 역할을 한다.

17 (15-05-23) 사회자본은 호혜적 문화를 기초로 형성된다.

18 (15-05-23) 사회자본은 구성원 일부가 아닌 모두에게 공유된다.

19 (14-05-11) 지역사회복지에서 네트워크가 성공적으로 이루어지기 위해서는 자발성을 기초로 해야 하며, 협력의 목적과 비전이 공유되어야 한다.

20 (13-05-23) 네트워크 기술은 서비스 중복 및 누락 문제를 해결하기 위해 사용할 수 있다.

21 (13-05-23) 지역사회보장협의체는 네트워크 기술의 한 예로 볼 수 있다.

22 (13-05-23) 네트워크에서는 상호 신뢰 형성을 위해 수평적 관계를 유지한다.

23 (12-05-18) 사회자본의 특징: 동시에 교환되는 것을 전제로 하지 않는다. 한번 획득되더라도 언제든지 사라질 수 있다. 보상에 대한 믿음이 존재할 수 있다. 관계를 맺고 있는 지역사회주민들과 이익이 공유될 수 있다.

24 (10-05-14) 연계 기술의 특징: 상호 신뢰와 호혜성에 기반하여 유지된다. 서비스 중복을 막고 새로운 인프라 구축을 위한 시간과 비용을 절감할 수 있다.

25 (09-05-20) 효율적 자원관리를 목적으로 정기회의를 통해 공동으로 서비스 계획을 수립하고, 개별기관의 정체성은 유지하면서 팀 접근 서비스를 시도해 나가는 지역사회복지 실천기술은 네트워크 기술이다.

26 (08-05-16) 네트워크에서는 참여집단들 사이의 공동의 목표를 도출하는 것이 필요하다.

27 (08-05-16) 네트워킹은 신축적인 연결망을 구축해야 한다.

28 (08-05-16) 네트워킹에서는 관련 조직들을 매개하는 중심조직이 설정되어야 한다.

29 (08-05-16) 네트워킹에서는 참여조직들 간 원활한 의사소통이 이루어질 수 있도록 해야 한다.

복습 2 기출확인

대표기출 확인하기

22-05-17 난이도 ★★☆

연계기술에 해당하지 않는 것은?

① 클라이언트 중심의 사회적 관계망을 강화시킬 수 있다.
② 이용자 중심의 통합적 서비스를 제공할 수 있다.
③ 새로운 인프라 구축에 필요한 시간과 비용을 줄일 수 있다.
④ 사회복지시설의 서비스 중복 · 누락을 방지할 수 있다.
⑤ 지역사회 공공의제를 개발하고 주민 의식화를 강화할 수 있다.

 알짜확인

- 지역사회 차원에서 서비스의 중복과 누락을 피하고 자원을 보다 효율적으로 활용하기 위한 네트워크 기술의 개념 및 특징 등을 정리해두자.
- 네트워크를 통해 형성되는 사회자본의 특징에 대해서도 파악해 두어야 한다.

답 ⑤

응시생들의 선택

① 5%	② 5%	③ 10%	④ 9%	⑤ 71%

⑤ 지역사회 공공의제 개발 및 주민 의식화 강화는 임파워먼트 기술의 특징이다.

관련기출 더 보기

22-05-06 난이도 ★★☆

사회자본이론과 관련된 개념을 모두 고른 것은?

ㄱ. 신뢰	ㄴ. 호혜성
ㄷ. 경계	ㄹ. 네트워크

① ㄱ, ㄴ ② ㄷ, ㄹ
③ ㄱ, ㄴ, ㄷ ④ ㄱ, ㄴ, ㄹ
⑤ ㄱ, ㄴ, ㄷ, ㄹ

답 ④

응시생들의 선택

① 2%	② 6%	③ 5%	④ 62%	⑤ 25%

ㄷ. 경계는 체계이론에서의 개념이다.

21-05-15 난이도 ★★☆

지역사회복지 실천기술 중 연계에 관한 내용으로 옳지 않은 것은?

① 인적 · 물적 자원의 효율적 관리
② 사회복지사의 자원 네트워크 확장
③ 지역의 사회적 자본 확대
④ 클라이언트 중심의 통합적 서비스 제공
⑤ 지역주민 권익향상을 위한 사회행동

답 ⑤

응시생들의 선택

① 5%	② 10%	③ 10%	④ 6%	⑤ 69%

⑤ 지역주민 권익향상을 위한 사회행동은 옹호 기술에 해당한다.

덧붙임

네트워크를 통해 인적 · 물적 자원을 확보함으로써 주민들의 권익향상에 이바지할 수 있지만, 네트워크 자체가 사회행동을 목적으로 하는 것은 아니다.

15-05-19 난이도 ★★★

지역사회복지 실천에서 사회복지사의 기술과 역할 간 연결로 옳지 않은 것은?

① 네트워킹 기술 – 촉진자
② 연계 기술 – 옹호자
③ 참여 기술 – 교육가
④ 임파워먼트 기술 – 자원연결자
⑤ 자원동원 기술 – 모금가

답 ②

응시생들의 선택

① 11%	② 29%	③ 15%	④ 19%	⑤ 26%

② 연계 기술은 지역사회 또는 지역주민에게 필요한 자원이나 서비스를 연결해주는 기술로 자원연결자, 중개자 등으로서의 역할을 한다.

14-05-11 난이도 ★☆☆

지역사회복지 네트워크의 성공요인이 아닌 것은?

① 조직의 자발성이 인정되어야 한다.
② 조직의 경쟁성이 우선되어야 한다.
③ 네트워크 관리자의 역할이 중요하다.
④ 협력의 목적과 비전이 공유되어야 한다.
⑤ 자원이 풍부하여야 참여가 원활할 수 있다.

답 ②

응시생들의 선택

① 0%	② 95%	③ 1%	④ 0%	⑤ 4%

② 네트워크는 조직 간에 필요한 서비스와 자원을 연계, 협력하기 위한 것이지 경쟁을 위해 조직하는 것은 아니다.

12-05-18 난이도 ★★☆

사회자본(social capital)이 갖는 특성으로 옳지 않은 것은?

① 사용할수록 총량이 감소한다.
② 동시에 교환되는 것을 전제로 하지 않는다.
③ 한번 획득되더라도 언제든지 사라질 수 있다.
④ 보상에 대한 믿음이 존재할 수 있다.
⑤ 관계를 맺고 있는 지역사회주민들과 이익이 공유될 수 있다.

답 ①

응시생들의 선택

① 42%	② 38%	③ 6%	④ 10%	⑤ 4%

① 사회자본은 사회공동체 구성원 사이의 협조나 협동을 가능하게 해주는 사회 네트워크나 규범, 그리고 신뢰를 말한다. 사회자본은 많은 사람들이 사용을 하면 할수록 더 축적되기 때문에 사용할수록 그 총량이 감소하는 것이 아니라 증가한다.

10-05-14 난이도 ★☆☆

지역사회복지 연계 기술의 특징에 관한 설명으로 옳은 것을 모두 고른 것은?

ㄱ. 상호 신뢰와 호혜성에 기반하여 유지된다.
ㄴ. 개별조직들 간 수직적인 관계를 통해 조직의 독립성을 유지한다.
ㄷ. 서비스 중복을 막고 새로운 인프라 구축을 위한 시간과 비용을 절감할 수 있다.
ㄹ. 지역사회 연계활동은 사회적 자본을 잠식한다는 한계를 가지고 있다.

① ㄱ, ㄴ, ㄷ
② ㄱ, ㄷ
③ ㄴ, ㄹ
④ ㄹ
⑤ ㄱ, ㄴ, ㄷ, ㄹ

답 ②

응시생들의 선택

① 4%	② 93%	③ 1%	④ 1%	⑤ 1%

ㄴ. 네트워크는 수평적인 관계가 강조된다.
ㄹ. 네트워크를 통해 사회자본을 강화하고 발전시킬 수 있는 토대를 마련할 수 있다.

복습 3 **정답훈련**

다음 내용이 왜 틀렸는지를 확인해보자

01 네트워크는 참여 조직 간 상호적 관계가 관건이기 때문에 참여와 탈퇴에 제한을 두어야 한다.

네트워크는 유연하게 구성될 수 있어야 한다. 참여의 보장과 마찬가지로 탈퇴도 자유롭게 선택할 수 있어야 하며, 하나의 네트워크에 참여하는 조직이 다른 네트워크에 참여함에 있어 제약을 가해서는 안 된다.

13-05-23

02 지역사회보장협의체는 네트워킹 기술을 활용한 사례로 보기 어렵다.

지역사회보장협의체는 민·관의 연계·협력을 위한 네트워크 조직이라고 볼 수 있다.

08-05-16

03 네트워크에 참여하는 조직들은 중심 조직을 기점으로 위계적이고 집권적으로 구조화되어야 한다.

네트워크는 평등하고 민주적이며 수평적으로 구조화되어야 한다.

02-05-11

04 사회복지기관 간 연계에 따른 가장 큰 장점은 서비스 기관의 단일화이다.

연계는 서비스 기관을 단일화하는 것이 아니라 서비스가 통합적으로 이루어질 수 있도록 하는 것에 있다.

05 사회자본은 동시적 교환을 전제로 한다.

사회자본의 교환은 동시성을 전제로 하지 않는다.

15-05-23

06 사회자본의 총량은 고정적이다.

사회자본은 구성원 간 연대성이 높아지면 자본의 총량도 증가하는 특징을 갖는다. 즉, 사회자본의 총량은 고정적인 것이 아니라 유동적이다.

다음 내용이 옳은지 그른지 판단해보자

18-05-12

01 네트워크에 참여하는 기관들은 평등한 주체로서의 관계가 보장되어야 한다. ⓞ ⊗

02 원활한 네트워크를 위해서는 참여조직들을 매개하는 중심조직이 설정되어야 하고, 이 중심조직에 따라 위계적으로 구성되어야 한다. ⓞ ⊗

17-05-12

03 사회복지기관은 연계 기술을 통해 서비스 제공의 효율성을 증대시킬 수 있다. ⓞ ⊗

04 네트워크 기술은 자원확보를 위해 다양한 지역사회 주체들을 강제적으로 동원한다. ⓞ ⊗

15-05-23

05 사회자본은 사회적 교환관계에 내재된 자본이다. ⓞ ⊗

15-05-23

06 사회자본은 구성원 일부가 아닌 모두에게 공유된다. ⓞ ⊗

02-05-11

07 기관 간 네트워크를 통해 서비스가 비전문화될 수 있다. ⓞ ⊗

18-05-12

08 구성원 사이에 신뢰와 호혜성이 형성되어야 네트워크가 지속될 수 있다. ⓞ ⊗

09 사회자본의 창출은 지역주민의 역량강화를 위한 자원이 된다. ⓞ ⊗

답 01○ 02× 03○ 04× 05○ 06○ 07× 08○ 09○

해설 **02** 네트워크의 참여조직들 사이에 중심조직이 설정되어야 하는데, 이는 위계적 구조의 정점에 있는 조직을 의미하는 것이 아니라 참여조직들 사이에 효율적인 연결을 위해 구심점이 되는 역할을 하는 조직이 필요함을 의미한다.

04 네트워킹 기술은 다양한 지역사회 주체들의 자발적 참여를 전제로 한다.

07 네트워크를 통한 서비스라고 해서 전문성이 떨어지는 것은 아니다. 기관 간 네트워크를 통해 서비스의 중복과 누락 방지 및 서비스의 통합적 제공이 가능하며, 지역사회 자원의 효율적인 활용이 가능하다.

149 자원동원 기술

강의 QR코드

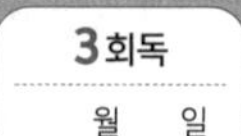

1회독	2회독	3회독
월 일	월 일	월 일

최근 10년간 5문항 출제

복습 1 이론요약

주요 특징

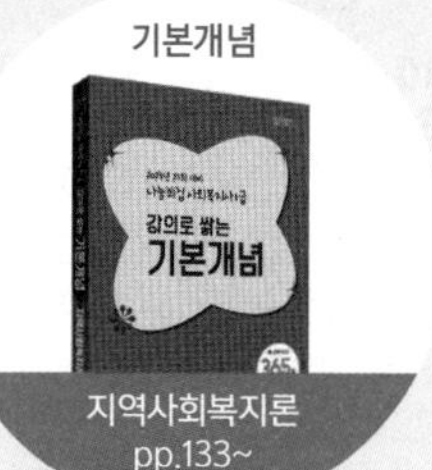

기본개념
지역사회복지론
pp.133~

- 지역사회주민의 욕구충족과 문제해결을 위해 자원이 필요한 경우 자원을 발굴하고 동원하는 기술
- 기부 능력이 있는 잠재적 기부자를 발굴하고, 기부할 수 있는 동기를 부여
- 홍보를 통하여 기관의 목적과 사업을 적극적으로 알리고 기관에 대한 신뢰성을 높임
- DM 발송, 이벤트, 인터넷, 대중매체 활용, 공익연계마케팅(CRM) 등 다양한 방법 활용
- 자원개발/동원기술은 크게 3가지 방식으로 구분됨
  - 지역사회의 조직/구조를 활용하거나 강화하는 방식: 시민단체 등 기존 조직 활용
  - 지역주민을 개인 차원에서 설득하는 방식
  - 지역주민들의 집단적 참여를 통한 방식: 주민모임 조직

※ 공익연계마케팅(CRM)

- 기업의 사회공헌 활동을 마케팅으로 활용하는 방법
- 기업과 기관이 연계하여 기업의 상품수익을 일부를 기관에 후원/기부하는 방식
- 기업은 이미지 제고를 통해 상품의 판매를 촉진할 수 있고, 기관 및 단체에서는 기금 및 자원을 마련할 수 있다.

기출문장 CHECK

01 (21-05-16) 자원개발 및 동원 기술은 지역사회주민의 욕구충족과 문제해결을 위해 자원이 필요한 경우 자원을 발굴하고 동원하는 기술이다.

02 (16-05-13) 자원개발 기술은 지역사회 내에서 기관의 신뢰성을 형성 및 유지하기 위해서도 활용된다.

03 (14-05-10) 인적 자원을 동원하기 위해서는 개별적으로 접촉하기도 하며, 지역사회 내에 기존 조직이나 네트워크를 활용하기도 한다.

04 (14-05-15) 후원 개발사업을 통해 지역주민의 참여를 유도할 수 있다.

05 (14-05-15) 후원 개발사업은 후원자의 자아실현 기회가 될 수 있다.

06 (12-05-07) 공익연계 마케팅: 기업이 전략적으로 이용하는 방법이다. 기업의 이미지를 높여 상품판매에도 긍정적인 영향을 준다. 사회복지기관의 자원개발에도 기여하며 사회공헌활동도 한다.

07 (10-05-12) 사회복지사는 자원을 개발하기 위한 기법으로 이벤트, 대중매체 광고, ARS 등을 활용할 수 있다.

08 (06-05-18) 인적 자원을 동원함에 있어 기존 조직들은 중요한 자원이 되지만, 조직 간 경쟁과 갈등이 일어날 수도 있다.

09 (05-05-21) 인적 자원을 개발하고 동원함에 있어 기존 조직들은 중요한 자원이 된다.

10 (05-05-21) 인적 자원을 개발하고 동원함에 있어 참여 경험이 없는 사람을 대상으로 추진하는 것은 더 어려울 수 있다.

11 (03-05-26) 자원동원 기술은 지역사회 연대감 증대의 효과를 가져올 수 있다.

복습 2 기출확인

대표기출 확인하기

21-05-16 난이도 ★☆☆

다음 사례에서 사회복지사가 활용한 기술은?

> A사회복지사는 독거노인이 따뜻한 겨울을 보낼 수 있도록 지역 내 종교단체에 예산과 자원봉사자를 지원해 줄 것을 요청하였다.

① 조직화
② 옹호
③ 자원개발 및 동원
④ 협상
⑤ 교육

알짜확인

- 자원동원 기술의 특징 및 방식 등에 대해 정리해두어야 한다.
- 앞서 배운 네트워크기술과의 차이점도 같이 생각해보자.
- 자원동원을 위한 한 가지 방법인 공익연계마케팅에 대해서도 살펴보자. 이는 사회복지행정론 12장 마케팅 기법을 통해서도 이따금씩 출제된 바 있다.

답 ③

응시생들의 선택

① 1%	② 4%	③ 87%	④ 7%	⑤ 1%

③ A사회복지사가 독거노인을 위해 지역 내 종교단체에 예산과 자원봉사자를 지원해 줄 것을 요청한 것은 자원개발 및 동원 기술에 해당한다. 자원개발 및 동원 기술은 지역사회주민의 욕구충족과 문제해결을 위해 자원이 필요한 경우 자원을 발굴하고 동원하는 기술이다.

관련기출 더 보기

19-05-14 난이도 ★☆☆

지역사회복지 실천 과정에서 사회복지사가 활용한 기술은?

> 사회복지사 A는 가족캠핑을 희망하는 한부모 가족 10세대를 대상으로 프로그램을 계획하고 있다. A는 개인적으로 참여하고 있는 수영 클럽을 통해 프로그램 운영에 필요한 예산과 자원봉사자를 확보하고자 운영진에게 모임 개최를 요청하였고, 성공적인 결과를 얻었다.

① 옹호 ② 조직화
③ 임파워먼트 ④ 지역사회교육
⑤ 자원개발 및 동원

답 ⑤

응시생들의 선택

① 1%	② 5%	③ 1%	④ 1%	⑤ 92%

문제의 사례는 사회복지사가 자신의 개인적인 네트워크를 통해 인적, 물적 자원을 동원한 사례이다.

14-05-10 난이도 ★★★

다음 중 지역사회 인적자원을 동원하는 기술로 옳은 것을 모두 고른 것은?

> ㄱ. 지역사회 기존 조직의 활용
> ㄴ. 개별적 접촉
> ㄷ. 지역사회 네트워크 활용
> ㄹ. 지역사회 재정 분석

① ㄱ, ㄴ, ㄷ ② ㄱ, ㄷ
③ ㄴ, ㄹ ④ ㄹ
⑤ ㄱ, ㄴ, ㄷ, ㄹ

답 ①

응시생들의 선택

① 67%	② 19%	③ 1%	④ 1%	⑤ 12%

ㄹ. 문제는 인적 자원을 동원하기 위한 방안을 모색하는 것이기 때문에 물적 자원에 해당하는 지역사회의 재정을 살펴볼 필요는 없다.

복습 3

정답훈련

다음 내용이 옳은지 그른지 판단해보자

01 자원동원은 지역주민이 서비스를 받을 이유가 충분함에도 제외되었을 때에 사회복지사 또는 활동가, 전문가 등이 그 권리의 확보를 위해 개입하는 활동이다. 

05-05-21

02 인적 자원을 개발하고 동원하기 위해서는 참여한 경험이 없는 사람을 대상으로 추진하는 것이 효율적이다. 

---

03 자원동원을 위해 기존 네트워크를 활용하기도 한다. 

03-05-26

04 자원동원은 지역주민의 자발적 참여, 자원봉사자, 후원자 개발 등을 통해 지역사회복지에 관한 연대의식을 증대시킬 수 있다. 

---

05 자원동원을 위해서는 개별적인 대면 접촉보다는 불특정 다수에게 DM을 발송하는 것이 더 효과적이다. 

---

06 주민들이 주민모임에 적극적으로 참여하도록 하는 것은 자원동원의 기반이 될 수 있다. 

10-05-12

07 사회복지사는 지역사회의 자원을 개발 및 동원함에 있어 자연발생적 상황에 따라 대처한다. 

06-05-18

08 지역사회복지실천을 위해 인적 자원을 동원함에 있어 기존 조직을 활용할 때에는 다양한 조직 간 경쟁의 문제가 발생할 수 있다. 

10-05-12

09 지역사회 자원동원을 위해서는 기부자들의 욕구를 규명하는 것이 필요하다. 

답 01× 02× 03○ 04○ 05× 06○ 07× 08○ 09○

해설

01 지역주민이 서비스를 받을 이유가 충분함에도 제외되었을 때에 개입하는 활동은 옹호 활동이다.

02 예를 들어, 자원봉사자들을 모집할 때에는 기존에 경험이 없는 사람들보다 경험이 있는 사람을 위주로 하거나 기존의 자원봉사모임과 연계하는 것이 효율적이다.

05 발송된 DM은 받은 사람이 우편물을 확인하지 않을 수 있기 때문에 그 효과가 떨어질 수 있다. 개별적 대면 접촉은 참여에 대한 욕구는 있지만 소극적인 사람을 설득하기에 용이하면서도 참여하고자 하는 사람의 선호도를 파악할 수도 있기 때문에 효과가 더 높을 수 있다. 다만, 두 방법 모두 장단점이 있기 때문에 상황에 따라 적합한 것을 선택하거나 둘 다 활용할 수도 있다.

07 사회복지사는 지역사회의 자원을 개발 및 동원함에 있어 의식적으로 환경을 조성할 수 있어야 한다.

지역사회복지 실천기술 II

이 장에서는

옹호 기술, 역량강화 기술을 비롯해 협상, 협력 등에 대해 정리한다. 옹호의 다양한 유형과 전략을 살펴봐야 하고, 역량강화는 지역주민의 힘의 획득을 위해 사회행동적 차원에서 전개될 수 있음을 기억해두면서 비판의식 제고, 사회자본 창출 등의 방법들을 살펴보자.

10년간 출제분포도

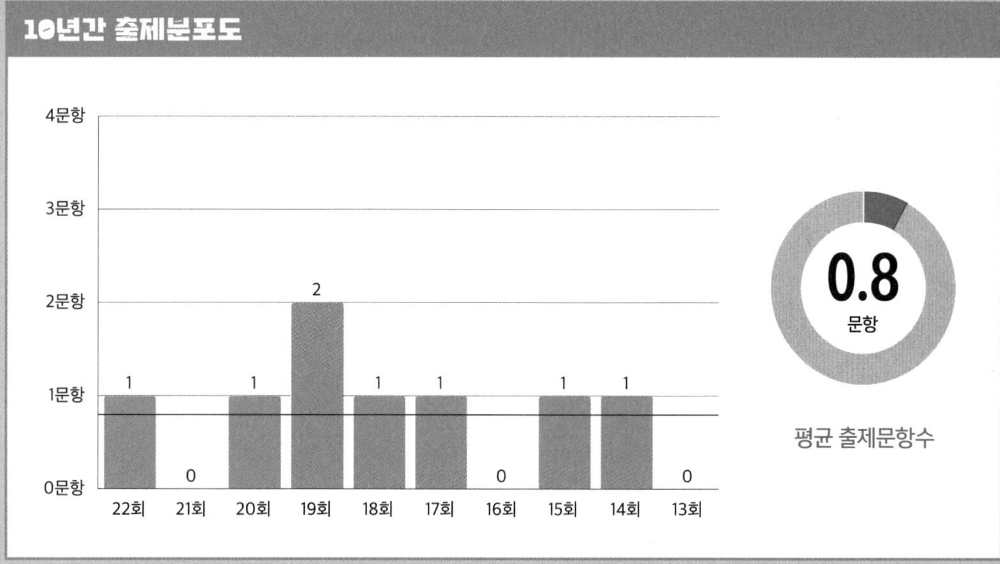

150 옹호 기술

강의 QR코드

1회독	2회독	3회독
월 일	월 일	월 일

최근 10년간 5문항 출제

복습 1 이론요약

기본개념
지역사회복지론
pp.138~

옹호의 개념

- **사회정의**를 지키고 유지하려는 목적으로 지역주민이나 지역사회의 입장에서 **직접적으로 대변 · 보호 · 개입 · 지지**하는 일련의 행동을 의미
- 옹호 기술은 기존의 권리를 확보하도록 하거나 새로운 권리를 확보할 수 있도록 실질적인 **사회행동**에 참여하는 것
- 효과적인 옹호를 위해서는 적극적이고 단호한 태도를 견지할 필요가 있음

옹호의 유형

- 자기옹호: 옹호를 필요로 하는 지역주민이 스스로를 대변하는 활동
- 개인옹호: 클라이언트가 스스로 자신을 옹호할 수 없을 때 사회복지사가 개인이나 가족을 대신하여 진행하는 옹호 활동
- 집단옹호: 희생자 집단 등과 같이 집단 공동의 문제를 해결하기 위한 집단옹호
- 지역사회옹호: 소외된 혹은 같은 문제를 경험하는 지역주민들을 위한 활동
- 정치옹호(정책옹호): 입법 · 행정 · 사법 영역 등 다양한 영역에서 사회정의와 복지를 증진하기 위해서 진행
- 체제변환적 옹호: 근본적인 제도상의 변화를 추구하려는 활동

옹호의 기술(전술)

- **설득**: 추가적인 정보를 제공하거나 잘못된 정보를 바로 잡아 표적체계가 기존의 결정과는 다른 결정을 내릴 수 있도록 함
- **표적을 난처하게 하기**: 해당 기관 앞에서 시위하기, 해당 기관의 잘못을 밝히는 전단지 배포, 언론을 통해 알리기 등
- **정치적 압력**: 클라이언트는 곧 유권자임을 이용해 시 · 도의원을 만나 문제에 대해 논의하고 새로운 정책을 강구하게 할 수 있음
- 탄원서에 주민들의 서명을 받아 문제를 알림
- **청원**: 특정 조직이나 기관이 일정한 조치를 요청하기 위해 다수인의 서명지를 제출
- 기타 청문, 고충처리, 이의신청 등

기출문장 CHECK

01 (20-05-13) 옹호 기술의 특징: 소외되고 억압된 집단의 입장을 주장한다. 보이콧, 피케팅 등의 방법으로 표적을 난처하게 한다. 지역주민이 정당한 처우나 서비스를 받지 못하는 경우에 활용된다.

02 (19-05-09) 정치적 압력 행사, 해당 기관 난처하게 하기, 증언청취 요청, 탄원서 서명 등은 옹호 활동의 전술이다.

03 (17-05-14) 청원: A지방자치단체가 별도의 조치를 해줄 것을 요청하기 위해 다수의 서명지를 전달하는 활동

04 (15-05-24) 옹호 기술의 특징: 사회정의를 지키고 유지하는 목적, 표적 집단에 대한 강력한 영향력이나 압력 행사, 정당한 처우나 서비스를 받지 못하는 경우에 활용

05 (14-05-16) 옹호 기술 중 하나인 설득은 대상, 메시지, 전달자, 전달형식을 구성요소로 한다.

06 (12-05-12) 사회복지사가 클라이언트를 위한 옹호를 할 때, 설득, 증언청취, 표적을 난처하게 하기, 정치적 압력 등의 전술을 활용한다.

07 (11-05-14) 자조집단이 스스로 돕는 것은 자기옹호(self-advocacy)에 해당한다.

08 (08-05-30) 옹호 기술에서 사회복지사는 클라이언트의 이익을 위해 전문적인 대변인으로서 활동한다.

09 (08-05-30) 사회복지사는 옹호를 위해 탄원서에 서명을 받아 표적집단을 설득하는 자료로 활용할 수 있다.

10 (06-05-17) 옹호 기술은 클라이언트의 이익과 권리를 직접적으로 대변, 보호, 지지, 방어하는 활동이다.

11 (04-05-27) 장애인들의 이동권 보장을 위한 시위 행동은 옹호 활동의 사례로 볼 수 있다.

복습 2 기출확인

대표기출 확인하기

20-05-13 난이도 ★☆☆

다음에 제시된 지역사회복지 실천기술은?

- 소외되고, 억압된 집단의 입장을 주장한다.
- 보이콧, 피케팅 등의 방법으로 표적을 난처하게 한다.
- 지역주민이 정당한 처우나 서비스를 받지 못하는 경우에 활용된다.

① 프로그램 개발 기술 ② 기획 기술
③ 자원동원 기술 ④ 옹호 기술
⑤ 지역사회 사정 기술

알짜확인

- 옹호를 위해 활용되는 설득, 증언청취, 표적을 난처하게 하기, 정치적 압력, 탄원서 서명, 청원 등의 전술을 파악해두자.
- 옹호는 직접개입이 아닌 간접개입이라는 점이나 스스로 옹호하는 자기옹호를 비롯해 다양한 옹호의 유형이 있다는 점도 기억해두자.

답 ④

응시생들의 선택

① 1%	② 1%	③ 5%	④ 88%	⑤ 5%

옹호 기술은 사회정의의 유지를 위해 사회복지사가 지역주민 혹은 지역사회의 입장을 대변하는 기술을 말한다. 지역주민이 자신의 이익이나 권리에 대해 잘 알지 못하거나 어떻게 행사해야 하는지에 관한 정보가 부족할 때에 적합하다.

관련기출 더 보기

19-05-09 난이도 ★☆☆

지역사회복지실천에서 옹호(advocacy)활동에 해당하지 않는 것은?

① 지역사회 내 복지자원을 조정하고 연계한다.
② 시의원 등에게 정치적 압력을 행사한다.
③ 피케팅으로 해당 기관을 난처하게 한다.
④ 행정기관에 증언 청취를 요청한다.
⑤ 지역주민으로부터 탄원서에 서명을 받는다.

답 ①

응시생들의 선택

① 75%	② 6%	③ 17%	④ 1%	⑤ 1%

① 지역사회 내 복지자원을 조정하고 연계하는 것은 연계 기술에 해당한다.

17-05-14 난이도 ★☆☆

다음이 설명하는 지역사회복지 실천기술은?

A지방자치단체가 별도의 조치를 해줄 것을 요청하기 위해 다수의 서명지를 전달하는 활동

① 설득 ② 청원
③ 의뢰 ④ 지역사회교육
⑤ 정보제공

답 ②

응시생들의 선택

① 5%	② 91%	③ 2%	④ 1%	⑤ 1%

청원은 옹호 기술에서 활용되는 전술 중 하나로, 특정 조직이나 기관이 일정한 조치를 요청하기 위해 다수인의 서명지를 제출하는 것이다. 청원에 대해서는 '청원법'을 통해 규정하고 있으며, 피해의 구제, 공무원의 비위의 시정 또는 공무원에 대한 징계나 처벌의 요구, 법률 등의 제·개정 및 폐지, 공공의 제도 또는 시설의 운영, 그 밖에 국가기관 등의 권한에 속하는 사항 등에 한하여 청원을 할 수 있다.

15-05-24 난이도 ★☆☆

옹호(advocacy) 기술의 특성 중 옳은 것을 모두 고른 것은?

ㄱ. 사회정의를 지키고 유지하는 목적
ㄴ. 조직 구성원의 경제적 자립 강조
ㄷ. 표적 집단에 대한 강력한 영향력이나 압력 행사
ㄹ. 정당한 처우나 서비스를 받지 못하는 경우에 활용

① ㄱ, ㄴ ② ㄱ, ㄷ
③ ㄴ, ㄷ ④ ㄱ, ㄷ, ㄹ
⑤ ㄱ, ㄴ, ㄷ, ㄹ

답 ④

응시생들의 선택

① 8%	② 2%	③ 1%	④ 73%	⑤ 16%

ㄴ. 구성원의 자립을 강조하는 것은 역량강화 기술로 볼 수 있다.

14-05-16 난이도 ★☆☆

지역사회복지실천에서 옹호(advocacy) 기술 중 하나인 설득의 구성요소가 아닌 것은?

① 대상(audience)
② 메시지(message)
③ 전달형식(format)
④ 전달자(communicator)
⑤ 의제설정(agenda setting)

답 ⑤

응시생들의 선택

① 4%	② 2%	③ 5%	④ 9%	⑤ 80%

⑤ 설득은 전달자가 대상에게 추가적인 정보를 제공하거나 잘못된 정보를 바로 잡아 기존의 결정을 바꿀 수 있도록 하는 것이다. 설득의 구성요소에는 대상, 메시지, 전달형식, 전달자 등이 있다.

12-05-12 난이도 ★★☆

사회복지사가 클라이언트를 위한 옹호를 할 때, 옹호의 구체적 전술에 해당하지 않는 것은?

① 설득
② 증언청취
③ 표적을 난처하게 하기
④ 정치적 압력
⑤ 의뢰

답 ⑤

응시생들의 선택

① 6%	② 8%	③ 24%	④ 14%	⑤ 48%

⑤ 의뢰는 연계 기술에 해당한다.

11-05-14 난이도 ★★☆

자기옹호(self-advocacy)에 관한 설명으로 옳은 것은?

① 희생자 집단을 위한 옹호자의 활동
② 특정 법안의 통과를 저지하는 활동
③ 성평등을 이루기 위한 여성운동
④ 자조집단이 스스로 돕는 것
⑤ 근본적인 제도상의 변화를 추구

답 ④

응시생들의 선택

① 6%	② 2%	③ 32%	④ 58%	⑤ 2%

④ 자기옹호는 자기 자신 또는 문제를 공유하고 있는 자조집단이 직접 자신들의 문제를 해결해나가는 것을 말한다.

복습

3 정답훈련

다음 내용이 왜 틀렸는지를 확인해보자

01 옹호는 사회복지사가 클라이언트의 입장을 대변하는 활동을 말하기 때문에 클라이언트가 스스로를 옹호하는 활동은 허용되지 않는다.

클라이언트가 스스로에 대한 옹호 활동을 진행하는 자기옹호 역시 옹호의 한 가지 유형이다. 이때 사회복지사는 행정적, 기술적 지원 및 정보 제공, 격려 등의 역할을 하게 된다.

08-05-30

02 사회복지사가 옹호 활동을 진행할 때에는 타협적이고 양보하는 태도를 유지하는 것이 필요하다.

옹호 활동은 지역주민들의 입장을 대변하는 것이기 때문에 단호하고 적극적인 태도를 가져야 한다.

05-05-14

03 옹호 활동의 사례로 장애인의 이동권 확보를 위한 지하철편의시설설치 운동, 청소년 자원활동가 모임, 벽촌에서의 집짓기 활동 등을 꼽을 수 있다.

청소년 자원활동가 모임이나 벽촌에서의 집짓기 활동 등은 표적체계에 주민들의 권리를 주장하는 활동은 아니기 때문에 옹호의 사례라고 보기는 어렵다.

04 옹호 기술은 사회복지사가 주민들에게 서비스를 직접 제공하여 문제를 해결한다.

옹호 기술은 표적체계로 하여금 문제해결을 위한 조치를 취하도록 하는 것에 있다. 즉 사회복지사의 옹호 활동 그 자체로 문제가 해결되는 것이 아니라 표적체계의 조치로 문제가 해결된다는 점에서 간접적 실천이다.

08-05-14

05 사회복지사는 옹호를 통해 클라이언트가 직접 활동하도록 해야 한다.

옹호 기술은 주민들이 자신들의 힘으로는 문제를 해결하기 어려울 때 이들을 대신해주는 것이다.

14-05-16

06 옹호 기술 중 하나인 설득의 구성요소로, 대상, 메시지, 전달자, 전달형식, 의제설정 등을 꼽을 수 있다.

의제설정은 해당하지 않는다.

151 역량강화 기술

1회독 월 일 | 2회독 월 일 | 3회독 월 일

최근 10년간 3문항 출제

복습 1 이론요약

역량강화 기술의 주요 특징

- 지역주민의 강점을 인정하고 주민들이 스스로 삶을 결정할 수 있도록 역량을 강화
- 지역구성원들이 가진 능력에 대한 믿음을 전제로 함
- 궁극적인 목적은 주민들의 삶의 질 향상
- 생태학적 관점과 강점관점에 근거
- 개인의 심리적 적응 및 회복, 사회구조적 차원의 개입 등 다체계적 수준의 개입
- 클라이언트의 의식향상을 지향
- 민주적이고 상호협력적인 관계를 구축
- 지역주민의 문제인식 및 주체적인 문제해결을 강조
- 클라이언트는 수혜자가 아닌 권리를 갖고 행사할 수 있는 서비스 소비자, 서비스 청구자

기본개념

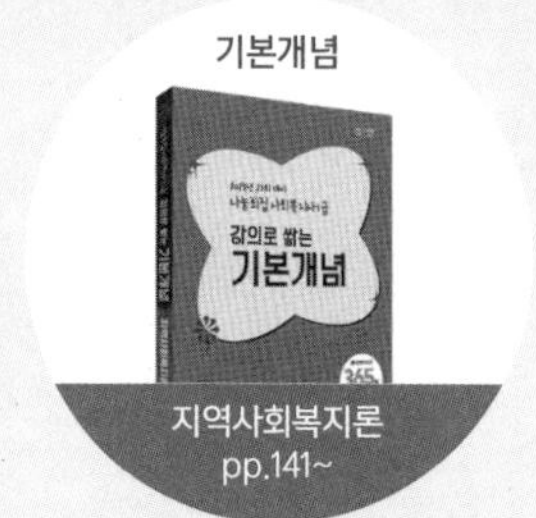

지역사회복지론 pp.141~

임파워먼트를 위한 방법

- 문제의 원인이 되는 사회구조적 요인에 대한 비판의식을 갖도록 원조
- 사회구조적 문제에 대한 지역주민들의 자기주장 원조
- 공공의제로 만들기
- 지역주민들의 권력 키우기
- 지역주민들의 조직화 및 캠페인 활동 등을 통한 역량 건설
- 지역주민의 역량강화를 위한 협력과 연대 등의 사회자본 창출을 원조

기출문장 CHECK

01 (22-05-11) 임파워먼트 기술의 예: 행복시(市)에 근무하는 A사회복지사는 무력화 되어 있는 클라이언트의 잠재 역량 및 자원을 인정하고 삶을 스스로 결정할 수 있도록 북돋아주었다.

02 (19-05-12) 임파워먼트 기술은 지역주민의 강점을 인정하고 스스로 삶을 결정할 수 있도록 역량을 강화하며, 지역구성원의 능력에 대한 신념을 중요시 한다.

03 (18-05-11) 임파워먼트 기술에는 권력 키우기, 의식 고양하기, 공공의제 만들기, 지역사회 사회자본 확장 등이 있다.

04 (09-05-19) 의식 제고하기, 공공의제로 만들기, 자기 목소리 내기, 사회자본 창출하기 등은 임파워먼트를 위한 전략이다.

복습 2

기출확인

대표기출 확인하기

22-05-11 난이도 ★☆☆

다음 사례에서 사회복지사가 활용한 기술은?

> 행복시(市)에 근무하는 A사회복지사는 무력화 되어 있는 클라이언트의 잠재 역량 및 자원을 인정하고 삶을 스스로 결정할 수 있도록 북돋아주었다.

① 자원동원 기술 ② 자원개발 기술
③ 임파워먼트 기술 ④ 조직화 기술
⑤ 네트워크 기술

알짜확인

- 지역주민의 역량강화를 위한 다양한 전술을 살펴두어야 한다. 특히 역량강화에는 사회구조적 문제에 대한 비판의식 키우기나 사회자본을 통해 자원역량을 강화하는 것도 포함됨을 기억해두자.

답 ③

응시생들의 선택

① 2%	② 1%	③ 95%	④ 1%	⑤ 1%

임파워먼트는 클라이언트의 잠재적 역량, 자원, 강점 등을 발전·확장시켜 클라이언트의 삶의 질을 향상시키고자 한다.

관련기출 더 보기

18-05-11 난이도 ★★☆

임파워먼트 기술에 해당하는 것을 모두 고른 것은?

> ㄱ. 권력 키우기
> ㄴ. 의식 고양하기
> ㄷ. 공공의제 만들기
> ㄹ. 지역사회 사회자본 확장

① ㄹ ② ㄱ, ㄷ
③ ㄴ, ㄹ ④ ㄱ, ㄴ, ㄷ
⑤ ㄱ, ㄴ, ㄷ, ㄹ

답 ⑤

응시생들의 선택

① 2%	② 2%	③ 25%	④ 19%	⑤ 52%

⑤ 임파워먼트를 위한 방법에는 의식 고양하기, 자기주장, 공공의제 만들기, 권력 키우기, 역량 건설, 지역사회 사회자본 확장 등이 있다.

복습 3

정답훈련

다음 내용이 옳은지 그른지 판단해보자

01 권리를 박탈당한 지역주민들을 위해 사회행동을 전개하기도 한다. 

09-05-19

02 지역사회의 사회자본 창출은 역량강화와 무관하다. 

03 사회복지사는 클라이언트의 삶에 대한 전문가로서 그들의 역량을 강화시켜줄 책임이 있다. 

04 조직화, 자원동원 등의 기술은 지역주민의 자원체계를 확장함으로써 역량을 강화할 수 있다. 

19-05-12

05 임파워먼트는 지역구성원의 능력에 대한 신념을 중요시 한다. 

06 지역사회복지실천에서 역량강화의 궁극적인 목적은 지역주민 개개인의 문제를 해결해주는 것에 있다. 

07 사회복지사는 지역주민의 역량강화를 위해 사회환경적 변화를 모색해야 한다. 

08 지역주민들이 자신들이 겪고 있는 문제와 관련된 다차원적 요인을 살펴보고 비판의식을 기를 수 있도록 원조한다.

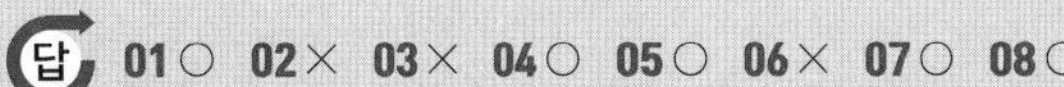

답 01 ○ 02 × 03 × 04 ○ 05 ○ 06 × 07 ○ 08 ○

해설 **02** 사회자본의 창출은 지역주민의 역량강화를 위한 자원이 되기 때문에 역량강화를 위한 전략이 된다.

03 역량강화에서 클라이언트의 삶에 대한 전문가는 클라이언트이다.

06 역량강화의 궁극적인 목적은 주민들의 삶의 질 향상에 있다.

지역사회복지 네트워크의 실제

이 장에서는

민 · 관 협력을 통해 추진되는 지역사회보장계획과 함께 계획을 심의하는 기관인 지역사회보장협의체 및 시 · 도 사회보장위원회 등을 살펴본다. 또한 민간 기관들 간의 연계를 위해 설립된 사회복지협의회에 대해 살펴본다.

10년간 출제분포도

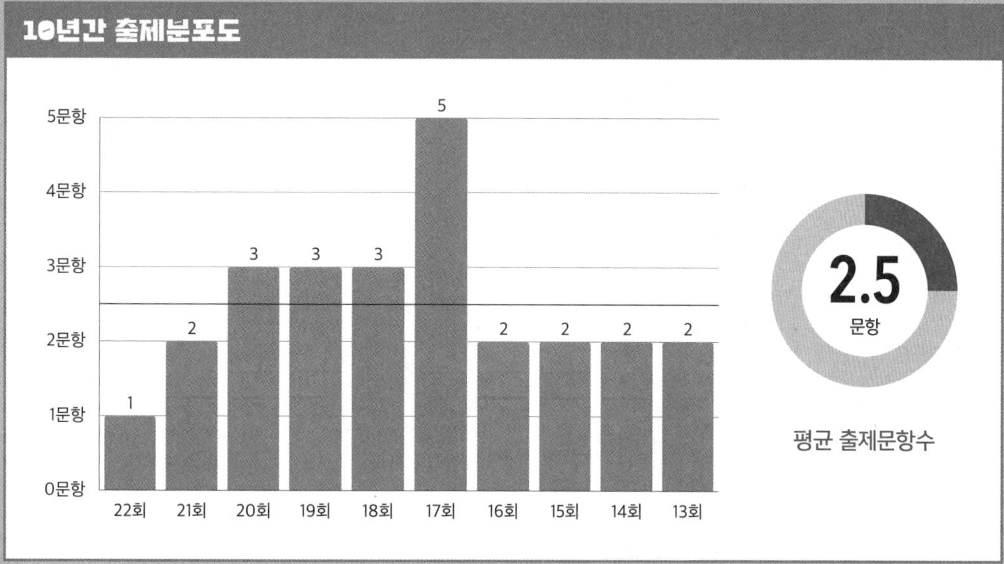

152 지역사회보장계획

1회독 월 일 | 2회독 월 일 | 3회독 월 일

최근 10년간 11문항 출제

이론요약

기본개념
지역사회복지론
pp.150~

목적 등

- 지역사회보장서비스를 종합적 · 계획적 · 중장기적으로 추진하기 위한 방법
- **4년마다 수립 + 해마다 연차별 시행계획 수립**
- 필요성: 지역사회복지의 제도화, 서비스의 지속적 · 안정적 공급, 서비스 공급주체의 다원화, 사회자원 조달과 적정배분
- 목표: 지역 차원의 통합적 시행계획 수립, 지역주민의 참여를 유도, 지역의 사회복지 공급 주체로서의 공공과 민간 간 협력

연혁

- 2003년 사회복지사업법 개정, 2005년 7월부터 계획 수립을 의무화하는 규정 마련
- 2007~2010년 1기 계획 진행
- 2015년 7월 「사회보장급여의 이용 · 제공 및 수급권자 발굴에 관한 법률」 신설 시행에 따라 '지역사회보장계획'으로 변화됨

계획 수립의 원칙

- 지역성
- 과학성
- 연속성
- 실천성
- 자율성
- 참여성

계획의 내용

▶ 시 · 군 · 구 계획

- 지역사회보장 수요의 측정, 목표 및 추진전략
- 지역사회보장지표의 설정 및 목표

- 지역사회보장의 분야별 추진전략, 중점 추진사업 및 연계협력 방안
- 지역사회보장 전달체계의 조직과 운영
- 사회보장급여의 사각지대 발굴 및 지원 방안
- 지역사회보장에 필요한 재원의 규모와 조달 방안
- 지역사회보장에 관련한 통계 수집 및 관리 방안

▶ 시 · 도 계획

- 시 · 군 · 구의 사회보장이 균형적이고 효과적으로 추진될 수 있도록 지원하기 위한 목표 및 전략
- 지역사회보장지표의 설정 및 목표
- 시 · 군 · 구에서 사회보장급여가 효과적으로 이용 및 제공될 수 있는 기반 구축 방안
- 시 · 군 · 구 사회보장급여 담당 인력의 양성 및 전문성 제고 방안
- 지역사회보장에 관한 통계자료의 수집 및 관리 방안

수립 절차

① 지역주민 등 이해관계자 의견수렴
② 시 · 군 · 구 지역사회보장계획 수립
③ 지역사회보장협의체 심의, 시 · 군 · 구 의회 보고
④ 시 · 도지사에게 제출
⑤ 제출된 시 · 군 · 구 지역사회보장계획의 종합 · 조정
⑥ 시 · 도 사회보장위원회 심의, 시 · 도 의회 보고
⑦ 보건복지부장관에 제출
⑧ 사회보장위원회 보고

※ 지역사회보장협의체

지역의 사회보장을 증진하고, 사회보장과 관련된 서비스를 제공하는 관계 기관과의 연계 · 협력을 강화하기 위해 해당 시 · 군 · 구 단위에 설치한다.

※ 시 · 도 사회보장위원회

시 · 도의 사회보장 증진을 위하여 시 · 도 단위에 설치되며, 시 · 도 계획을 심의한다.

※ 사회보장위원회

사회보장에 관한 주요 시책을 심의 · 조정하기 위해 사회보장기본법에 따라 국무총리 소속으로 설치된다.

시행결과의 평가

- 보건복지부장관은 시 · 도 계획의 시행결과를, 시 · 도지사는 시 · 군 · 구 계획의 시행결과를 평가할 수 있다.
- 시 · 도지사는 평가를 시행한 경우 그 결과를 보건복지부장관에게 제출하여야 하며, 보건복지부장관은 이를 종합 · 검토하여 사회보장위원회에 보고하여야 한다.

지역사회보장균형발전지원센터

보건복지부장관은 시 · 도 및 시 · 군 · 구의 사회보장 추진 현황 분석, 지역사회보장계획의 평가, 지역 간 사회보장의 균형 발전 지원 등의 업무를 효과적으로 수행하기 위하여 지역사회보장균형발전지원센터를 설치 · 운영할 수 있다.

기출문장 CHECK

01 (21-05-18) 시 · 군 · 구 지역사회보장계획은 4년마다 수립하고 매년 연차별 시행계획을 수립해야 한다.

02 (19-05-17) 지역사회보장계획은 사회보장에 관한 기본계획과 연계되도록 하여야 한다.

03 (18-05-18) 시 · 군 · 구 지역사회보장계획에는 지역사회보장 전달체계의 조직과 운영, 지역 내 부정수급 발생 현황 및 방지대책, 사회보장급여의 사각지대 발굴 및 지원 방안, 지역사회보장의 분야별 추진전략, 중점 추진사업 및 연계협력 방안 등의 내용이 포함된다.

04 (16-05-21) 지역사회보장계획은 지역사회보장서비스의 수급조정과 안정적 공급을 위해 필요하다.

05 (16-05-21) 지역사회보장계획은 「사회보장급여의 이용 · 제공 및 수급권자 발굴에 관한 법률」에 근거한다.

06 (15-05-16) 지역사회보장계획은 사회보장급여의 사각지대 발굴 및 지원 방안을 모색한다.

07 (15-05-16) 지역사회보장계획은 지역사회보장서비스의 수급조정과 안정적 공급을 도모한다.

08 (15-05-16) 지역사회보장계획은 사회서비스 전 영역에 포괄적으로 관심을 둔다.

09 (11-05-20) 지역사회보장계획에는 지역사회보장에 필요한 재원의 규모와 조달방안에 관한 사항, 사회보장급여의 사각지대 발굴 및 지원 방안에 관한 사항, 지역사회보장 수요의 측정, 목표 및 추진 전략에 관한 사항 등이 포함된다.

10 (10-05-22) 시장 · 군수 · 구청장은 지역주민 등 이해관계인의 의견을 들은 후 시 · 군 · 구 계획을 수립하고, 지역사회보장협의체의 심의와 해당 시 · 군 · 구 의회의 보고를 거쳐 시 · 도지사에게 제출하여야 한다.

11 (09-05-22) 지역사회보장계획은 사회보장에 관한 기본계획과 연계되어야 한다.

12 (09-05-22) 지역사회보장계획을 수립할 때는 지역주민 등 이해관계인의 의견을 들어야 한다.

13 (09-05-22) 시 · 도사회보장위원회는 시 · 도의 지역사회보장계획을 심의해야 한다.

14 (09-05-22) 보건복지부장관은 시 · 도 지역사회보장계획의 시행결과를, 시 · 도지사는 시 · 군 · 구 지역사회보장계획의 시행결과를 각각 보건복지부령으로 정하는 바에 따라 평가할 수 있다.

15 (08-05-19) 지역사회보장계획은 복지수요측정에 관한 사항을 포함한다.

16 (05-05-15) 지역사회보장계획에는 수요 측정, 사회복지 인력조달, 사회복지 시설공급 대책 등의 내용이 포함된다.

기출확인

대표기출 확인하기

22-05-19 난이도 ★★★

지역사회보장에 관한 계획(이하 '지역사회보장계획'이라 한다)에 관한 설명으로 옳은 것은?

① 시장 · 군수 · 구청장은 4년마다 지역사회보장계획을 수립한 후 보건복지부장관에게 제출한다.
② 시 · 군 · 구의 지역사회보장계획은 시 · 도사회보장위원회의 심의를 거친다.
③ 지역사회보장계획은 사회복지사업법에 의거 매년 연차별 시행계획을 수립한다.
④ 시 · 도의 지역사회보장계획은 지역사회보장협의체의 심의를 거친다.
⑤ 지역사회보장계획의 수립 및 지역사회보장조사의 시기 · 방법 등에 필요한 사항은 대통령령으로 정한다.

알짜확인

- 지역사회보장계획이 시작된 역사적 과정 및 의의, 근거법률 등을 살펴보자.
- 지역사회보장계획의 수립 절차 및 원칙을 정리해두자.
- 지역사회보장계획에 포함되는 내용을 파악해두어야 한다.

답 ⑤

응시생들의 선택

① 14%	② 17%	③ 29%	④ 17%	⑤ 23%

① ② 시장 · 군수 · 구청장은 4년마다 지역사회보장계획을 수립한 후 지역사회보장협의체의 심의와 해당 시 · 군 · 구 의회의 보고를 거쳐 시 · 도지사에게 제출하여야 한다.
③ 지역사회보장계획은 사회보장급여의 이용 · 제공 및 수급권자 발굴에 관한 법률에 의거하여 매년 연차별 시행계획을 수립한다.
④ 시 · 도의 지역사회보장계획은 시 · 도사회보장위원회의 심의와 해당 시 · 도 의회의 보고를 거쳐 보건복지부장관에게 제출하여야 한다.

관련기출 더 보기

20-05-17 난이도 ★☆☆

시 · 군 · 구 지역사회보장계획에 포함되어야 하는 사항을 모두 고른 것은?

ㄱ. 지역사회보장 전달체계의 조직과 운영
ㄴ. 사회보장급여의 사각지대 발굴 및 지원 방안
ㄷ. 지역사회보장에 관련한 통계 수집 및 관리 방안
ㄹ. 지역사회보장에 필요한 재원의 규모와 조달 방안

① ㄱ, ㄴ
② ㄱ, ㄷ
③ ㄴ, ㄷ
④ ㄱ, ㄴ, ㄹ
⑤ ㄱ, ㄴ, ㄷ, ㄹ

답 ⑤

응시생들의 선택

① 2%	② 2%	③ 2%	④ 12%	⑤ 82%

모두 시 · 군 · 구 지역사회보장계획에 포함되어야 하는 사항이다.

19-05-17 난이도 ★★☆

지역사회보장계획에 관한 설명으로 옳은 것은?

① 시 · 군 · 구 지역사회보장계획은 변경할 수 없다.
② 사회보장에 관한 기본계획과 연계되도록 하여야 한다.
③ 3년마다 수립하고, 매년 연차별 시행계획을 수립하여야 한다.
④ 시 · 군 · 구 지역사회보장계획은 사회보장위원회의 심의를 거쳐야 한다.
⑤ 지역사회보장계획의 평가, 지원 등을 위한 지역사회보장지원센터를 설치 · 운영할 수 있다.

답 ②

응시생들의 선택

① 1%	② 67%	③ 9%	④ 14%	⑤ 9%

① 시 · 군 · 구 지역사회보장계획은 변경할 수 있다.
③ 4년마다 수립하고, 매년 연차별 시행계획을 수립하여야 한다.
④ 시 · 군 · 구 지역사회보장계획은 지역사회보장협의체의 심의를 거쳐야 한다.
⑤ 지역사회보장지원센터라는 명칭의 기관은 없다.

17-05-18 난이도 ★★★

지역사회보장계획의 수립 과정을 순서대로 옳게 나열한 것은?

ㄱ. 세부사업 계획 수립	ㄴ. 지역사회보장협의체 심의
ㄷ. 지역사회보장조사	ㄹ. 행·재정계획 수립
ㅁ. 의회 보고	ㅂ. 추진 비전 및 목표 수립

① ㄱ－ㄴ－ㅁ－ㄹ－ㅂ－ㄷ
② ㄴ－ㄹ－ㄱ－ㅁ－ㅂ－ㄷ
③ ㄷ－ㄹ－ㅂ－ㄱ－ㄴ－ㅁ
④ ㄷ－ㅂ－ㄹ－ㄱ－ㄴ－ㅁ
⑤ ㄷ－ㅂ－ㄱ－ㄹ－ㄴ－ㅁ

답 ⑤

응시생들의 선택

① 1%	② 1%	③ 7%	④ 53%	⑤ 38%

수립절차
지역사회보장조사 및 지역주민 등 이해관계인의 의견 청취 → 시·군·구 계획 수립 → 지역사회보장협의체 심의 및 시·군·구 의회 보고 → 시·도지사에 제출 → 시·도 계획 수립 → 시·도 사회보장위원회 심의 및 시·도 의회 보고 → 보건복지부장관에 제출 → 보건복지부장관은 사회보장위원회에 보고

16-05-21 난이도 ★★★

지역사회보장계획에 관한 설명으로 옳지 않은 것은?

① 지역사회보장서비스의 수급조정과 안정적 공급을 위해 필요하다.
② 시·군·구 및 시·도는 4년마다 지역사회보장계획을 수립해야 한다.
③ 시·군·구 지역사회보장계획은 시·군·구 의회의 심의와 지역사회보장협의체의 보고를 거쳐야 한다.
④ 「사회보장급여의 이용·제공 및 수급권자 발굴에 관한 법률」에 근거한다.
⑤ 시·군·구 지역사회보장계획은 시행연도의 전년도 9월 30일까지 시·도지사에게 제출되어야 한다.

답 ③

응시생들의 선택

① 2%	② 19%	③ 37%	④ 7%	⑤ 35%

③ 시·군·구 지역사회보장계획은 지역사회보장협의체의 심의와 해당 시·군·구 의회의 보고를 거쳐 시·도지사에게 제출해야 한다.

13-05-16 난이도 ★☆☆

지역사회보장계획 수립의 기본원칙이 아닌 것은?

① 과학성
② 비연속성
③ 실천성
④ 지역성
⑤ 자율성

답 ②

응시생들의 선택

① 10%	② 76%	③ 2%	④ 3%	⑤ 9%

② 지역사회보장계획은 4년 단위의 중·장기 계획이므로 연차별 시행계획의 성과 등을 평가하여 매년 사업의 타당성 및 적절성을 점검하면서 사업의 연속성이 확보되도록 해야 한다. 사회보장에 관한 기본계획과의 연계를 통해 사회보장의 정책 및 실천의 연속성을 확보해야 한다. 시·도 계획과 시·군·구 계획이 유기적으로 연결되도록 해야 한다.

12-05-22 난이도 ★★★

지역사회보장계획에 관한 설명으로 옳은 것을 모두 고른 것은?

ㄱ. 시·도지사는 시·도사회보장위원회의 심의를 거쳐 지역사회보장계획을 수립하여야 한다.
ㄴ. 시·군·구 계획은 지역주민 등 이해관계인의 의견을 들어야 하며, 지역사회보장협의체의 심의를 거쳐야 한다.
ㄷ. 사회보장에 관한 기본계획과 연계되어야 한다.
ㄹ. 지역의 지역사회활동계획과 연계되어야 한다.

① ㄱ, ㄴ, ㄷ
② ㄱ, ㄷ
③ ㄴ, ㄹ
④ ㄹ
⑤ ㄱ, ㄴ, ㄷ, ㄹ

답 ①

응시생들의 선택

① 15%	② 7%	③ 10%	④ 3%	⑤ 65%

ㄹ. 지역사회보장계획은 사회보장기본법상 사회보장에 관한 기본계획과 연계되도록 규정되어 있으며, '지역의 지역사회활동계획과 연계되어야 한다.'는 내용의 조문은 없다.

복습 3

정답훈련

다음 내용이 왜 틀렸는지를 확인해보자

01 지역사회보장계획에 관한 사항은 사회보장기본법에서 규정하고 있다.

사회복지사업법상 지역사회복지계획으로 출발하여 현재 「사회보장급여의 이용·제공 및 수급권자 발굴에 관한 법률」에 따라 운영되고 있다.

09-05-22

02 보건복지부장관은 시·군·구 지역사회보장계획의 시행결과를 평가해야 한다.

시행결과에 대한 평가가 의무사항은 아니다.

03 시·군·구 계획은 지역사회보장협의체의 심의와 함께 시·도 의회의 보고를 거쳐야 한다.

시·군·구 계획은 지역사회보장협의체의 심의와 시·군·구 의회의 보고를 거쳐야 한다.
시·도 계획은 시·도사회보장위원회의 심의와 시·도 의회의 보고를 거쳐야 한다.

11-05-20

04 지역사회보장계획에는 지역사회보장협의체의 구성에 관한 사항을 포함한다.

지역사회보장협의체는 지역사회보장계획을 심의하는 기관으로, 사회보장급여의 이용·제공 및 수급권자 발굴에 관한 법률 및 시행령에 그 구성에 관한 사항이 규정되어 있다.

15-05-16

05 지역사회보장계획은 주택, 고용, 문화를 제외한 보건과 의료영역에 초점을 둔다.

지역사회보장계획은 사회서비스 전 영역에 포괄적으로 관심을 둔다. 사회서비스란 사회복지서비스, 보건의료서비스를 비롯해 주택, 고용, 문화와 관련된 서비스를 모두 포괄한다.

06 시·도지사는 시·도 지역사회보장계획의 시행결과를, 시·군·구청장은 시·군·구 지역사회보장계획의 시행결과를 평가할 수 있다.

보건복지부장관은 시·도 지역사회보장계획의 시행결과를, 시·도지사는 시·군·구 지역사회보장계획의 시행결과를 평가할 수 있다.

빈칸에 들어갈 알맞은 말을 채워보자

01 (　　　　　　)년부터 제1기 지역사회복지계획이 진행되었다.

14-05-20

02 시 · 도지사 및 시 · 군 · 구청장은 (　　　　　　)년마다 지역사회보장계획을 수립해야 한다.

14-05-20

03 「사회보장급여의 이용 · 제공 및 수급권자 발굴에 관한 법률」의 제정으로 지역사회복지계획의 범위를 사회복지에서 (　　　　　　)(으)로 확장하였다.

04 지역사회보장계획은 (　　　　　　)에 따른 사회보장에 관한 기본계획과 연계되도록 하여야 한다.

16-05-21

05 시 · 군 · 구 지역사회보장계획은 시행연도의 전년도 9월 30일까지 (　　　　　　)에게 제출해야 한다.

06 보건복지부장관은 제출받은 시 · 도 지역사회보장계획을 (①　　　　　　)에 (②　　　　　　)하여야 한다.

 **01** 2007 **02** 4 **03** 사회보장 **04** 사회보장기본법 **05** 시 · 도지사 **06** ① 사회보장위원회 ② 보고

다음 내용이 옳은지 그른지 판단해보자

01 시 · 군 · 구 지역사회보장계획은 지역사회보장협의체의 심의를 거쳐야 한다. 

10-05-20

02 지역사회보장계획의 시행에 따라 공급자 중심의 지역사회복지실천이 강화되는 기반이 마련되었다. 

03 지역사회보장계획이 수립되면 반드시 지역주민 등 이해관계인의 의견을 수렴하는 과정을 거쳐야 한다. 

04 보건복지부장관은 지역사회보장계획의 평가, 지역 간 사회보장의 균형발전 지원 등의 업무를 효과적으로 수행하기 위하여 지역사회보장균형발전지원센터를 설치 · 운영할 수 있다. 

답 **01** ○ **02** × **03** × **04** ○

해설 **02** 지역사회보장계획은 서비스 공급 주체의 다원화, 민관 협력, 주민참여 등을 위해 시행되었다.
03 지역주민 등 이해관계인의 의견을 수렴한 이후에 시 · 군 · 구 지역사회보장계획을 수립한다.

153 지역사회보장협의체

1회독	2회독	3회독
월 일	월 일	월 일

최근 10년간 9문항 출제

복습 1 이론요약

지역사회보장협의체의 설치 및 구성

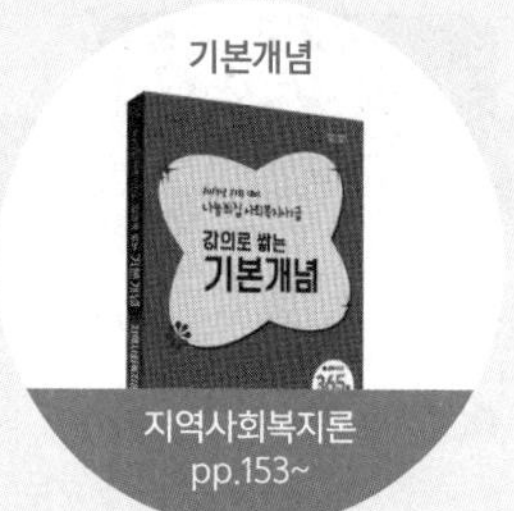

지역사회복지론 pp.153~

▶ 근거 법률

- 사회보장급여의 이용 · 제공 및 수급권자 발굴에 관한 법률
- 법률 외의 사항은 시 · 군 · 구 조례로 정한다.

▶ 설치 및 구성

- 시 · 군 · 구청장은 지역의 사회보장을 증진하고, 사회보장과 관련된 서비스를 제공하는 관계 기관 · 법인 · 단체 · 시설과 연계 · 협력을 강화하기 위하여 해당 시 · 군 · 구에 지역사회보장협의체를 둔다.
- 위원장 1명을 포함한 10명 이상 40명 이하의 위원으로 구성한다.
- 위원장은 위원 중에서 호선하되, 공무원인 위원과 위촉 위원 각 1명을 공동위원장으로 선출할 수 있다.
- 위원의 임기는 2년이다. 다만, 위원장은 한 차례 연임 가능하며 공무원인 위원의 임기는 그 재직기간으로 한다.

▶ 실무협의체

- 지역사회보장협의체의 업무를 효율적으로 수행하기 위하여 지역사회보장협의체에 실무협의체를 둔다.
- 위원장 1명을 포함하여 10명 이상 40명 이하의 위원으로 구성한다.

▶ 실무분과

실무협의체의 위원장은 지역의 사회보장 관련 기관 · 법인 · 단체 · 시설 간 연계 · 협력을 강화하기 위하여 실무분과를 구성 · 운영할 수 있으며, 실무분과의 운영에 관한 세부 사항은 시 · 군 · 구의 조례로 정할 수 있다.

지역사회보장협의체의 심의 · 자문 사항

- 시 · 군 · 구의 지역사회보장계획 수립 · 시행 및 평가에 관한 사항
- 시 · 군 · 구의 지역사회보장조사 및 지역사회보장지표에 관한 사항
- 시 · 군 · 구의 사회보장급여 제공에 관한 사항
- 시 · 군 · 구의 사회보장 추진에 관한 사항
- 읍 · 면 · 동 단위 지역사회보장협의체의 구성 및 운영에 관한 사항
- 그 밖에 위원장이 필요하다고 인정하는 사항

읍·면·동 지역사회보장협의체

▶ 설치 및 구성

- 특별자치시장 및 시장·군수·구청장은 읍·면·동 단위로 읍·면·동의 사회보장 관련 업무의 원활한 수행을 위하여 해당 읍·면·동 단위에 지역사회보장협의체를 둔다.
- 읍·면·동 협의체의 위원은 읍·면·동별로 각 10명 이상으로 한다.
- 법률 외의 사항은 시·군·구 조례로 정한다.

▶ 업무

읍·면·동 협의체는 다음의 업무를 지원한다.

- 관할 지역의 저소득 주민·아동·노인·장애인·한부모가족·다문화가족 등 사회보장사업에 의한 도움을 필요로 하는 사람 발굴 업무
- 사회보장 자원 발굴 및 연계 업무
- 지역사회보호체계 구축 및 운영 업무
- 그 밖에 관할 지역 주민의 사회보장 증진을 위하여 필요한 업무

기출문장 CHECK

01 (21-05-19) 사회보장에 관한 업무를 담당하는 공무원은 지역사회보장협의체의 실무협의체 위원이 될 수 있다.

02 (20-05-18) 시·군·구 지역사회보장협의체는 시·군·구의 지역사회보장계획 수립·시행 및 평가에 관한 사항, 시·군·구의 사회보장급여 제공에 관한 사항, 시·군·구의 사회보장 추진에 관한 사항, 읍·면·동 단위 지역사회보장협의체의 구성 및 운영에 관한 사항 등을 심의·자문한다.

03 (19-05-18) 지역사회보장협의체는 「사회보장급여의 이용·제공 및 수급권자 발굴에 관한 법률」에 법적 근거를 두고 있다.

04 (19-05-18) 지역사회보장협의체는 위원장을 포함하여 10명 이상 40명 이하의 위원으로 구성하고, 임기는 2년이다.

05 (18-05-19) 시·군·구 지역사회보장협의체는 시·군·구 사회보장 추진, 시·군·구 사회보장급여 제공, 시·군·구 지역사회보장계획 수립·시행 및 평가, 읍·면·동 단위 지역사회보장협의체의 구성 및 운영 등에 관한 사항을 심의·자문한다.

06 (17-05-20) 읍·면·동 지역사회보장협의체는 복지대상자 발굴, 지역특화사업 추진, 지역자원의 발굴 및 연계, 지역인적안전망 구축 등의 역할을 수행한다.

07 (16-05-22) 2015년 지역사회복지협의체가 지역사회보장협의체로 명칭이 변경되었다.

08 (16-05-22) 지역사회보장협의체는 공공과 민간의 적극적이고 자발적인 참여가 전제되어야 한다.

09 (16-05-22) 지역사회보장협의체는 사회보장 관련 서비스제공 기관과의 연계·협력을 강화할 목적으로 운영된다.

10 (16-05-22) 지역사회보장협의체는 사회보장 관련 기관·법인·단체·시설 간 연계와 협력 강화를 위해 실무분과를 운영한다.

11 (13-05-04) 지역사회보장협의체 내 실무협의체에서는 실무분과에서 발의된 쟁점에 대해 논의한다.

12 (13-05-04) 지역사회보장협의체는 지역사회복지자원을 개발하고, 발굴하는 기능을 갖고 있다.

13 (07-05-16) 지역사회보장협의체 위원의 임기는 2년이나 공무원의 경우 재직기간까지이다.

14 (07-05-26) 지역사회보장협의체는 지역사회 내 잠재적 복지자원 발굴 및 자원 간 연계협력을 목적으로 한다.

15 (06-05-23) 지역사회보장협의체는 사업에 맞춰 실무분과를 구성할 수 있다.

16 (05-05-15) 지역사회보장계획에는 수요 측정, 사회복지 인력조달, 사회복지 시설공급 대책 등의 내용이 포함된다.

복습 2 기출확인

대표기출 확인하기

20-05-18 난이도 ★★★

시 · 군 · 구 지역사회보장협의체의 심의 · 자문 사항이 아닌 것은?

① 시·군·구의 지역사회보장계획 수립·시행 및 평가에 관한 사항
② 시·군·구의 사회보장급여 제공에 관한 사항
③ 시·군·구의 사회보장 추진에 관한 사항
④ 읍·면·동 단위 지역사회보장협의체의 구성 및 운영에 관한 사항
⑤ 읍·면·동의 지역사회보장조사 및 지역사회보장지표에 관한 사항

알짜확인

- 시·군·구 지역사회보장계획의 심의기관인 지역사회보장협의체의 조직 및 구성에 관한 사항, 심의·자문 사항 등이 출제되어 오고 있다.

답 ⑤

응시생들의 선택

① 16%	② 16%	③ 6%	④ 20%	⑤ 42%

⑤ 읍·면·동이 아닌 시·군·구의 지역사회보장조사 및 지역사회보장지표에 관한 사항을 심의·자문한다.

시·군·구 지역사회보장협의체의 심의·자문 사항
- 시·군·구의 지역사회보장계획 수립·시행 및 평가에 관한 사항
- 시·군·구의 지역사회보장조사 및 지역사회보장지표에 관한 사항
- 시·군·구의 사회보장급여 제공에 관한 사항
- 시·군·구의 사회보장 추진에 관한 사항
- 읍·면·동 단위 지역사회보장협의체의 구성 및 운영에 관한 사항
- 그 밖에 위원장이 필요하다고 인정하는 사항

관련기출 더 보기

21-05-19 난이도 ★★★

지역사회보장협의체의 실무협의체 운영에 관한 설명으로 옳은 것은?

① 사회보장업무를 담당하는 공무원은 제외된다.
② 위원장 1명을 포함하여 10명 미만의 위원으로 구성한다.
③ 지역사회보장계획과 관련된 조례를 제정한다.
④ 시 · 군 · 구의 사회보장급여 제공에 관한 사항을 심의 · 자문한다.
⑤ 전문성 원칙에 따라 현장 전문가를 중심으로 구성한다.

답 ⑤

응시생들의 선택

① 3%	② 12%	③ 9%	④ 42%	⑤ 34%

① 사회보장에 관한 업무를 담당하는 공무원은 실무협의체의 위원이 될 수 있다.
② 위원장 1명을 포함하여 10명 이상 40명 이하의 위원으로 구성한다.
③ 실무협의체가 조례를 제정하지는 않는다. 별도의 조례는 시 · 군 · 구 지방의회에서 제정한다.
④ 시 · 군 · 구의 사회보장급여 제공에 관한 사항을 심의 · 자문하는 것은 지역사회보장협의체의 대표협의체이다.

19-05-18 난이도 ★★★

지역사회보장협의체에 관한 설명으로 옳은 것은?

① 사회복지사업법에 법적 근거를 두고 있다.
② 10명 이상 25명 이하의 위원으로 구성하고, 임기는 2년이다.
③ 관할 지역의 사회복지사업에 관한 중요사항을 심의·건의한다.
④ 민·관 네트워크를 통한 지역복지 거버넌스 구조와 기능을 축소시킨다.
⑤ 실무협의체, 실무분과, 읍·면·동 협의체 간 수평적 네트워크 관계를 형성한다.

답 ⑤

응시생들의 선택

① 14%	② 9%	③ 34%	④ 3%	⑤ 40%

① 사회보장급여의 이용·제공 및 수급권자 발굴에 관한 법률에 법적 근거를 두고 있다.
② 위원장을 포함하여 10명 이상 40명 이하의 위원으로 구성하고, 임기는 2년이다.
③ 관할 지역의 사회보장을 증진하고, 사회보장과 관련된 서비스를 제공하는 관계 기관·법인·단체·시설과 연계·협력을 강화하기 위한 역할을 한다.
④ 민·관 네트워크를 통한 지역복지 거버넌스 구조와 기능을 확대시킨다.

17-05-17 난이도 ★★★

지역사회보장협의체의 구성 조직 및 역할을 적절하게 연결하고 있는 것은?

① 대표협의체: 통합사례관리 지원
② 실무협의체: 지역사회보장계획의 의회 보고
③ 실무분과: 사회복지법인 이사의 추천과 선임 조정
④ 실무분과: 지역사회보장계획의 연차별 시행계획 모니터링
⑤ 읍·면·동 지역사회보장협의체: 실무협의체 업무 지원

답 ④

응시생들의 선택

① 7%	② 19%	③ 7%	④ 43%	⑤ 24%

시·군·구 지역사회보장협의체

- 대표협의체는 지역사회 내 사회보장 증진을 위해 민·관 협력을 강화하기 위한 역할을 수행한다.
- 실무협의체는 대표협의체의 업무를 효율적으로 수행하기 위해 구성된다.
- 실무분과는 지역의 사회보장 관련 기관·법인·단체·시설 간 연계·협력을 강화하기 위하여 실무협의체 산하에 구성된다.

읍·면·동 지역사회보장협의체

- 읍·면·동 단위에 구성되어 관할 지역주민의 사회보장 증진을 위한 업무를 지원한다.

17-05-20 난이도 ★★☆

읍·면·동 지역사회보장협의체의 역할로 볼 수 없는 것은?

① 복지대상자 발굴
② 지역특화사업 추진
③ 지역자원의 발굴 및 연계
④ 지역인적안전망 구축
⑤ 지역사회보장지표의 생성

답 ⑤

응시생들의 선택

① 14%	② 16%	③ 3%	④ 5%	⑤ 62%

읍·면·동 단위 지역사회보장협의체는 관할 지역의 저소득 주민·아동·노인·장애인·한부모가족·다문화가족 등 사회보장 대상자 발굴, 사회보장 자원 발굴 및 연계, 지역사회보호체계 구축 및 운영 등 관할 지역주민의 사회보장 증진을 위한 업무 지원을 위해 구성한다.

16-05-22 난이도 ★★☆

지역사회보장협의체에 관한 설명으로 옳지 않은 것은?

① 사회보장 관련 서비스제공 기관과의 연계·협력을 강화할 목적으로 운영된다.
② 공공과 민간의 적극적이고 자발적인 참여가 전제되어야 한다.
③ 2015년 지역사회복지협의체가 지역사회보장협의체로 명칭이 변경되었다.
④ 실무협의체는 시·군·구의 사회보장급여 제공에 관한 사항을 심의·자문한다.
⑤ 사회보장 관련 기관·법인·단체·시설 간 연계와 협력 강화를 위해 실무분과를 운영한다.

답 ④

응시생들의 선택

① 6%	② 8%	③ 26%	④ 46%	⑤ 14%

④ 시·군·구의 사회보장급여 제공에 관한 사항에 대한 심의·자문은 대표협의체에서 이루어진다. 실무협의체는 지역사회보장협의체의 업무를 효율적으로 수행하기 위해 구성된다.

복습 3 정답훈련

다음 내용이 왜 틀렸는지를 확인해보자

01 지역사회보장협의체의 업무를 효율적으로 수행하기 위하여 지역사회보장협의체에 **읍·면·동 협의체**를 둔다.

> 지역사회보장협의체의 업무를 효율적으로 수행하기 위하여 지역사회보장협의체에 실무협의체를 둔다.

13-05-04

02 지역사회보장협의체는 **공공 간의 연계방식으로 시작해서** 공공과 민간의 연계방식으로 전개되었다.

> 지역사회보장협의체는 그 시작부터 공공과 민간의 연계체계를 강화하기 위한 목적으로 설치되었다.

03 **지역사회보장협의체는 시·도에, 실무협의체는 시·군·구에 설치**하여 효율적으로 연계된 계획을 추진한다.

> 지역사회보장협의체는 시·군·구 단위에 설치되며, 협의체 내에 실무협의체가 구성된다.

19-05-18

04 지역사회보장협의체는 **사회복지사업법**에 그 법적 근거를 두고 있다.

> 2005년 사회복지사업법에 따라 지역사회복지협의체로 시작하여 2015년 사회보장급여의 이용·제공 및 수급권자 발굴에 관한 법률이 시행되면서 이 법률에 따라 운용되고 있다.

05 지역사회보장협의체 및 실무협의체의 조직·운영에 관한 **모든 사항은** 해당 시·군·구의 조례로 정한다.

> 지역사회보장협의체는 사회보장급여의 이용·제공 및 수급권자 발굴에 관한 법률에서 규정하고 있으며, 이 법령에서 정하는 사항 외에 필요한 사항은 보건복지부령이 정하는 바에 따라 해당 시·군·구의 조례로 정한다.

06 **시·도지사는** 시·군·구 단위의 지역사회보장협의체 외에 읍·면·동 단위의 사회보장 관련 업무의 수행을 위해 읍·면·동 협의체를 둔다.

> 시장·군수·구청장은 읍·면·동 단위로 읍·면·동의 사회보장 관련 업무의 원활한 수행을 위하여 해당 읍·면·동에 지역사회보장협의체를 둔다.

빈칸에 들어갈 알맞은 말을 채워보자

06-05-22

01 (   )은/는 시 · 군 · 구 지역사회보장계획을 심의하는 기관이다.

02 시 · 군 · 구 지역사회보장협의체는 (   )의 지역사회보장조사 및 지역사회보장지표에 관한 사항을 심의 · 자문한다.

07-05-16

03 지역사회보장협의체는 위원장 1명을 포함하여 (①   )명 이상 (②   )명 이하의 위원으로 구성한다.

04 법률에서 정한 사항 외에 지역사회보장협의체 및 실무협의체의 조직 · 운영에 필요한 사항은 보건복지부령으로 정하는 바에 따라 해당 시 · 군 · 구의 (   )(으)로 정한다.

05 실무협의체의 위원장은 지역의 사회보장 관련 기관 · 법인 · 단체 · 시설 간 연계 · 협력을 강화하기 위하여 (   )을/를 구성 · 운영할 수 있다.

 **01** 지역사회보장협의체 **02** 시·군·구 **03** ① 10 ② 40 **04** 조례 **05** 실무분과

다음 내용이 옳은지 그른지 판단해보자

01 시 · 군 · 구 지역사회보장협의체는 민 · 관 협력을 기반으로 지역사회보장을 추진한다. 

18-05-19

02 시 · 군 · 구 지역사회보장협의체는 읍 · 면 · 동 단위 지역사회보장협의체의 구성 및 운영에 관하여 심의 · 자문한다. 

03 시 · 군 · 구 지역사회보장계획에 대한 심의는 지역사회복지협의회에서 진행한다. 

07-05-16

04 지역사회보장협의체의 실무분과는 지역에 상관없이 동일하게 구성한다. 

답 **01** ○ **02** ○ **03** × **04** ×

해설 **03** 시·군·구 지역사회보장계획에 대한 심의는 시·군·구 지역사회보장협의체의 역할이다.
04 실무분과는 지역의 상황에 따라 대상별, 기능별 등 다양한 형태로 구성이 가능하다.

154 사회복지협의회

1회독 월 일 | 2회독 월 일 | 3회독 월 일

최근 10년간 5문항 출제

이론요약

기본 사항

- 구성: 전국 단위의 한국사회복지협의회(중앙협의회)와 시 · 도(광역) 사회복지협의회를 두며, 시 · 군 · 구(지역) 사회복지협의회를 둘 수 있다.
- 사회복지협의회의 기본 업무
  - 사회복지에 관한 조사 · 연구 및 정책 건의
  - 사회복지 관련 기관 · 단체 간의 연계 · 협력 · 조정
  - 사회복지 소외계층 발굴 및 민간사회복지자원과의 연계 · 협력
  - 대통령령으로 정하는 사회복지사업의 조성 등

한국사회복지협의회

- 2009년 기타 공공기관으로 지정되었다.
- 한국사회복지협의회의 업무(기능)
  - 사회복지에 관한 조사 · 연구 및 정책건의
  - 사회복지에 관한 교육훈련
  - 사회복지에 관한 자료수집 및 간행물 발간
  - 사회복지에 관한 계몽 및 홍보
  - 자원봉사활동의 진흥
  - 사회복지사업에 종사하는 사람의 교육훈련과 복지증진
  - 사회복지에 관한 학술 도입과 국제사회복지단체와의 교류
  - 보건복지부장관이 위탁하는 사회복지에 관한 업무
  - 그 밖에 협의회의 목적 달성에 필요하여 정관으로 정하는 사항

시 · 도 사회복지협의회

- 광역시 · 도 단위에 설립
- 한국사회복지협의회의 산하기구로 조직되었다가 1998년 사회복지사업법 개정에 따라 독립된 사회복지법인으로서 각 지방의 사회복지협의회로서 운영되고 있다.

시 · 군 · 구 사회복지협의회

- 시 · 군 · 구 단위에 설립
- 시 · 도 사회복지협의회만으로는 지역에 밀접한 사회복지가 어렵다는 한계에 부딪히면서 주민들의 자생적 필요에 따라 1995년 원주시에 처음 조직되었다.
- **2003년 사회복지사업법 개정에 따라 사회복지법인으로 법적 근거가 마련되었다.**
- 지역사회복지의 대표적인 협의 · 조정기관으로서 지역사회복지활동 기능, 기관 간 연락 · 조정 · 협의 기능, 지원 · 유지 기능 등을 수행한다.

기출문장 CHECK

01 (20-05-21) 한국사회복지협의회는 사회복지에 관한 교육훈련, 사회복지에 관한 계몽 및 홍보, 자원봉사활동의 진흥, 사회복지사업에 관한 기부문화의 조성 등의 사업을 진행한다.

02 (19-05-20) 사회복지협의회는 사회복지사업법에 근거를 둔 법정단체이다.

03 (19-05-20) 한국사회복지협의회는 기타 공공기관으로 지정되었다.

04 (19-05-20) 광역 및 지역 단위 사회복지협의회는 독립적인 사회복지법인이다.

05 (19-05-20) 사회복지협의회는 사회복지기관 간 연계 · 협력 · 조정 등의 업무를 수행한다.

06 (18-05-20) 사회복지협의회는 민간 사회복지 증진을 위한 법적 단체이다.

07 (18-05-20) 1970년 사회복지법인 한국사회복지협의회로 명칭 변경

08 (18-05-20) 사회복지협의회는 사회복지 소외계층 발굴 및 민간사회복지자원과의 연계 · 협력, 사회복지에 관한 조사 · 연구 및 정책 건의 등의 기능을 한다.

09 (17-05-23) 사회복지협의회는 사회복지시설 및 기관 중심의 지역사회복지 증진을 위한 법정단체이다.

10 (14-05-21) 사회복지협의회는 민간 사회복지의 증진을 위한 법정단체이다.

11 (14-05-21) 사회복지협의회는 사회복지에 관한 조사 · 연구 및 정책건의를 수행한다.

12 (14-05-21) 사회복지협의회는 사회복지 소외계층 발굴 및 민간사회복지자원과의 연계 · 협력 업무를 수행한다.

13 (14-05-21) 사회복지협의회는 사회복지 관련 기관 · 단체 간의 연계 · 협력 · 조정을 추진한다.

14 (09-05-26) 사회복지협의회는 사회복지사업법에 법적 근거를 두고 있으며 지역사회의 특성에 적합한 역할을 수행한다.

15 (09-05-26) 사회복지협의회는 구호활동을 하던 민간사회사업기관들의 모임에서 시작되었다.

16 (07-05-23) 시 · 군 · 구 사회복지협의회는 시 · 군 · 구로부터 재정적 지원을 받을 수 있다.

17 (04-05-06) 한국사회복지협의회는 사회복지에 관한 조사, 연구 및 정책 건의 등의 활동을 수행한다.

18 (03-05-19) 한국사회복지협의회는 사회복지단체 상호 간의 연락 조정 및 협의의 기능을 중심으로 한다.

19 (02-05-16) 지역사회복지협의회는 지역복지를 민간 차원에서 종합적으로 수행한다.

20 (02-05-22) 지역사회복지협의회는 전문성의 원칙, 민간성의 원칙, 주민욕구 중심의 원칙, 주민활동 주체의 원칙 등을 바탕으로 한다.

복습 2 기출확인

대표기출 확인하기

20-05-21 난이도 ★★☆

한국사회복지협의회의 주요 사업이 아닌 것은?

① 사회복지에 관한 교육훈련
② 사회복지에 관한 계몽 및 홍보
③ 자원봉사활동의 진흥
④ 사회복지사업에 관한 기부문화의 조성
⑤ 읍·면·동이 위탁하는 사회복지에 관한 업무

알짜확인

- 기존에는 앞서 공부한 지역사회보장협의체와 구분할 수 있느냐에 초점을 둔 문제가 많았지만, 최근에는 협의회 자체의 사업이나 성격을 파악하는 문제가 출제되고 있어 꼼꼼히 살펴봐야 한다.
- 중앙협의회는 공공기관은 아니지만 기타공공기관으로 지정되었다는 점, 광역 및 지역 단위의 협의회도 각각 독립된 사회복지법인이라는 점, 지역 단위 협의회는 의무 설치는 아니라는 점 등을 같이 기억해두자.

답 ⑤

응시생들의 선택

① 4%	② 3%	③ 33%	④ 13%	⑤ 47%

⑤ 읍·면·동이 아닌 보건복지부장관이 위탁하는 사회복지에 관한 업무를 수행한다.

관련기출 더 보기

19-05-20 난이도 ★★☆

사회복지협의회에 관한 설명으로 옳지 않은 것은?

① 사회복지사업법에 근거를 둔 법정단체이다.
② 민·관 협력을 위해 시·군·구에 설치된 공공기관이다.
③ 한국사회복지협의회는 기타 공공기관으로 지정되었다.
④ 사회복지기관 간 연계·협력·조정 등의 업무를 수행한다.
⑤ 광역 및 지역 단위 사회복지협의회는 독립적인 사회복지법인이다.

답 ②

응시생들의 선택

① 8%	② 45%	③ 14%	④ 1%	⑤ 32%

② 사회복지협의회는 민간기관이다. 민·관 협력을 위해 시·군·구에 설치된 공공기관은 지역사회보장협의체이다.

18-05-20 난이도 ★★☆

사회복지협의회에 관한 설명으로 옳지 않은 것은?

① 민간 사회복지 증진을 위한 법적 단체
② 사회복지 소외계층 발굴 및 민간사회복지자원과의 연계·협력
③ 시·도와 시·군·구에 모두 의무 설치된 것은 아님
④ 1970년 사회복지법인 한국사회복지협의회로 명칭 변경
⑤ 사회복지에 관한 조사·연구 및 정책 건의

답 ③

응시생들의 선택

① 11%	② 5%	③ 69%	④ 11%	⑤ 4%

③ 2024년 사회복지사업법 개정에서는 '전국 단위의 한국사회복지협의회(중앙협의회), 시·도 사회복지협의회 및 시·군·구 사회복지협의회를 둔다'라고 규정하여 기존에 '둘 수 있다'라는 임의규정을 개정하였다.

17-05-23 난이도 ★★★

사회복지협의회에 관한 설명으로 옳은 것은?

① 읍·면·동 중심의 공공부문 전달체계와 지역사회보호체계를 구축하고 운영한다.
② 관계법령에 따라 10명 이상 40명 이하의 규모로 위원회를 구성해야 한다.
③ 시·군·구 단위에 의무적으로 설치해야 하는 것은 아니다.
④ 사회복지시설 및 기관 중심의 지역사회복지 증진을 위한 법정단체이다.
⑤ 사회보장급여의 이용·제공 및 수급권자 발굴에 관한 법률에 근거하여 설립된다.

답 ④

응시생들의 선택

① 16%	② 18%	③ 16%	④ 32%	⑤ 18%

① 민간 부분의 협력체계이다.
② 위원회 구성 규정은 없다.
③ 2024년 사회복지사업법 개정으로 시·군·구 단위에 사회복지협의회를 '둘 수 있다'에서 '둔다'로 변경되었다.
⑤ 사회복지사업법에 의한다.

14-05-21 난이도 ★★☆

사회복지사업법령상 우리나라 사회복지협의회에 관한 설명으로 옳지 않은 것은?

① 사회복지 소외계층 발굴 및 민간사회복지자원과의 연계·협력 업무를 수행한다.
② 사회복지에 관한 조사·연구 및 정책건의를 수행한다.
③ 사회복지관련 기관·단체 간의 연계·협력·조정 업무를 수행한다.
④ 시·군·구 기초자치단체에 의무적으로 설립하여야 한다.
⑤ 민간 사회복지의 증진을 위한 법정단체이다.

답 ④

응시생들의 선택

① 10%	② 9%	③ 3%	④ 47%	⑤ 31%

④ 사회복지협의회는 사회복지사업법에서 규정하고는 있지만 의무적 설치를 규정하고 있지는 않다.

11-05-25 난이도 ★★☆

한국사회복지협의회에 관한 설명으로 옳은 것은?

① 민간과 공공의 연계·협력·조정을 기초로 한 협력기관
② 복지수요 사정에 따른 지역사회보장계획 수립
③ 보건·복지 전달체계의 효율적 관리
④ 사회복지 관련 기관·단체 간의 연계·협력·조정
⑤ 사회복지사에 대한 전문지식 및 기술의 개발

답 ④

응시생들의 선택

① 15%	② 4%	③ 2%	④ 62%	⑤ 16%

④ 한국사회복지협의회는 민간의 사회복지 관련 기관·단체 간의 협력과 연계를 도모하기 위한 조직으로, 지역사회의 복지욕구를 효과적으로 달성하기 위해 상호 협력과 조정, 조사연구 등을 실시한다.

09-05-26 난이도 ★★☆

우리나라 사회복지협의회에 관한 설명으로 옳지 않은 것은?

① 사회복지사업법에 설립 근거를 두고 있다.
② 시·군·구에도 둘 수 있다.
③ 민간과 공공기관이 협의하는 기구이다.
④ 구호활동을 하던 민간사회사업기관들의 모임에서 시작되었다.
⑤ 사회복지시설과 기관이 시행하는 업무를 협의·조정한다.

답 ③

응시생들의 선택

① 15%	② 2%	③ 45%	④ 30%	⑤ 8%

③ 사회복지협의회는 지역사회복지에 관심 있는 단체들 간의 자율적 협력·조정 단체이다.

복습 3 정답훈련

다음 내용이 왜 틀렸는지를 확인해보자

01 사회복지협의회는 사회복지사업법에 따른 공공기관이다.

> 중앙위원회인 한국사회복지협의회의 경우 그 공공성을 인정받아 기타공공기관으로 지정되었을 뿐 사회복지협의회는 민간에서 자생적으로 만들어진 민간단체이다.

04-05-06

02 한국사회복지협의회는 사회복지에 관한 조사 · 연구 및 정책건의, 지역사회보장계획 심의, 자원봉사활동의 진흥 등에 관한 업무를 진행한다.

> 지역사회보장계획에 대한 심의는 지역사회보장협의체의 역할이다.

03 사회복지협의회는 사회복지법인은 아니다.

> 사회복지사업법에 따라 사회복지법인으로 규정되어 있다.

07-05-23

04 시 · 군 · 구 사회복지협의회는 시 · 도 사회복지협의회의 지회로 운영되고 있다.

> 시 · 군 · 구 사회복지협의회와 시 · 도 사회복지협의회는 별도의 법인으로 설치 · 운영되고 있다.

09-05-26

05 사회복지협의회는 지역사회복지에 대한 민간과 공공기관의 협의를 위해 설치된 기구이다.

> 사회복지협의회는 지역사회복지에 관심 있는 민간단체들 간의 자율적 협력 · 조정 단체이며, 공공과 민간 간 협력을 위한 기구는 지역사회보장협의체이다.

다음 내용이 옳은지 그른지 판단해보자

17-05-23

01 사회복지협의회는 사회보장급여의 이용 · 제공 및 수급권자 발굴에 관한 법률에 근거하여 설립된다. 

02 사회복지협의회는 공공 사회복지제도를 운영함에 있어 민간 자원을 동원하기 위한 기관으로서 설립되었다. 

18-05-20

03 1970년에 사회복지법인 한국사회복지협의회로 명칭을 변경하였다. 

04 한국사회복지협의회는 2009년 기타공공기관으로 지정되었다. 

05 한국사회복지협의회는 기타공공기관으로 지정되면서 법정단체가 되었다. 

06 중앙협의회의 설립 및 운영 등에 관한 허가, 인가, 보고 등은 보건복지부장관에 의한다. 

07 한국사회복지협의회는 사회복지에 관한 조사 · 연구 등을 추진한다. 

 **01**× **02**× **03**○ **04**○ **05**× **06**○ **07**○

해설 **01** 사회복지협의회의 근거 법률은 사회복지사업법이다.

02 사회복지협의회는 민간기관들의 연계 · 조정 · 협력 등을 위해 설립된 것으로, 공공 사회복지제도를 운영하기 위해 설립된 것은 아니다.

05 사회복지사업법에 따른 법정단체가 된 것은 1983년 사회복지사업법 개정을 통해서이다.

지역사회복지실천의 추진체계 I

이 장에서는

지방분권화에 따른 영향 및 공공 전달체계를 중심으로 지역사회복지실천의 추진체계를 살펴본다.

10년간 출제분포도

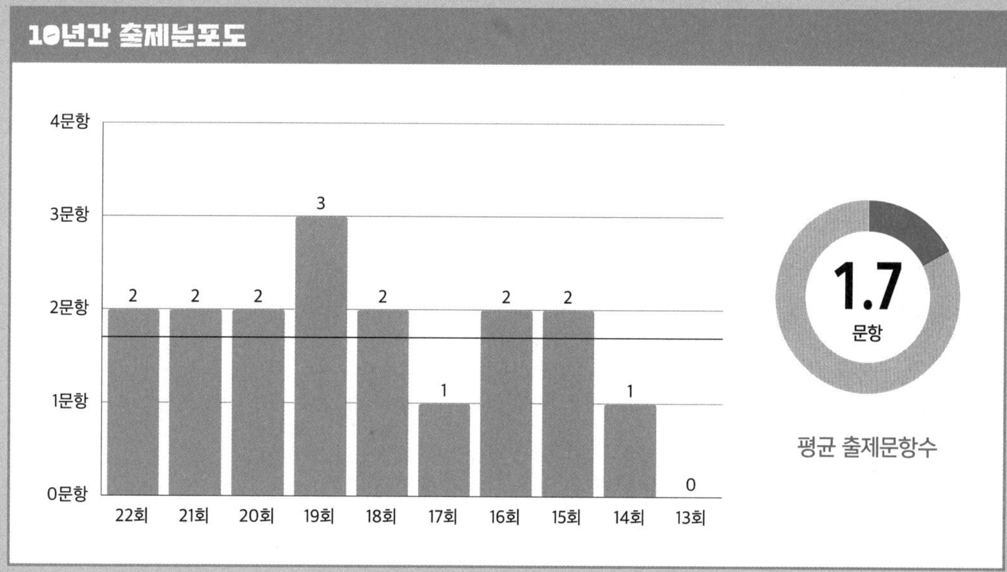

지방분권화

1회독	2회독	3회독
월 일	월 일	월 일

최근 10년간 8문항 출제

이론요약

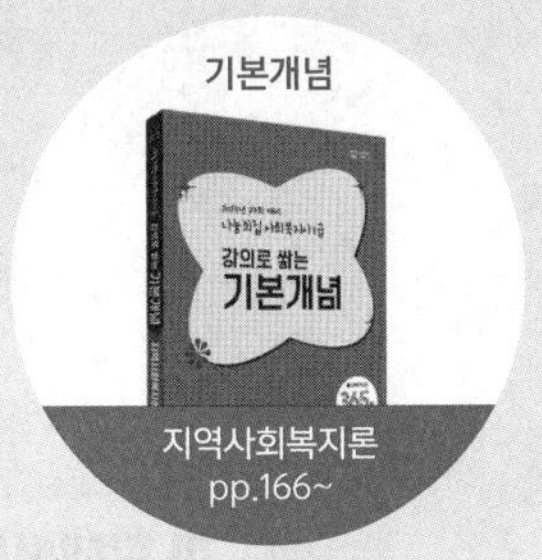

연혁

- 1995년 7월 1일 지방자치제도 전면 실시
- 2003년 사회복지사업법 개정
  - 지역사회복지계획 수립의 의무화
  - 민·관 협치를 위한 지역사회복지협의체 도입

  ※ 2014년 사회보장급여의 이용·제공 및 수급권자 발굴에 관한 법률이 제정(2015년 시행)되면서 사회복지사업법에 있던 지역사회복지계획 등에 관한 규정이 이 법률로 이관되었으며, 사회복지에서 사회보장으로 범위를 넓혀 현재 지역사회보장계획으로 실시되고 있다.
- 2003년 지방이양 및 국고보조 사업의 정비 추진
  - 2004년 국고보조금 정비방안 확정
  - 2005년부터 국고보조 사업을 지방으로 이양
- 2005년~2014년 지방이양 사업을 위한 분권교부세 한시적 시행(2015년부터 보통교부세로 통합)
- 2015년 장애인거주시설, 노인시설(양로), 정신요양시설 운영사업에 대해 중앙정부 사업으로 환원

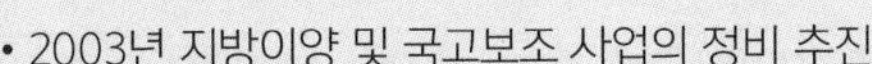

사회복지 부문에서 지방분권화가 미친 영향

▶ 긍정적 측면
- 지방정부의 자율성 확대
- 지방정부의 권한 및 책임성 강화
- 지역의 특성이 반영된 복지제도 수립 가능
- 지역주민의 새로운 욕구에 대한 새 정책 수립에 용이

▶ 부정적 측면
- 중앙정부의 사회적 책임성 약화, 사회서비스 축소에 대한 우려
- 지방정부의 성향에 따라 복지제도가 약화될 수 있음
- 지방정부의 재정력 격차에 따른 복지서비스의 격차 및 불평등 심화 문제
- 지역 이기주의 확산

기출문장 CHECK

01 (22-05-18) 지방자치제는 자기통치원리를 담고 있다.

02 (22-05-18) 지방자치는 주민자치와 단체자치를 일컫는다.

03 (22-05-18) 지방자치법을 제정함으로써 지방 분권을 위한 법적 장치가 만들어졌다.

04 (22-05-18) 지방자치단체는 사회복지시설을 평가할 수 있다.

05 (21-05-17) 지방분권으로 인한 주민참여로 권력의 재분배가 이루어진다.

06 (20-05-16) 지방자치제도에 따라 복지예산이 지방으로 이양되어 지방정부의 책임이 강화된다.

07 (19-05-15) 지방분권에 따라 주민참여의 기회 확대, 지역 특성에 맞는 정책 수립, 지방자치단체의 역할과 책임 강화 등이 가능하다.

08 (19-05-15) 지방분권으로 인해 지역 간 복지수준의 격차가 발생할 수 있다.

09 (19-05-16) 지방자치제는 민주주의 사상에 기초하며, 지역문제에 대한 자기통치 원리를 담고 있다.

10 (19-05-16) 지방자치제는 지방자치단체의 행정사무가 주민참여에 의해 이루어져야 한다.

11 (18-05-17) 지방자치는 지방정부 간 복지 수준의 불균형을 초래하기도 했다.

12 (18-05-17) 지방자치의 영향: 지역주민들의 주체적 참여 기회 제공, 지역사회복지에 대한 책임의식 향상, 지방자치단체장 후보의 사회복지 관련 선거공약 활성화

13 (15-05-14) 지방분권화의 긍정적 영향: 지역사회복지에 대한 주민의 주체적 참여기회 제공, 주민욕구 맞춤형 복지 프로그램 제공, 지방행정부서의 역할 강화, 비정부조직(NGO)의 자원 활용

14 (14-05-24) 지방자치제의 부정적 측면: 지방자치단체 간 재정능력의 차이로 복지수준이 다를 수 있다. 지역 이기주의가 나타날 수 있다. 복지서비스의 지역 간 불균형이 나타날 수 있다.

15 (12-05-21) 지방분권화의 긍정적 영향: 복지의 분권화를 통해 효율적인 복지집행체계의 구축이 용이해질 수 있다.

16 (12-05-21) 지방분권화의 부정적 영향: 사회복지 행정업무와 재정을 지방에 이양함으로써 중앙정부의 사회적 책임성을 약화시킬 수 있다. 지방자치단체장의 의지에 따라 복지서비스의 지역 간 불균형이 나타날 수 있다. 지방정부가 사회개발정책에 우선을 두는 경우 지방정부의 복지예산이 감소될 수 있다. 지방정부간의 재정력 격차로 복지수준의 차이가 나타날 수 있다.

17 (10-05-28) 지방분권화 이후 민간 부문의 과제: 사회복지종사자들의 직무능력 개발과 책임성 강화, 복지관련 연계망 구축기반 마련, 지역사회의 종교·시민단체 등과의 상호협조 강화, 공공부문에 대한 견제 및 협력

18 (10-05-30) 지방자치제 도입에 따라 중앙정부 중심의 복지행정으로부터 지방정부 중심의 복지행정으로 전환되었다.

19 (10-05-30) 지방자치는 지역의 특성에 맞고 그 지역주민의 복지수요에 부응하도록 독자적인 계획을 수립하고, 차별화된 정책 수립이 가능하다.

20 (09-05-21) 지방자치는 주민들의 참여를 높일 수 있고, 지역의 욕구에 부합하는 복지서비스를 개발하기에 유리하다.

21 (09-05-21) 지방자치로 인해 지방정부 간 복지 불균형이 심화될 수 있다.

22 (08-05-17) 지방분권화에 따라 지방정부는 사회복지서비스 기획 능력을 갖춰야 한다.

23 (07-05-28) 지방분권화는 중앙정부의 권한과 책임을 지방정부로 이양하는 것으로 행정분권과 재정분권을 주요 내용으로 한다.

24 (03-05-15) 지방분권화에 따라 지방재정의 부실화와 지역 간 불평등이 나타날 수 있다.

복습 2 기출확인

대표기출 확인하기

22-05-18 난이도 ★★☆

지방자치제에 관한 설명으로 옳은 것을 모두 고른 것은?

ㄱ. 지방자치제는 자기통치원리를 담고 있다.
ㄴ. 지방자치는 주민자치와 단체자치를 일컫는다.
ㄷ. 지방자치단체는 사회복지시설을 평가할 수 있다.
ㄹ. 지방자치법을 제정함으로써 지방 분권을 위한 법적 장치가 만들어졌다.

① ㄱ, ㄴ
② ㄷ, ㄹ
③ ㄱ, ㄴ, ㄷ
④ ㄱ, ㄴ, ㄹ
⑤ ㄱ, ㄴ, ㄷ, ㄹ

알짜확인

- 지방분권화가 사회복지 부문에 미친 영향을 살펴보는 문제가 주로 출제되고 있는데, 긍정적 영향과 부정적 영향을 구분할 수도 있어야 한다.
- 우리나라 사회복지 부문의 지방분권화는 2000년대에 본격화되었지만, 지방자치제도의 실시 자체는 1995년이라는 점도 같이 기억해두어야 한다.

답 ⑤

응시생들의 선택

① 5%	② 10%	③ 8%	④ 21%	⑤ 56%

모두 옳은 내용이다.

덧붙임

ㄷ의 내용을 틀린 것으로 본 응시생들이 꽤 있었는데, 사회복지 시설평가의 주체는 보건복지부장관 및 시 · 도지사로 시 · 도 단위 지자체별로 실행되고 있다.

관련기출 더 보기

21-05-17 난이도 ★★☆

지방분권에 관한 설명으로 옳은 것은?

① 사회보험제도의 지방분권이 확대되고 있다.
② 주민참여로 권력의 재분배가 이루어진다.
③ 지역주민의 욕구에 대한 민감성이 약화된다.
④ 복지수준의 지역 간 균형이 이루어진다.
⑤ 중앙정부의 사회적 책임성이 강화된다.

답 ②

응시생들의 선택

① 16%	② 66%	③ 2%	④ 10%	⑤ 6%

① 사회보험제도는 국가(중앙정부)의 책임으로 시행되고 있다.
③ 지역주민의 새로운 욕구나 변화된 욕구에 민감하게 반응하여 지역의 특성에 맞는 복지정책의 수립을 가능하게 한다.
④ 지방자치단체들 간에 재정력의 격차가 존재하는 상황에서, 지방분권화를 통해 기존의 재정력 격차가 확대되면 재정이 취약한 지방정부의 경우 복지 예산의 감축이 이루어질 수도 있다. 이러한 경우 지역 간 복지수준의 격차와 불평등을 심화시킬 수 있다.
⑤ 중앙정부의 사회복지 책임성 약화나 사회복지서비스 공급 축소에 대한 우려가 있다. 즉, 중앙정부가 맡아야만 하는 사회복지의 역할을 축소시키는 부정적 영향을 초래할 수 있다.

19-05-15 난이도 ★☆☆

지방분권에 관한 설명으로 옳지 않은 것은?

① 주민참여 기회가 확대된다.
② 중앙정부의 책임성이 강화된다.
③ 지역 특성에 맞는 정책을 수립할 수 있다.
④ 지역 간 복지수준의 격차가 발생할 수 있다.
⑤ 지방자치단체의 역할과 책임을 강화시킬 수 있다.

답 ②

응시생들의 선택

① 1%	② 97%	③ 0%	④ 1%	⑤ 1%

② 지방분권은 지방정부의 책임성이 강화되는 반면, 상대적으로 중앙정부의 책임성은 약해지는 측면이 있다.

19-05-16 난이도 ★★★

지방자치제에 관한 설명으로 옳지 않은 것은?

① 민주주의 사상에 기초를 두고 있다.
② 지방자치단체의 장은 선거로 선출한다.
③ 지역문제에 대한 자기통치 원리를 담고 있다.
④ 우리나라에서는 1990년에 처음으로 실시되었다.
⑤ 지방자치단체의 행정사무가 주민참여에 의해 이루어져야 한다.

답 ④

응시생들의 선택

① 1%	② 4%	③ 25%	④ 35%	⑤ 35%

④ 우리나라 지방자치제는 1995년 7월 1일부로 전면적으로 실시되었다.

15-05-14 난이도 ★★★

지방자치가 지역사회복지에 미친 긍정적 영향을 모두 고른 것은?

ㄱ. 지역사회복지에 대한 주민의 주체적 참여기회 제공
ㄴ. 주민욕구 맞춤형 복지 프로그램 제공
ㄷ. 지방행정부서의 역할 강화
ㄹ. 비정부조직(NGO)의 자원 활용

① ㄱ, ㄴ　② ㄴ, ㄷ
③ ㄱ, ㄴ, ㄷ　④ ㄱ, ㄷ, ㄹ
⑤ ㄱ, ㄴ, ㄷ, ㄹ

답 ⑤

응시생들의 선택

① 9%	② 7%	③ 45%	④ 2%	⑤ 37%

지방분권화(지방자치)로 중앙정부의 권한이 지방정부로 이양됨에 따라 지방정부의 자율성이 강화되고, 지역사회의 특성이 반영된 정책수립이 가능해졌으며, 지역주민의 참여 기회가 확대되게 되었다.

12-05-21 난이도 ★☆☆

지역사회복지를 위한 지방분권의 부정적 측면이 아닌 것은?

① 사회복지 행정업무와 재정을 지방에 이양함으로써 중앙정부의 사회적 책임성을 약화시킬 수 있다.
② 지방정부가 사회개발정책에 우선을 두는 경우 지방정부의 복지예산이 감소될 수 있다.
③ 복지의 분권화를 통해 효율적인 복지집행체계의 구축이 용이해질 수 있다.
④ 지방자치단체장의 의지에 따라 복지서비스의 지역 간 불균형이 나타날 수 있다.
⑤ 지방정부간의 재정력 격차로 복지수준의 차이가 나타날 수 있다.

답 ③

응시생들의 선택

① 5%	② 5%	③ 87%	④ 2%	⑤ 1%

③ 복지의 분권화를 통해 효율적인 복지집행체계의 구축이 용이해질 수 있다는 점은 지방분권의 긍정적 측면에 해당한다.

10-05-28 난이도 ★★☆

지방분권화에 따른 지역사회복지 환경의 변화로 민간 사회복지부문 전반에 걸쳐서 요구되는 것을 모두 고른 것은?

ㄱ. 사회복지종사자들의 직무능력 개발과 책임성 강화
ㄴ. 복지관련 연계망 구축기반 마련
ㄷ. 지역사회의 종교·시민단체 등과의 상호협조 강화
ㄹ. 공공부문에 대한 견제와 협력의 강화

① ㄱ, ㄴ, ㄷ　② ㄱ, ㄷ
③ ㄴ, ㄹ　④ ㄹ
⑤ ㄱ, ㄴ, ㄷ, ㄹ

답 ⑤

응시생들의 선택

① 30%	② 5%	③ 3%	④ 0%	⑤ 61%

지역사회복지 환경의 변화에 따라 민간 사회복지 부문에 요구되는 역할에는 '공공부문의 서비스를 보완하는 서비스 개발 및 강화, 종사자들의 직무능력 개발과 책임성 강화, 지역사회 종교 · 시민단체 등과의 상호협조, 복지관련 연계망 구축기반 마련, 공공부문에 대한 견제와 협력' 등이 있다.

복습 3

정답훈련

다음 내용이 왜 틀렸는지를 확인해보자

14-05-24

01 지방분권화는 사회복지에 대한 지방자치단체의 권한과 책임성이 강화될 수 있다는 부정적 측면도 있다.

지방자치단체의 권한과 책임성이 강화될 수 있다는 것은 지방분권화의 긍정적 영향이다.

19-05-16

02 우리나라 지방자치제는 1990년에 처음으로 실시되었다.

우리나라 지방자치제는 1995년 7월 1일부로 전면적으로 실시되었다.

12-05-25

03 2015년부터 아동복지시설 사업은 중앙정부로의 환원되었다.

장애인거주시설, 노인시설(양로), 정신요양시설 운영사업은 2015년 중앙정부로 환원되었지만, 아동복지사업은 중앙환원 사업에 포함되지 않았다.

08-05-17

04 지방분권화에 따라 전국적으로 일률적이고 획일적인 복지서비스 제공이 가능해졌다.

지방분권화는 해당 자치구에 대한 사회복지서비스 사업을 실시하기 때문에 전국적 통일성을 기하기는 어렵다.

10-05-30

05 지역마다 차별화된 복지정책의 수립이 가능해진 것은 지방분권화의 대표적인 부정적 영향에 해당한다.

지역별 차별화된 복지정책 수립은 지역의 특성과 주민의 욕구에 맞춘 복지정책의 수립을 의미하기 때문에 대표적인 긍정적 영향에 해당한다.

다음 내용이 옳은지 그른지 판단해보자

01 지방자치제 도입 이후 우리나라 공공 사회복지 전달체계 개편은 지역중심의 사회복지사업을 강조하는 방향으로 이루어지고 있다. 

02 지방자치제에 따라 지방의 재정 격차는 복지 격차로 이어지는 결과를 보이기도 한다. 

18-05-17

03 지방자치 발달에 따라 지역사회복지에 대한 중앙정부의 책임과 권한이 강화되었다. 

15-05-14

04 지방자치에 따라 지역사회복지에 대한 주민의 주체적인 참여 기회가 약화되었다. 

14-05-24

05 지방분권화에 따라 지역 이기주의가 심화될 수 있다는 우려도 있다. 

06 복지사업의 지방이양을 위해 2005년부터 실시된 보통교부세는 2015년부터 분권교부세로 통합되었다. 

10-05-30

07 지방자치제 도입에 따라 중앙정부 중심의 복지행정으로부터 지방정부 중심의 복지행정으로 전환되었다. 

18-05-17

08 지방자치제도의 도입 이후 지방자치단체장 후보의 사회복지에 대한 관심과 선거공약이 증가하고 있다. 

답 **01**○ **02**○ **03**× **04**× **05**○ **06**× **07**○ **08**○

해설 **03** 지방자치발달에 따라 지역사회복지에 대한 지방정부의 책임과 권한이 강화되는 반면, 중앙정부의 책임과 권한은 축소되는 측면도 있다.

04 지역주민의 참여 기회를 확대하는 방향으로 나아가고 있다.

06 복지사업의 지방이양을 위해 2005년부터 실시된 분권교부세는 2015년부터 보통교부세로 통합되었다.

156 지역사회복지 관련 동향 및 향후 과제

1회독 월 일 | 2회독 월 일 | 3회독 월 일

최근 10년간 9문항 출제

복습 1 이론요약

공공 전달체계의 개편

- 1995. 7. ~ 1999. 12. 보건복지사무소 시범사업
- 2004. 7. ~ 2006. 6. 사회복지사무소 시범사업
- 2006. 7. 8대 서비스를 포괄하는 주민생활지원서비스 전달체계 확립
- 2010년 사회복지통합관리망(행복e음) 구축, 시·군·구 위기가구 사례관리 사업 실시
- 2012년 시·군·구 '희망복지지원단' 운영으로 통합사례관리 시행
- 2013년 사회보장정보시스템 완전 개통
- 2016년 행정복지센터를 중심으로 하는 읍·면·동 복지허브화 사업 추진
- 2017년 주민자치형 공공서비스 구축, 읍·면·동에 찾아가는 보건복지팀 설치
- 2018년 지역사회 통합돌봄 계획 발표 이후 2019년부터 지자체별 선도사업 실시
- 2019년 공공부문의 돌봄 서비스 직접 제공을 위한 사회서비스원 시범운영

지역복지의 향후 과제

- 복지재정의 불평등과 복지수준의 격차 감소
- 중앙정부와 지방정부 간 역할분담
- 사회복지 재정 확보를 위한 중앙정부의 지원
- 지역사회 수준에서 사회복지를 주도적으로 기획하고 집행할 수 있는 다양한 제도적 장치 마련
- 적극적인 주민참여와 민간부문의 역량강화
- 민간의 복지 연계망 구축
- 민간의 공공부문에 대해 견제 및 민·관 협력

기출문장 CHECK

01 (21-05-25) 최근 복지전달체계는 수요자 중심의 복지서비스를 제공하고, 보건과 연계한 서비스의 통합성이 강화되었다.

02 (20-05-25) 2015년: 서울 '찾아가는 동주민센터' 사업 실시 → 2018년 : 읍 · 면 · 동 찾아가는 보건복지서비스로 전국에 확대

03 (20-05-25) 2016년: 읍 · 면 · 동 복지허브화를 추진하면서 동주민센터를 행정복지센터로 재구성하고, 맞춤형 복지 전담팀 설치 시작

04 (20-05-25) 2015년: 지역사회복지계획이 지역사회보장계획으로 변경

05 (19-05-25) 2010년 사회복지통합관리망(행복e음) 구축

06 (19-05-25) 2012년 시 · 군 · 구 단위 희망복지지원단 운영

07 (19-05-25) 2017년 읍 · 면 · 동 찾아가는 보건복지서비스

08 (19-05-25) 2019년 사회서비스원 시범사업

09 (18-05-24) 2016년 읍 · 면 · 동 복지허브화

10 (16-05-24) 탈시설화 경향에 따라 지역사회 중심의 복지체계 구축이 중요해지고 있다.

11 (15-05-25) 희망복지지원단은 지역주민 맞춤형 통합서비스체계 구축을 목적으로 지역사회가 보유한 자원과 서비스를 총괄적으로 조정한다.

12 (11-05-30) 지역사회복지는 복지재정분권화로 인한 지역 간 복지재정 불균형 해소, 민간복지 전달체계의 네트워크 강화 등의 문제를 풀어나가야 한다.

13 (06-05-06) 우리나라의 지역사회복지는 지역사회 구성원들의 역량강화에 주목하는 경향이 있으며, 지역사회 중심의 통합적 서비스 체계에 대해 강조하는 경향이 있다.

복습 2 기출확인

대표기출 확인하기

22-05-25 난이도 ★★☆

우리나라 지역사회복지 환경 변화의 순서로 옳은 것은?

ㄱ. 희망복지지원단 설치 · 운영
ㄴ. 사회복지통합관리망(행복e음) 구축
ㄷ. 지역사회통합돌봄(커뮤니티케어) 선도사업 시행
ㄹ. '읍 · 면 · 동 복지 허브화' 사업 시행

① ㄱ→ㄴ→ㄷ→ㄹ
② ㄱ→ㄴ→ㄹ→ㄷ
③ ㄴ→ㄱ→ㄷ→ㄹ
④ ㄴ→ㄱ→ㄹ→ㄷ
⑤ ㄴ→ㄷ→ㄱ→ㄹ

알짜확인

- 지역사회복지와 관련된 공공 전달체계가 어떻게 변화되어 왔는지, 현재의 전달체계는 어떠한지 등을 정리해두도록 하자.
- 지방분권화와 관련하여 지역사회복지의 향후 과제, 앞으로 나아가야 할 방향 등에 대해 생각해보자.

답 ④

응시생들의 선택

① 9%	② 16%	③ 15%	④ 57%	⑤ 3%

ㄴ. 사회복지통합관리망(행복e음) 구축: 2010년
ㄱ. 희망복지지원단 설치 · 운영: 2012년
ㄹ. '읍 · 면 · 동 복지 허브화' 사업 시행: 2016년
ㄷ. 지역사회통합돌봄(커뮤니티케어) 선도사업 시행: 2019년

관련기출 더 보기

21-05-25 난이도 ★☆☆

최근 복지전달체계의 동향으로 옳지 않은 것은?

① 사회복지 전담인력의 확충
② 수요자 중심 복지서비스 제공
③ 통합사례관리의 축소
④ 민 · 관 협력의 활성화
⑤ 보건과 연계한 서비스의 통합성 강화

답 ③

응시생들의 선택

① 1%	② 2%	③ 95%	④ 1%	⑤ 1%

③ 통합사례관리는 활성화되고 있다. 특히, 2012년부터 구성 · 운영된 희망복지지원단은 복합적 욕구를 가진 대상자에게 통합사례관리를 통해 공공 · 민간의 급여 · 서비스 · 자원 등을 맞춤형으로 연계 · 제공하는 통합서비스를 제공하고 있다.

20-05-25 난이도 ★☆☆

최근 지역사회복지 동향으로 옳지 않은 것은?

① '찾아가는 동주민센터' 사업 실시
② 읍 · 면 · 동 맞춤형 복지 전담팀 설치
③ 지역사회통합돌봄사업의 축소
④ 행정복지센터로의 행정조직 재구조화
⑤ 지역사회복지계획이 지역사회보장계획으로 변경

답 ③

응시생들의 선택

① 3%	② 1%	③ 92%	④ 2%	⑤ 2%

③ 지역사회통합돌봄사업은 지방자치단체 차원에서 어르신들에 대한 통합돌봄이 이루어질 수 있도록 하기 위한 것으로 2018년 노인 커뮤니티케어 중심의 '지역사회 통합돌봄 기본계획'을 수립해 2019년 6월부터 선도사업을 실시하였고 2025년까지 지역사회 통합돌봄(커뮤니티케어) 제공기반을 구축해나갈 계획이다.

복습

3 정답훈련

다음 내용이 왜 틀렸는지를 확인해보자

06-05-06

01 우리나라 지역사회복지의 개편은 공공 전달체계의 역할을 더욱 강조하는 방향으로 이루어지고 있다.

우리나라 지역사회복지는 공공과 민간의 협력을 강조하면서 개편이 이루어져 왔다.

16-05-24

02 최근 읍·면·동 복지허브화로 지역사회복지 네트워크가 약화되고 있다.

읍·면·동 복지허브화 사업은 행정복지센터를 중심으로 한 지역 내 복지서비스의 통합 제공을 추구한다. 따라서 지역 내 네트워크를 강화하고 있다.

03 2012년 읍·면·동 단위에 설치된 희망복지지원단은 복합적 욕구를 가진 대상자에게 통합 사례관리를 제공하기 위해 마련된 것이다.

희망복지지원단은 시·군·구 단위에 설치되었다.

16-05-25

04 최근 우리나라는 중앙정부 중심의 지역사회복지서비스 전달체계가 구축되고 있다.

지방분권화 이후 지역중심의 서비스 전달이 이루어질 수 있도록 하는 전달체계가 구축되고 있다.

17-05-25

05 최근 공공 사회복지 전달체계가 읍·면·동 중심으로 개편됨에 따라 사회보장정보시스템(행복e음)이 개시되었다.

사회보장정보시스템은 중앙 및 지자체에서 시행되는 다양한 사회보장급여의 신청, 조사, 지원 등의 업무처리를 지원하기 위해 마련된 시스템으로 읍·면·동 중심의 개편과는 무관하다.

다음 내용이 옳은지 그른지 판단해보자

01 2010년에는 사회복지통합관리망 행복e음이 구축되었다. ⓞⓧ

20-05-25

02 2016년에는 읍 · 면 · 동 복지허브화를 추진하면서 동주민센터를 행정복지센터로 재구성하였다. ⓞⓧ

03 보건복지사무소 시범사업은 사회복지사무소 시범사업이 종료된 이후에 도입되었다. ⓞⓧ

04 지역사회 통합돌봄은 지역사회보호를 기반으로 추진된 정책이다. ⓞⓧ

05 최근 공공 복지 전달체계는 시 · 군 · 구 중심의 찾아가는 보건복지 서비스를 주요 골자로 제시하고 있다. ⓞⓧ

21-05-25

06 최근 복지전달체계는 수요자 중심의 복지서비스를 제공하고, 보건과 연계한 서비스의 통합성이 강화되었다. ⓞⓧ

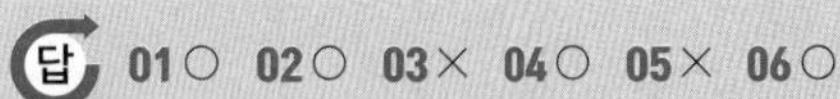

답 **01** ○ **02** ○ **03** × **04** ○ **05** × **06** ○

해설 **03** 보건복지사무소 시범사업은 1995~1999년에, 사회복지사무소 시범사업은 2004~2006년에 실시되었다.
05 2017년 이후 읍 · 면 · 동 단위에 찾아가는 보건복지팀이 설치되었다.

지역사회복지실천의 추진체계 Ⅱ

이 장에서는

사회복지관, 공동모금회, 사회적 경제 주체 등 지역사회복지의 다양한 실천기관을 살펴본다.

10년간 출제분포도

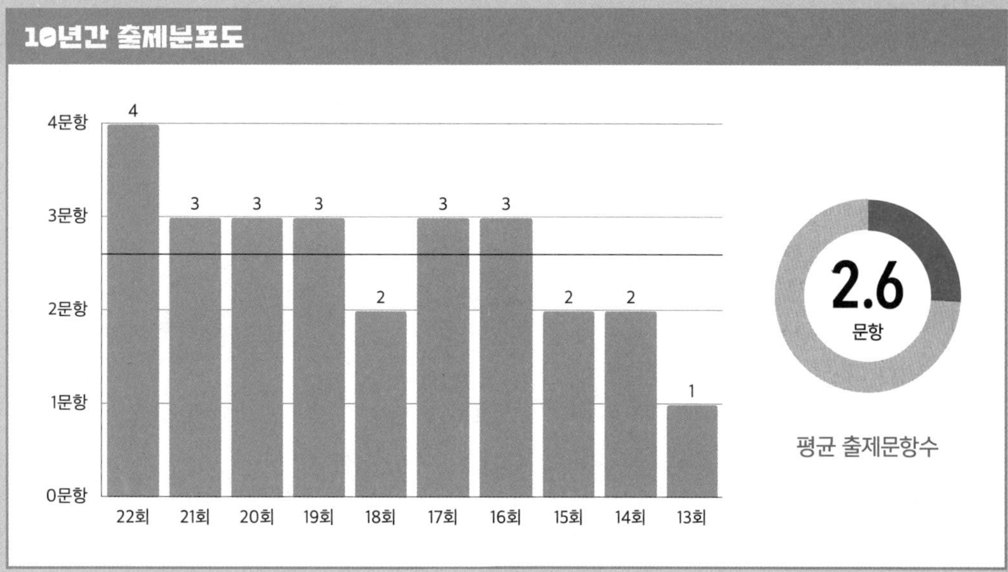

157 사회복지관

1회독	2회독	3회독
월 일	월 일	월 일

최근 10년간 10문항 출제

이론요약

사회복지관 설치

- 사회복지관은 지방자치단체, 사회복지법인 및 기타 비영리법인이 설치·운영할 수 있다.
- 지방자치단체는 사회복지관을 설치한 후 운영능력이 있는 사회복지법인 등에 위탁하여 운영할 수 있다.
- 시·도지사 및 시장·군수·구청장이 사회복지관을 설치하고자 할 때에는 저소득층 밀집지역에 우선 설치하되, 사회복지관이 일부 지역에 편중되지 않도록 한다.

기본개념

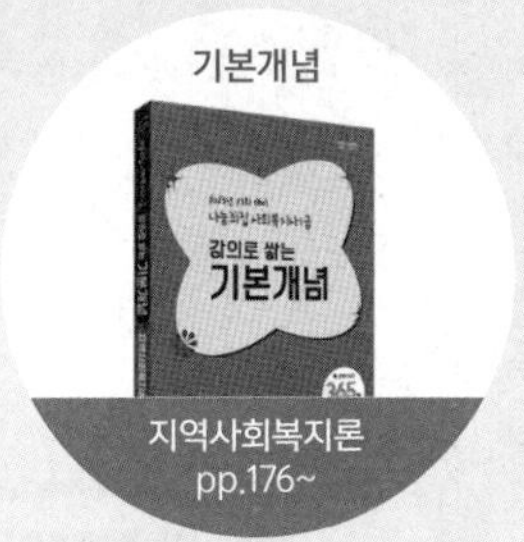

지역사회복지론 pp.176~

사회복지관 운영의 기본원칙

- 지역성의 원칙
- 통합성의 원칙
- 전문성의 원칙
- 중립성의 원칙
- 책임성의 원칙
- 자원활용의 원칙
- 자율성의 원칙
- 투명성의 원칙

사업대상

사회복지서비스 욕구를 가지고 있는 모든 지역주민이 사업대상이다. 다만 다음의 경우에 우선하여 제공한다.

- 국민기초생활보장 수급자, 차상위계층
- 장애인, 노인, 한부모가정, 다문화가정
- 직업 및 취업 알선이 필요한 주민
- 보호와 교육이 필요한 유아·아동 및 청소년
- 그 밖에 사회복지관의 사회복지서비스를 우선 제공할 필요가 있다고 인정되는 주민

사회복지관의 기능 및 사업

▶사회복지사업법

사회복지관은 지역복지증진을 위하여 다음의 사업을 실시할 수 있다.

- 지역사회의 특성과 지역주민의 복지욕구를 고려한 서비스 제공 사업
- 국가·지방자치단체 및 민간 부문의 사회복지서비스를 연계·제공하는 사례관리 사업

- 지역사회 복지공동체 활성화를 위한 복지자원 관리, 주민교육 및 조직화 사업
- 그 밖에 복지증진을 위한 사업으로서 지역사회에서 요청하는 사업

▶사회복지사업법 시행규칙

- 사례관리 기능
  - 사례발굴
  - 사례개입
  - 서비스 연계
- 서비스 제공 기능
  - 가족기능 강화: 가족관계증진사업, 가족기능보완사업, 가정문제해결 · 치료사업, 부양가족지원사업, 다문화가정, 북한이탈주민 등 지역 내 이용자 특성을 반영한 사업
  - 지역사회보호: 급식서비스, 보건의료서비스, 경제적 지원, 일상생활 지원, 정서서비스, 일시보호서비스, 재가복지봉사서비스
  - 교육문화: 아동 · 청소년 사회교육, 성인기능교실, 노인 여가 · 문화, 문화복지사업
  - 자활지원 등 기타: 직업기능훈련, 취업알선, 직업능력개발, 그 밖의 특화사업
- 지역조직화 기능
  - 복지 네트워크 구축: 지역사회연계사업, 지역욕구조사, 실습지도
  - 주민 조직화: 주민복지증진사업, 주민조직화 사업, 주민교육
  - 자원 개발 및 관리: 자원봉사자 개발 · 관리, 후원자 개발 · 관리

기출문장 CHECK

01 (22-05-20) 사회복지관은 지역사회의 특성과 지역주민의 복지욕구를 고려한 서비스 제공 사업, 국가 · 지방자치단체 및 민간부문의 사회복지서비스를 연계 · 제공하는 사례관리 사업, 지역사회 복지공동체 활성화를 위한 복지자원 관리, 주민교육 및 조직화 사업 등을 실시한다.

02 (22-05-21) 사회복지관의 사업내용 중 주민 협력 강화를 위한 주민의식 교육은 지역조직화 기능에 해당한다.

03 (21-05-21) 아동 자립생활 지원을 위한 후원자 개발은 사회복지관 사업 내용 중 지역사회 조직화 기능에 해당한다.

04 (20-05-20) 서비스 제공 기능: 가족기능 강화, 지역사회보호, 교육문화, 자활지원 등

05 (19-05-19) 사회복지관은 취약계층 주민에게 우선적인 서비스를 제공하여야 한다.

06 (19-05-19) 자원봉사자 개발 및 관리는 지역조직화 기능에 해당한다.

07 (19-05-19) 사회복지관의 운영위원회는 5명 이상 15명 이하의 위원으로 구성하며, 프로그램 개발 및 평가에 관한 사항을 심의한다.

08 (18-05-22) 국민기초생활보장법에 따른 수급자 및 노인, 보호가 필요한 유아, 교육이 필요한 청소년, 취업 알선이 필요한 주민 등은 사회복지관의 우선 사업대상이다.

09 (17-05-24) 사례관리 기능의 예: A종합사회복지관은 인근 독거노인의 복합적이고 장기적인 욕구를 사정하고 통합적인 서비스 제공 및 점검계획을 수립하였다.

10 (17-05-24) 주민 조직화 사업의 예: A종합사회복지관은 독거노인의 생활을 지원하기 위해 주민봉사단을 조직하여 정기적인 가정방문을 실시하고 있다.

11 (16-05-19) 사회복지관은 경제적 지원, 일상생활 지원 등의 지역사회보호 사업을 수행한다.

12 (16-05-19) 사회복지관은 주민복지증진사업, 주민조직화 사업, 사례 발굴 및 개입, 아동 · 청소년 사회교육 및 문화복지사업 등을 추진한다.

13 (15-05-06) 사회복지관의 운영은 사회복지사업법에 근거한다.

14 (15-05-06) 사회복지관의 3대 기능: 사례관리 기능, 서비스제공 기능, 지역조직화 기능

15 (15-05-06) 사회복지관의 운영원칙으로는 지역성, 전문성, 책임성 등이 있다.

16 (15-05-06) 사회복지관에 대해서도 시설평가를 실시하고 있다.

17 (12-05-24) 사회복지관은 서비스 연계 등을 포함한 사례관리 기능을 수행한다.

18 (12-05-24) 사회복지관은 자원개발 및 관리 등을 포함한 지역조직화 기능을 수행한다.

19 (14-05-18) 사회복지사업법령상 사회복지관은 3년마다 평가를 받아야 한다.

20 (14-05-18) 사회복지관은 사례관리, 서비스제공, 지역조직화 기능 등을 수행한다.

21 (14-05-18) 지역성, 전문성, 책임성의 원칙에 따라 운영되어야 한다.

22 (14-05-18) 지역사회의 특성과 지역주민의 욕구와 문제에 신속히 대응해야 한다.

23 (11-05-27) 사회복지관은 효율적인 서비스 제공을 위하여 자율성의 원칙에 따라 운영되어야 한다.

24 (10-05-25) 지역사회보호 사업분야에는 보건의료서비스가 있다.

25 (10-05-25) 가족기능 강화 사업분야에는 가족관계증진사업이 속한다.

26 (10-05-25) 자활지원 사업분야에는 직업기능훈련이 포함된다.

27 (10-05-25) 교육문화 사업으로서 노인 여가 · 문화 사업을 실시할 수 있다.

28 (08-05-23) 1990년대에는 시설평가제도에 따라 사회복지관도 평가를 받기 시작했다.

29 (07-05-19) 사회복지관은 저소득층 및 취약계층 주민에 대해서는 우선적인 사업대상으로 한다.

30 (06-05-25) 주민조직화 및 교육, 복지 네트워크 구축, 자원봉사자 개발 등은 지역 조직화 기능에 해당한다.

31 (05-05-16) 사회복지관의 주민 조직화 사업에는 주민교육 및 주민복지증진사업이 포함된다.

32 (04-05-04) 사회복지관의 자원봉사자 개발 및 관리는 지역조직화 기능에 해당한다.

33 (03-05-23) 밑반찬 배달 서비스는 지역사회보호사업, 방과 후 교육 프로그램은 가족기능 강화 사업, 직업기능훈련 프로그램은 자활지원 사업에 해당한다.

34 (03-05-21) 사회복지관은 국민기초생활보장 수급자, 차상위계층, 장애인, 노인, 한부모가정, 다문화가정 등에 대해서는 우선적인 사업대상으로 하여야 한다.

35 (02-05-15) 사회복지관은 지역성, 책임성, 통합성, 자원활용 등의 원칙을 토대로 한다.

36 (02-05-14) 사회복지관의 사업 중 후원자 개발은 지역조직화 기능에 해당한다.

복습 2

기출확인

대표기출 확인하기

22-05-21 난이도 ★★☆

사회복지관의 사업내용 중 기능이 다른 것은?

① 지역 내 보호가 필요한 대상자 및 위기 개입 대상자 발굴
② 개입 대상자의 문제와 욕구에 맞는 맞춤형 서비스 제공을 위한 사례 개입
③ 지역 내 민간 및 공공자원 연계 및 의뢰
④ 발굴한 사례에 대한 개입계획 수립
⑤ 주민 협력 강화를 위한 주민의식 교육

알짜확인

- 사회복지관의 사업 분야 및 내용은 가장 많이 출제된 만큼 어떤 사업들이 있는지와 함께 그 세부내용까지 파악해두어야 한다.
- 설치 및 운영 관련 규정과 사업대상 등도 살펴봐야 하는데, 사회복지관은 누구나 이용할 수 있지만 취약계층에 대해서는 우선 제공함을 기억해두자.
- 사회복지관의 운영에 있어 고려되는 원칙들에 대해 생각해보자.

답 ⑤

응시생들의 선택

① 8%	② 3%	③ 11%	④ 5%	⑤ 73%

⑤는 지역조직화 기능 중 주민조직화 사업에 해당한다.
①②③④는 사례관리 기능에 해당한다. 사례관리 기능 중에서도 ①④는 사례발굴 사업, ②는 사례개입 사업, ③은 서비스 연계 사업에 해당한다.

관련기출 더 보기

22-05-20 난이도 ★★☆

사회복지사업법상 (   )에 들어갈 내용으로 옳은 것은?

제34조의5(사회복지관의 설치 등) ① 제34조제1항과 제2항에 따른 시설 중 사회복지관은 지역복지증진을 위하여 다음 각 호의 사업을 실시할 수 있다.
1. 지역사회의 특성과 지역주민의 복지욕구를 고려한 (ㄱ) 사업
2. 국가 · 지방자치단체 및 민간 부문의 사회복지서비스를 연계 · 제공하는 (ㄴ) 사업
3. 지역사회 복지공동체 활성화를 위한 복지자원 관리, 주민교육 및 (ㄷ) 사업

① ㄱ: 서비스 제공, ㄴ: 사례관리, ㄷ: 조직화
② ㄱ: 서비스 제공, ㄴ: 조직화, ㄷ: 사례관리
③ ㄱ: 사례관리, ㄴ: 서비스 제공, ㄷ: 조직화
④ ㄱ: 조직화, ㄴ: 사례관리, ㄷ: 재가복지
⑤ ㄱ: 조직화, ㄴ: 지역사회보호, ㄷ: 사례관리

답 ①

응시생들의 선택

① 49%	② 13%	③ 32%	④ 3%	⑤ 3%

21-05-21 난이도 ★☆☆

사회복지관 사업 내용 중 지역사회 조직화 기능에 해당하는 것은?

① 독거노인을 위한 도시락 배달
② 한부모 가정 아동을 위한 문화 프로그램 제공
③ 아동 자립생활 지원을 위한 후원자 개발
④ 학교 밖 청소년을 위한 직업기능 교육
⑤ 장애인 일상생활 지원을 위한 서비스 제공

답 ③

응시생들의 선택

① 8%	② 8%	③ 71%	④ 10%	⑤ 3%

③ 아동 자립생활 지원을 위한 후원자를 개발하는 것은 지역사회 조직화 기능 중 하나인 자원 개발 및 관리에 해당한다.

20-05-20 난이도 ★★★

사회복지관 사업내용 중 서비스 제공 기능에 해당하지 않는 것은?

① 지역사회 보호
② 사례관리
③ 교육문화
④ 자활지원
⑤ 가족기능 강화

답 ②

응시생들의 선택

① 25%	② 26%	③ 9%	④ 20%	⑤ 20%

사회복지관의 기능 및 사업분야

- 사례관리 기능: 사례발굴, 사례개입, 서비스 연계
- 서비스 제공 기능: 가족기능 강화, 지역사회 보호, 교육문화, 자활지원 등 기타
- 지역조직화 기능: 복지 네트워크 구축, 주민 조직화, 자원 개발 및 관리

덧붙임

이 문제에서 묻고 있는 '서비스 제공 기능'은 법령에서 정하고 있는 사회복지관의 기능 중 하나인데, 단순히 사회복지관에서 제공하는 서비스를 찾는 문제라고 판단해 혼란에 빠져 답을 찾지 못한 응시생들이 많았다.

14-05-18 난이도 ★☆☆

사회복지관에 관한 설명으로 옳지 않은 것은?

① 지역사회의 특성과 지역주민의 욕구와 문제에 신속히 대응해야 한다.
② 사례관리, 서비스제공, 지역조직화 기능 등을 수행한다.
③ 사업 대상은 사회적 취약계층에 한하여 실시하여야 한다.
④ 사회복지사업법령상 사회복지관은 3년마다 평가를 받아야 한다.
⑤ 지역성, 전문성, 책임성의 원칙에 따라 운영되어야 한다.

답 ③

응시생들의 선택

① 1%	② 0%	③ 96%	④ 2%	⑤ 1%

③ 사회복지관은 사회적 취약계층을 우선대상으로 할 뿐, 모든 지역주민에게 개방되어 있다.

10-05-25 난이도 ★☆☆

사회복지관의 각 분야별 사업내용이 아닌 것은?

① 주민조직화 분야 – 일시보호서비스
② 가족기능 강화 분야 – 가족관계증진사업
③ 자활지원 분야 – 직업기능훈련
④ 지역사회보호 분야 – 보건의료서비스
⑤ 교육문화 분야 – 어르신 여가, 문화

답 ①

응시생들의 선택

① 82%	② 1%	③ 2%	④ 12%	⑤ 3%

① 일시보호서비스는 지역사회보호 분야에 해당한다.

복습 3 **정답훈련**

다음 내용이 왜 틀렸는지를 확인해보자

07-05-19

01 사회복지관은 지방자치단체만이 설치·운영할 수 있다.

사회복지관은 지방자치단체, 사회복지법인 및 기타 비영리법인이 설치·운영할 수 있다. 국가나 지방자치단체가 설치하고자 할 때에는 사회복지법인이나 비영리법인에 위탁하여 운영하게 할 수 있다.

02 시·도지사 및 시·군·구청장이 사회복지관을 설치하고자 할 때에는 저소득층 밀집지역에 한정하여 설치하여야 한다.

시·도지사 및 시·군·구청장이 사회복지관을 설치하고자 할 때에는 저소득층 밀집지역에 우선적으로 설치하도록 규정하고 있을 뿐 이 지역에 한정하여 설치해야 하는 것은 아니다.

02-05-15

03 사회복지관의 운영원리로 지역성, 책임성, 통합성, 영리성 등을 꼽을 수 있다.

기본적으로 사회복지 법인 및 기관은 영리성을 추구하지 않는다.

14-05-18

04 사회복지관의 사업은 사회적 취약계층에 한하여 실시하여야 한다.

사회복지관은 사회적 취약계층을 우선대상으로 할 뿐, 모든 지역주민에게 개방되어 있다.

05-05-16

05 사회복지관의 교육문화 사업에는 직업기능 훈련도 포함된다.

직업기능 훈련은 자활지원 사업으로 실시된다.

11-05-27

06 사회복지관은 종합적 사회복지서비스를 제공하는 기능보다는 조직화사업 기능에 더 초점을 맞추어야 한다.

사회복지관은 가족복지, 지역사회보호, 지역사회조직, 교육문화, 자활사업 등의 다양한 서비스를 종합적으로 제공한다.

빈칸에 들어갈 알맞은 말을 채워보자

01 사회복지관의 설치 및 운영과 관련해서는 (   )법의 규정을 따른다.

06-05-24

02 사회복지관이 자원배분, 운영형태, 기금조달 등에 관한 사항을 홈페이지를 통해 공개한 것은 사회복지관의 운영원칙 중 (   )과 관련된다.

03 사회복지관의 운영원칙 중 (   )의 원칙은 지역 내 다양한 민간 및 공공 기관과의 연계를 추진하여 지역사회 복지체계를 효율적이고 효과적으로 운영해야 함을 의미한다.

15-05-06

04 사회복지관의 사업은 크게 (   ) 기능, 서비스제공 기능, 지역조직화 기능 등 3가지로 구분된다.

11-05-27

05 사회복지관의 사업 중 (   ) 사업은 취약계층의 가족기능을 보완하고 부양가족을 지원하기 위해 실시되는 사업이다.

05-05-16

06 사회복지관의 사업 중 복지 네트워크 구축은 (   ) 기능에 해당한다.

08-05-22

07 사회복지관의 사업 중 (   ) 사업의 담당자는 재가복지봉사서비스, 급식서비스, 일시보호서비스 등을 제공한다.

08 시·도지사 및 시·군·구청장이 사회복지관을 설치하고자 할 때에는 (   )지역에 우선하여 설치하도록 한다.

17-05-24

09 지역 독거노인의 복합적이고 장기적인 욕구 사정, 통합적인 서비스 제공, 점검계획 등은 (   ) 기능에 해당한다.

17-05-24

10 독거노인의 생활을 지원하기 위해 주민봉사단을 조직하여 정기적인 가정방문을 실시하는 것은 지역조직화 기능 중 (   ) 사업분야에 해당한다.

답 **01** 사회복지사업 **02** 투명성 **03** 통합성 **04** 사례관리 **05** 가족기능 강화 **06** 지역조직화 **07** 지역사회보호 **08** 저소득층 밀집 **09** 사례관리 **10** 주민 조직화

158 사회적 경제의 주체

1회독	2회독	3회독
월 일	월 일	월 일

최근 10년간 **8문항** 출제

복습 1 이론요약

사회적 경제의 개념 및 특징

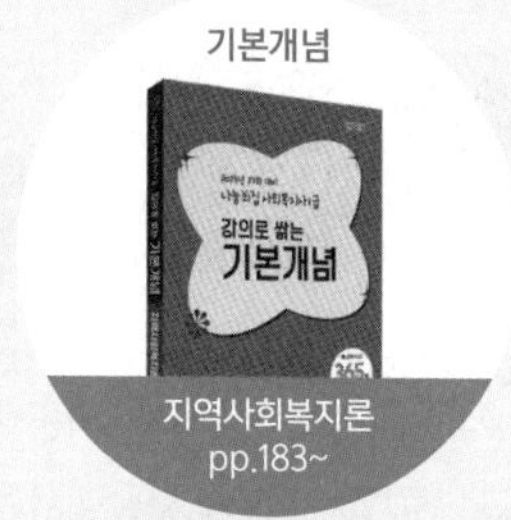

- 기존의 이윤의 극대화를 최고 가치로 하는 시장경제와 달리 사회적 가치를 추구하는 경제 활동을 의미
- 양극화 해소, 일자리 창출 등 공동이익과 사회적 가치의 실현을 추구
- 상호협력과 사회연대를 바탕으로 사업체를 통해 경제활동을 수행
- 우리나라에는 사회적 기업, 마을기업, 협동조합, 자활기업 등이 대표적

사회적 경제 조직들

▶ 사회적 기업

- 취약계층에게 사회서비스 또는 일자리를 제공하여 지역주민의 삶의 질을 높이는 등의 사회적 목적을 추구하면서 재화 및 서비스의 생산·판매 등 영업활동을 하는 기업
- 「사회적기업 육성법」(고용노동부)에 따라 고용노동부 장관의 인증을 받은 기관
- 영리기업과 비영리기업의 중간 형태의 기업으로 영리 추구와 함께 사회적 목적을 추구

▶ 협동조합

- 재화 또는 용역의 구매·생산·판매·제공 등을 협동으로 영위함으로써 조합원의 권익을 향상하고 지역사회에 공헌하고자 하는 사업조직
- 「협동조합 기본법」(기획재정부) 에 따라 설립
- 사회적 협동조합: 지역주민들의 권익·복리 증진과 관련된 사업을 수행하거나 취약계층에게 사회서비스 또는 일자리를 제공하며 영리를 목적으로 하지 않는 협동조합(비영리법인)
- 5인 이상의 조합원 자격을 가진 자가 발기인이 되어 정관을 작성하고 창립총회의 의결을 거친 후 소재지 관할 시·도지사에 신고하여 설립

▶ 자활기업

- 조합 또는 부가가치세법상 사업자의 형태를 갖추고 기초생활 수급자 또는 차상위자를 2인 이상 포함하여야 함
- 「국민기초생활보장법」(보건복지부)에 의한 자활기업 요건을 갖추고 보장기관으로부터 인정을 받아 설립

- 지원요건
  - 구성원 중 수급자가 1/5 이상이면서 수급자 및 차상위자가 1/3 이상이어야 함
  - 자활기업의 모든 참여자에 대하여 최저임금 이상의 임금지급이 가능하여야 함
  - 근로일수가 조건이행기준을 충족하여야 함(주당 3일, 22시간 이상)
  - 자활근로사업단의 자활기업 전환 시 사업의 동일성 유지
  - 창업 전 교육 및 보수 교육 이수

▶ 마을기업

- 주민의 자발적인 참여와 협동적 관계망에 기초해 주민의 욕구와 지역 문제를 해결하며 마을 공동체의 가치와 철학을 실현하는 마을 단위의 기업으로 마을주민이 일정 비율 이상 참여해야 함(설립 시 최소 5인 이상)
- 사회적기업이나 협동조합과 달리 마을기업에 대한 별도의 법률은 없으며 행정안전부의 지침을 따르고 있음
- 각종 사업을 통해 **수익을 추구하는 기업**으로 비영리 사회단체는 부적합

기출문장 CHECK

01 (22-05-23) 마을기업은 지역공동체에 기반하여 활동한다. 도시재생 활성화 및 지원에 관한 특별법에 근거를 두고 있다. 주민이 지역자원을 활용한 수익사업을 통해 지역공동체를 활성화한다.

02 (21-05-22) 사회적 기업은 서비스 수혜자, 근로자 등 이해관계자가 참여하는 의사결정 구조를 갖추어야 한다.

03 (20-05-22) 사회적 기업은 경제적 이익을 추구한다.

04 (20-05-22) 사회적 경제는 자본주의 시장경제의 대안모델이다.

05 (20-05-22) 사회적 협동조합의 목적은 취약계층에게 사회서비스 또는 일자리를 제공하는 것이다.

06 (19-05-22) 사회적 기업, 마을기업, 사회적 협동조합, 자활기업 등은 사회적 경제 주체에 해당한다.

07 (18-05-23) 협동조합의 발기인은 5인 이상의 조합원 자격을 가진 자가 된다.

08 (18-05-23) 마을기업은 회원 외에도 지역 주민의 의견을 적극 반영한다.

09 (18-05-23) 자활기업은 조합 또는 「부가가치세법」상의 사업자로 한다.

10 (17-05-22) 협동조합은 협동조합기본법에 따라 조합원의 권익옹호와 지역사회에 공헌하는 사업조직을 말한다.

11 (17-05-22) 마을기업은 주민이 지역자원을 활용한 수익사업을 통해 지역공동체를 활성화한다.

12 (17-05-22) 자활기업은 저소득층이 상호 협력하여 공동사업자의 형태로 탈빈곤을 도모한다.

13 (17-05-22) 사회적 경제는 사회적 목적과 민주적 운영 원리를 가진 호혜적 경제활동조직이다.

14 (16-05-18) 자활기업은 저소득층의 탈빈곤을 위한 자활사업을 운영한다.

15 (16-05-20) 사회적 경제 주체는 사회적 가치 실현을 중요시한다.

16 (16-05-20) 마을기업은 지역공동체에 기반하여 활동한다.

17 (15-05-20) 사회적 기업은 사회적 목적을 추구하면서도 재화 및 서비스의 생산·판매 등 영업활동을 한다.

18 (15-05-20) 협동조합은 조합원의 권익 향상과 지역사회 공헌을 목적으로 한다.

기출확인

대표기출 확인하기

20-05-22 난이도 ★★☆

사회적 경제에 관한 설명으로 옳은 것을 모두 고른 것은?

ㄱ. 사회적 기업은 경제적 이익을 추구한다.
ㄴ. 사회적 경제는 자본주의 시장경제의 대안모델이다.
ㄷ. 사회적 협동조합의 목적은 취약계층에게 사회서비스 또는 일자리를 제공하는 것이다.

① ㄱ ② ㄴ
③ ㄱ, ㄴ ④ ㄴ, ㄷ
⑤ ㄱ, ㄴ, ㄷ

알짜확인

- 사회적 경제 주체는 영리사업을 추구한다는 점 기억해두자.
- 단순히 사회적 경제의 특성을 살펴보는 문제뿐만 아니라 사회적 기업, 협동조합, 마을기업, 자활기업 등의 특징을 파악하는 문제도 출제되고 있으므로 꼼꼼히 살펴봐야 한다.

답 ⑤

응시생들의 선택

① 10%	② 4%	③ 21%	④ 16%	⑤ 49%

⑤ 사회적 경제는 기존의 이윤의 극대화를 최고 가치로 하는 시장경제와 달리 사회적 가치를 추구하는 경제활동을 의미한다. 양극화 해소, 일자리 창출 등 공동이익과 사회적 가치의 실현을 위해 사회적 경제조직이 상호협력과 사회연대를 바탕으로 사업체를 통해 수행하는 경제활동이다.

관련기출 더 보기

22-05-23 난이도 ★★☆

다음 설명을 모두 충족하는 것은?

- 지역공동체에 기반하여 활동한다.
- 도시재생 활성화 및 지원에 관한 특별법에 근거를 두고 있다.
- 주민이 지역자원을 활용한 수익사업을 통해 지역공동체를 활성화한다.

① 사회적기업 ② 마을기업
③ 자활기업 ④ 협동조합
⑤ 자선단체

답 ②

응시생들의 선택

① 9%	② 70%	③ 5%	④ 13%	⑤ 3%

21-05-22 난이도 ★★☆

사회적 기업에 관한 설명으로 옳은 것을 모두 고른 것은?

ㄱ. 유급근로자를 고용하여 영업활동을 해야 사회적 기업으로 인증받을 수 있다.
ㄴ. 조직형태는 민법에 따른 조합, 상법에 따른 회사, 특별법에 따른 법인 등이 있다.
ㄷ. 보건복지부로부터 사회적 기업으로 인증을 받아야 활동할 수 있다.
ㄹ. 서비스 수혜자, 근로자 등 이해관계자가 참여하는 의사결정 구조를 갖추어야 한다.

① ㄱ, ㄴ ② ㄱ, ㄷ
③ ㄴ, ㄷ ④ ㄱ, ㄴ, ㄹ
⑤ ㄱ, ㄷ, ㄹ

답 ④

응시생들의 선택

① 11%	② 10%	③ 13%	④ 41%	⑤ 25%

ㄷ. 사회적 기업은 고용노동부장관의 인증을 받는다.

18-05-23 난이도 ★★★

사회적 경제에 관한 설명으로 옳은 것을 모두 고른 것은?

ㄱ. 협동조합의 발기인은 5인 이상의 조합원 자격을 가진 자가 된다.
ㄴ. 마을기업은 회원 외에도 지역 주민의 의견을 적극 반영한다.
ㄷ. 자활기업은 조합 또는 「부가가치세법」상의 사업자로 한다.

① ㄱ ② ㄱ, ㄴ
③ ㄱ, ㄷ ④ ㄴ, ㄷ
⑤ ㄱ, ㄴ, ㄷ

답 ⑤

응시생들의 선택

① 3%	② 56%	③ 5%	④ 9%	⑤ 27%

모두 옳은 내용이다. 현재 우리나라의 대표적인 사회적 경제 주체로는 사회적 기업, 마을기업, 협동조합, 자활기업 등을 꼽을 수 있다.

17-05-22 난이도 ★★☆

사회적 경제 영역에 관한 설명으로 옳지 않은 것은?

① 협동조합은 협동조합기본법에 따라 조합원의 권익옹호와 지역사회에 공헌하는 사업조직을 말한다.
② 마을기업은 주민이 지역자원을 활용한 수익사업을 통해 지역공동체를 활성화한다.
③ 사회적 기업은 취약계층에게 일자리를 제공하며 사회적 기업육성법에 따라 영리를 추구하지 않는다.
④ 자활기업은 저소득층이 상호 협력하여 공동사업자의 형태로 탈빈곤을 도모한다.
⑤ 사회적 경제는 사회적 목적과 민주적 운영 원리를 가진 호혜적 경제활동조직이다.

답 ③

응시생들의 선택

① 3%	② 2%	③ 79%	④ 11%	⑤ 5%

③ 사회적 기업은 "취약계층에게 사회서비스 또는 일자리를 제공하여 지역주민의 삶의 질을 높이는 등의 사회적 목적을 추구하면서 재화 및 서비스의 생산·판매 등 영업활동을 하는 기업"으로 영리를 추구한다.

15-05-20 난이도 ★★☆

사회적 경제의 주체에 관한 설명으로 옳은 것을 모두 고른 것은?

ㄱ. 마을기업은 지역공동체 이익을 추구하고 지역자원을 활용한다.
ㄴ. 사회적 기업은 사회적 목적을 추구하며, 영업활동을 하는 기업은 아니다.
ㄷ. 협동조합은 조합원의 권익 향상과 지역사회 공헌을 목적으로 한다.
ㄹ. 지역자활센터는 수급자와 차상위계층의 자활을 촉진하며, 사회복지법인만이 신청할 수 있다.

① ㄱ, ㄷ ② ㄴ, ㄷ
③ ㄴ, ㄹ ④ ㄱ, ㄴ, ㄷ
⑤ ㄱ, ㄴ, ㄷ, ㄹ

답 ①

응시생들의 선택

① 67%	② 2%	③ 1%	④ 25%	⑤ 5%

ㄴ. 「사회적기업 육성법」에서는 사회적 기업을 '취약계층에게 사회서비스 또는 일자리를 제공하여 지역주민의 삶의 질을 높이는 등의 사회적 목적을 추구하면서 재화 및 서비스의 생산·판매 등 영업활동을 하는 기업'으로 정의하고 있다.
ㄹ. 지역자활센터는 수급자와 차상위계층의 자활 촉진에 필요한 정보제공, 상담, 직업교육 및 취업알선, 자금융자 알선 등의 각종 사업을 추진한다. 사회복지법인, 사회적 협동조합 등 비영리법인과 단체 등이 신청할 수 있다.

복습 3 정답훈련

다음 내용이 왜 틀렸는지를 확인해보자

01 사회적 기업에 대한 인증은 보건복지부에서 진행된다.

사회적 기업에 대한 인증은 고용노동부 소관이다.

02 사회적 기업은 사회적 목적을 추구하기 때문에 영업활동을 해서는 안 된다.

사회적 기업은 사회적 목적과 함께 영리를 추구하기 때문에 영업활동을 한다.

03 사회적 협동조합은 영리법인으로 설립해야 한다.

사회적 협동조합의 법인격은 비영리법인이다.

04 협동조합의 가입과 탈퇴는 극히 제한된다.

협동조합 구성원들의 가입과 탈퇴는 자유롭게 이루어진다.

05 마을기업으로 지정받기 위해서는 대표자만 해당 지역의 주민이면 충분하다.

마을기업으로 지정받기 위해서는 최소 5인 이상의 지역주민이 포함되어야 한다.

06 자활기업의 설립을 위해서는 구성원 모두가 기초생활보장 수급자이어야 한다.

자활기업의 설립요건은 2인 이상의 수급자 또는 차상위자이다.

빈칸에 들어갈 알맞은 말을 채워보자

01 사회적기업은 (　　　　　　　　)법에서 규정하고 있다.

02 자활기업은 (　　　　　　　　)법을 따른다.

03 협동조합은 (　　　　　　　　)법을 근거로 한다.

답 **01** 사회적기업 육성 **02** 국민기초생활보장 **03** 협동조합 기본

다음 내용이 옳은지 그른지 판단해보자

16-05-20
01 사회적 기업은 사회적 일자리 창출을 목적으로 한다. ⓞ ⊗

16-05-20
02 협동조합은 조합원 자격자 5인 이상으로 설립한다. ⓞ ⊗

17-05-22
03 협동조합은 협동조합 기본법에 따라 조합원의 권익옹호와 지역사회에 공헌하는 사업조직을 말한다. ⓞ ⊗

04 마을기업은 모든 직원이 해당 지역의 주민이어야 한다. ⓞ ⊗

18-05-23
05 자활기업은 조합 또는 「부가가치세법」상 1인 이상의 사업자로 설립한다. ⓞ ⊗

답 **01** ○ **02** ○ **03** ○ **04** × **05** ○

해설 **04** 해당 지역의 주민이 일정 비율 이상이면 가능하다.

159 사회복지공동모금

1회독 월 일 | 2회독 월 일 | 3회독 월 일

최근 10년간 6문항 출제

이론요약

공동모금회의 구성 및 운영

- 사회복지공동모금회법에 따라 설립
- 전국공동모금회와 17개 시 · 도지회로 구성(지회는 독립법인이 아님)
- 모금회의 법인격은 사회복지사업법에 따른 사회복지법인
- 정관을 작성하여 보건복지부장관의 인가를 받아 등기함으로써 설립
- 임원: 회장 1인, 부회장 3인, 사무총장 1인을 포함한 15인 이상 20인 이하의 이사와 감사 2인(임기는 3년, 1회 연임 가능)

기본개념
지역사회복지론
pp.188~

모금방법

- 모금은 연중 계속되며, 사랑의 온도계와 같이 특정 기간 집중모금을 진행하기도 함
- 개인모금
- 기업모금
- 방송모금
- 지정기부: 기부자가 특정 대상 및 분야를 지정
- 복권발행: 재원 조성을 위해 보건복지부 장관의 승인을 받아 복권 발행 가능

배분

▶ 공동모금회의 배분사업

- 신청사업: 사회복지 증진을 위하여 자유주제 공모형태로 복지사업을 신청 받아 배분하는 사업
- 기획사업: 배분대상자로부터 제안 받은 내용 중 선정하여 배분하는 사업 또는 모금회가 그 주제를 정하여 배분하는 사업
- 긴급지원사업: 재난구호 및 긴급구호, 저소득층 응급지원 등 긴급히 지원해야 할 필요가 있는 경우에 배분하는 사업
- 지정기탁사업: 기부자가 기부금품의 배분 지역, 대상자, 사용용도를 지정한 경우 그 지정취지에 따라 배분
- 복권기금사업: 복권 발행을 통해 조성된 기금으로 배분하는 사업

▶ 공동모금회의 배분대상

- 배분대상
  - 사회복지사업 기타 사회복지활동을 행하는 비영리 법인 · 기관 · 단체 및 시설(개인신고시설 포함)

- 사회복지서비스를 필요로 하는 개인
- 배분제외대상
  - 동일한 사업으로 국가 · 지방자치단체 또는 다른 기관으로부터 지원을 받았거나 받기로 확정된 사업
  - 법령상 금지된 행위에 사용되는 비용
  - 정치 · 종교적 목적에 이용될 수 있는 경우
  - 수익을 주된 목적으로 하는 사업
  - 공직선거법에 위반되는 경우
  - 모금회의 제재조치에 따른 배분대상 제외기간에 배분신청한 경우
  - 모금회 배분분과실행위원회의 심의결과 배분대상 제외 필요성이 인정되는 사업 또는 비용

기출문장 CHECK

01 (22-05-22) 사회복지공동모금회는 사회복지법인이다.

02 (22-05-22) 사회복지공동모금회는 특별시 · 광역시 · 특별자치시 · 도 · 특별자치도 단위 사회복지공동모금지회를 둔다.

03 (22-05-22) 모금회가 아닌 자는 사회복지공동모금 또는 이와 유사한 명칭을 사용하지 못한다.

04 (22-05-22) 사회복지활동 등을 지원하기 위한 재원을 조성하기 위하여 복권을 발행할 수 있다.

05 (20-05-19) 사회복지공동모금회에서 회장, 부회장 및 이사의 임기는 3년으로 하며, 한 차례만 연임할 수 있다.

06 (20-05-19) 특별시 · 광역시 · 특별자치시 · 도 · 특별자치도 단위 사회복지공동모금지회를 둔다.

07 (20-05-19) 모금회의 업무를 처리하기 위하여 사무총장 1명과 필요한 직원 및 기구를 둔다.

08 (19-05-21) 사회복지공동모금회는 사회복지사업법에 의한 사회복지법인이다.

09 (17-05-21) 사회복지공동모금회의 배분사업은 신청사업, 기획사업, 긴급지원사업, 지정기탁사업으로 구분되어 있다.

10 (17-05-21) 사회복지공동모금회는 노블레스 오블리주 실천을 위한 아너 소사이어티(honor society)를 운영하고 있다.

11 (13-05-11) 사회복지공동모금회의 모금방식은 기간을 기준으로 크게 연말집중모금과 연중모금으로 분류한다.

12 (11-05-29) 사회복지공동모금회는 지역사회의 재원을 동원하고 배분하는 전문기관이다.

13 (10-05-26) 기획사업: 취약한 사회복지현장의 역량강화를 위한 지역사회복지사업으로 모금회에서 주제를 정하여 배분하는 사업

14 (07-05-24) 사회복지공동모금회는 공동모금 재원의 배분, 공동모금 재원의 운용 및 관리, 다른 기부금품 모집자와의 협력사업 등을 추진한다.

15 (05-05-17) 공동모금은 개별 민간기관이 재원을 마련함에 있어 소요되는 부담을 덜어줄 수 있다.

16 (05-05-19) 지로모금, 사랑의 계좌모금 등을 통해 집중모금을 하기도 한다.

17 (05-05-19) 특별사업형의 대표적인 모금방법 중 하나는 ARS 모금이다.

18 (05-05-19) 기업중심형은 다소 강제적이라는 부정적 측면이 있다.

19 (02-05-17) 사회복지공동모금회의 일반적 배분절차: 심사기준확정 → 서류심사 → 면접심사 → 현장방문심사 → 최종사정

20 (02-05-18) 공동모금은 제도적 틀 내에서 민간자원을 동원하고, 기부문화에 대한 의식을 증진시킨다는 의의가 있다.

복습 2

기출확인

대표기출 확인하기

22-05-22 난이도 ★★★

사회복지공동모금회법상 사회복지공동모금회에 관한 설명으로 옳지 않은 것은?

① 사회복지공동모금회는 사회복지법인이다.
② 특별시 · 광역시 · 특별자치시 · 도 · 특별자치도 단위 사회복지공동모금지회를 둔다.
③ 임원의 임기는 2년으로 하며, 한 차례만 연임할 수 있다.
④ 모금회가 아닌 자는 사회복지공동모금 또는 이와 유사한 명칭을 사용하지 못한다.
⑤ 사회복지활동 등을 지원하기 위한 재원을 조성하기 위하여 복권을 발행할 수 있다.

 알짜확인

- 공동모금의 성격 및 의의 등을 생각해보자.
- 공동모금의 방법, 배분사업, 배분대상 등에 대해 살펴두어야 한다.

답 ③

응시생들의 선택

① 9%	② 18%	③ 49%	④ 13%	⑤ 11%

③ 임원의 임기는 3년으로 하며, 한 차례만 연임할 수 있다.

관련기출 더 보기

20-05-19 난이도 ★★★

사회복지공동모금회법상 사회복지공동모금회에 관한 설명으로 옳지 않은 것은?

① 회장, 부회장 및 이사의 임기는 3년으로 하며, 한 차례만 연임할 수 있다.
② 사회복지공동모금사업을 수행한다.
③ 모금회의 업무를 처리하기 위하여 사무총장 1명과 필요한 직원 및 기구를 둔다.
④ 특별시 · 광역시 · 특별자치시 · 도 · 특별자치도 단위 사회복지공동모금지회를 둔다.
⑤ 사회복지사업이나 그 밖의 사회복지활동 등을 지원하기 위한 재원을 조성하기 위하여 기획재정부장관의 승인을 받아 복권을 발행할 수 있다.

답 ⑤

응시생들의 선택

① 36%	② 2%	③ 10%	④ 12%	⑤ 40%

⑤ 복권을 발행하기 위해서는 그 종류, 조건, 금액 및 방법 등에 관하여 미리 보건복지부장관의 승인을 받아야 한다.

19-05-21 난이도 ★★★

사회복지공동모금회에 관한 설명으로 옳지 않은 것은?

① 기획, 홍보, 모금, 배분 업무를 수행한다.
② 사회복지사업법에 의한 사회복지법인이다.
③ 지정기부금 모금단체이다.
④ 사회복지 프로그램의 전문성 제고에 기여할 수 있다.
⑤ 지역사회의 자원을 동원하는 민간운동적인 특성이 있다.

답 ③

응시생들의 선택

① 1%	② 40%	③ 36%	④ 12%	⑤ 11%

③ 지정기부는 기부자가 특정 대상 및 분야에 대해 기부하는 것을 말하는데, 사회복지공동모금회에서는 지정기부를 진행하기도 하지만, 지정 없이 기부를 받기도 한다.

덧붙임

②번을 선택한 응시생들이 꽤 많았다. 해당 문장은 '사회복지공동모금회는 사회복지사업법에 의해 설립된다'는 의미가 아니라 '사회복지공동모금회는 사회복지법인이다'라는 의미이기 때문에 옳은 문장이다. 사회복지공동모금회법 제4조제2항에 따라, 사회복지공동모금회는 사회복지사업법에 따른 사회복지법인이다.

17-05-21 난이도 ★★☆

자원 동원 기관에 관한 설명으로 옳지 않은 것은?

① 사회복지공동모금회의 신청사업은 프로그램사업과 긴급지원사업으로 나누어 공모형태로 진행된다.
② 기업의 사회공헌센터를 통한 기여 형태는 현금, 물품, 인력 등으로 다양하다.
③ 기부식품등 제공사업은 이용자에게 기초푸드뱅크·마켓을 통해 기부물품을 제공하고 있다.
④ 자원봉사센터는 자원봉사활동기본법에 근거하여 자원봉사자를 양성·배치하는 역할을 수행한다.
⑤ 사회복지공동모금회는 노블레스 오블리주 실천을 위한 아너 소사이어티(honor society)를 운영하고 있다.

답 ①

응시생들의 선택

① 50%	② 5%	③ 5%	④ 9%	⑤ 31%

① 사회복지공동모금회의 배분사업은 신청사업, 기획사업, 긴급지원사업, 지정기탁사업 등으로 구분되어 있다.

13-05-11 난이도 ★★★

우리나라의 사회복지공동모금회에 관한 설명으로 옳은 것은?

① 설립 근거법은 사회복지사업기금법이다.
② 조직은 시·도별 지회형식에서 독립법인형식으로 변경되었다.
③ 모금방식은 기간을 기준으로 크게 연말집중모금과 연중모금으로 분류한다.
④ 배분사업은 신청사업과 지정기탁사업의 2가지로 구성된다.
⑤ 전체 모금액 중 개인모금액이 차지하는 비중이 법인모금액보다 크다.

답 ③

응시생들의 선택

① 48%	② 8%	③ 36%	④ 6%	⑤ 2%

① 설립 근거법은 사회복지공동모금회법이다.
② 시·도지회는 별도의 독립법인은 아니다.
④ 배분사업에는 신청사업, 기획사업, 긴급지원사업, 지정기탁사업이 있다.
⑤ 개인모금액보다 법인모금액이 차지하는 비중이 더 크다.

11-05-29 난이도 ★☆☆

사회복지공동모금회에 관한 설명으로 옳은 것은?

① 민간재원 뿐만 아니라 공공재원까지 동원함을 목적으로 한다.
② 지역사회의 재원을 동원하고 배분하는 전문기관이다.
③ 에너지 빈곤층을 위해 정유회사에서 유류를 기부하는 것은 모금활동으로 볼 수 없다.
④ 모금사업은 연말에만 집중모금을 통해 이루어진다.
⑤ 기업모금이 전체모금에서 차지하는 비중이 상대적으로 적다.

답 ②

응시생들의 선택

① 16%	② 79%	③ 2%	④ 1%	⑤ 2%

② 사회복지공동모금회는 민간의 재원을 효율적으로 모금하고 배분하는 기관이다. 모금은 상시적인 연중모금이나 특별한 행사를 통한 모금, 연말 집중모금 등 다양한 방법이 있다. 기업의 모금은 매우 큰 비중을 차지한다.

복습 3

정답훈련

다음 내용이 왜 틀렸는지를 확인해보자

01 사회복지공동모금회의 설립근거가 되는 법률은 사회복지사업법이다.

사회복지공동모금회법이다.

09-05-30

02 각 지역에 있는 공동모금회는 독립적인 법인이다.

각 지역에 있는 공동모금회는 독립적인 법인은 아니며, 사회복지공동모금회의 지회로 운영되고 있다.

13-05-11

03 공동모금의 배분사업은 신청사업과 지정기탁사업의 2가지로 이루어진다.

신청사업, 기획사업, 복권사업, 지정기탁사업, 긴급지원 등이 이루어지고 있다.

04 공동모금회에서 진행하는 모든 모금사업은 연말에 진행되는 사랑의 온도계와 같이 특정 기간 집중적으로 모금하는 방식을 취한다.

연말에 진행되는 집중모금사업에 따른 모금액이 큰 비중을 차지하기는 하지만 상시적으로 연중모금을 진행하고 있다.

02-05-18

05 개인을 비롯한 신고시설이 아닌 경우에는 공동모금의 배분을 받을 수 없다.

사회복지사업 기타 사회복지활동을 행하는 비영리 법인·기관·단체 및 시설(개인신고시설 포함), 사회복지서비스를 필요로 하는 개인 등이 공동모금의 배분대상이 된다.

06 정치적, 종교적 목적을 가진 경우에도 공동모금의 배분을 받을 수 있다.

정치적, 종교적 목적에 이용될 수 있는 경우에는 배분을 받을 수 없다.

다음 내용이 옳은지 그른지 판단해보자

01 사회복지공동모금회는 사회복지법인이다. ⓞ ⓧ

20-05-19

02 사회복지공동모금회는 기획재정부장관의 승인을 받아 복권 사업을 진행할 수 있다. ⓞ ⓧ

03 모금액은 사회복지서비스를 필요로 하는 개인에 대해서도 배분될 수 있다. ⓞ ⓧ

04 모금회는 사회복지사업이나 그 밖의 사회복지활동을 지원하기 위하여 연중 기부금품을 모집 · 접수할 수 있다. ⓞ ⓧ

05 기부금품의 기부자는 배분지역, 배분대상자, 사용 용도 등을 지정할 수 없다. ⓞ ⓧ

06 사회복지공동모금은 공동체 의식, 상부상조 정신을 바탕으로 한다. ⓞ ⓧ

12-05-19

07 사회복지공동모금회는 간접 서비스기관이 아니다. ⓞ ⓧ

답 **01**○ **02**× **03**○ **04**○ **05**× **06**○ **07**×

해설 **02** 사회복지공동모금회는 보건복지부장관의 승인을 받아 복권 사업을 진행할 수 있다.
05 기부금품의 기부자는 배분지역, 배분대상자, 사용 용도 등을 지정할 수 있다.
07 사회복지공동모금회는 간접 서비스기관이다.

기타: 지역자활센터, 자원봉사센터

강의 QR코드

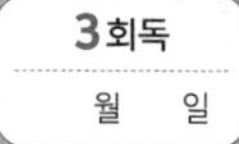

1회독	2회독	3회독
월 일	월 일	월 일

최근 10년간 2문항 출제

복습 1 이론요약

자활사업 관련 기관

광역자활센터와 지역자활센터는 사회복지법인, 사회적협동조합 등 비영리법인과 단체 등의 신청에 따라 보장기관이 지정함으로써 설립된다.

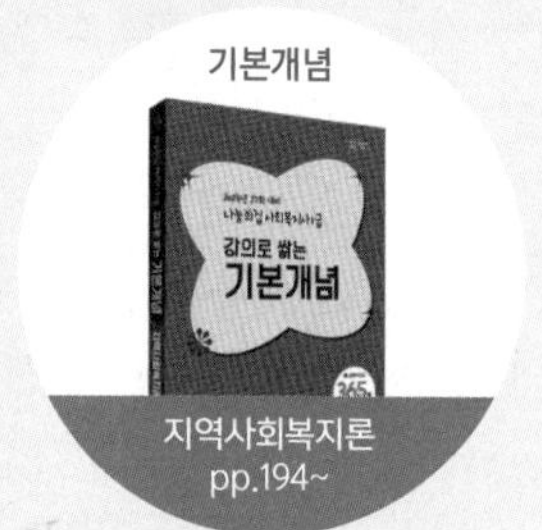

기본개념

지역사회복지론 pp.194~

▶ 지역자활센터(시 · 군 · 구)의 주요 사업

- 자활의욕 고취를 위한 교육
- 자활을 위한 정보제공, 상담, 직업교육 및 취업알선
- 생업을 위한 자금융자 알선
- 자영창업 지원 및 기술 · 경영 지도
- 자활기업의 설립 · 운영 지원
- 그 밖에 자활을 위한 각종 사업

▶ 광역자활센터(시 · 도)의 주요 사업

- 시 · 도 단위의 자활기업 창업지원
- 시 · 도 단위의 수급자 및 차상위자에 대한 취업 · 창업 지원 및 알선
- 지역자활센터 종사자 및 참여자에 대한 교육훈련 및 지원
- 지역특화형 자활프로그램 개발 · 보급 및 사업개발 지원
- 지역자활센터 및 자활기업에 대한 기술 · 경영 지도
- 그 밖에 자활촉진에 필요한 사업으로서 보건복지부장관이 정하는 사업

▶ 한국자활복지개발원

- 수급자 및 차상위자의 자활촉진에 필요한 사업을 수행하기 위해 설립된 법인
- 2020년 기타공공기관으로 지정
- 임원: 원장 1명을 포함한 11명 이내의 이사와 감사 1명
- 사업
  - 자활지원사업의 개발 및 평가
  - 자활 지원을 위한 조사 · 연구 및 홍보
  - 광역자활센터, 지역자활센터 및 자활기업의 기술 · 경영 지도 및 평가

- 자활 관련 기관 간의 협력체계 구축 · 운영
- 자활 관련 기관 간의 정보네트워크 구축 · 운영
- 취업 · 창업을 위한 자활촉진 프로그램 개발 및 지원
- 고용지원서비스의 연계 및 사회복지서비스의 지원 대상자 관리
- 수급자 및 차상위자의 자활촉진을 위한 교육 · 훈련, 광역자활센터 등 자활 관련 기관의 종사자 및 참여자에 대한 교육 · 훈련 및 지원
- 국가 또는 지방자치단체로부터 위탁받은 자활 관련 사업
- 그 밖에 자활촉진에 필요한 사업으로서 보건복지부장관이 정하는 사업

▶ 자활기관협의체

시 · 군 · 구청장은 자활지원사업의 효율적인 추진을 위해 지역자활센터, 직업안정기관, 사회복지시설의 장 등과 상시적인 협의체계인 자활기관협의체를 구축해야 한다.

자원봉사 관련 기관

▶ 자원봉사센터

- 국가기관 및 지방자치단체는 자원봉사센터를 법인으로 운영하거나 비영리법인에 위탁 방식으로 운영해야 하며, 필요에 따라 직접 운영할 수 있음
- 주요 기능: 자원봉사 수급 조정, 활동 내용 기록 및 등록, 자원봉사활동의 지원, 자원봉사자 교육, 홍보, 네트워크 구축, 조사 · 연구 및 프로그램 개발

▶ 한국자원봉사협의회

- 정관을 작성하여 행정안전부장관의 인가를 받아 등기함으로써 설립
- 전국 단위의 자원봉사활동을 진흥 및 촉진하기 위해 회원단체 간 협력 및 사업지원, 대국민 홍보 및 국제교류, 정책 개발 및 조사 · 연구, 정책 건의, 정보의 연계 및 지원 등의 사업을 추진

기출문장 CHECK

01 (21-05-20) 중앙자원봉사센터는 자원봉사센터의 정책을 개발하고 연구한다.

02 (12-05-08) 자활사업 활성화를 위해 민 · 관협력체계인 자활기관협의체가 운영되고 있다.

03 (10-05-23) 지역자활센터는 빈곤층의 기초생활을 보장하면서 종합적 자립자활서비스를 제공하여 삶을 개선하는 데 목적이 있다.

04 (10-05-27) 자원봉사센터는 자원봉사활동 개발 · 장려 · 연계 · 협력 등의 사업을 수행하기 위하여 설치된 기관이다.

05 (10-05-27) 자원봉사센터는 자원봉사활동을 효율적으로 추진하기 위하여 필요하다고 인정할 때에는 국가기관 및 지방자치단체가 운영할 수 있다.

06 (10-05-27) 시 · 군 · 구 자원봉사센터는 자원봉사 수요기관 및 단체에 자원봉사자 배치 사업을 한다.

07 (06-05-28) 자원봉사활동의 특성 중 이타성은 자원봉사자의 자기실현 뿐만 아니라 어려움에 처한 이웃에게 인간의 존엄성을 유지할 수 있게 하며, 나아가 사회 전체의 삶의 질을 향상시킴을 의미한다.

08 (06-05-28) 자원봉사활동은 무보수성, 자발성, 공익성에 의해서 수행될 수 있어야 한다.

복습 2 기출확인

대표기출 확인하기

21-05-20 난이도 ★★★

자원봉사활동 추진체계의 역할로 옳지 않은 것은?

① 보건복지부: 자원봉사활동의 진흥을 위한 국가기본계획 수립
② 지방자치단체: 자원봉사센터 운영을 위한 예산 지원
③ 중앙자원봉사센터: 자원봉사센터 정책 개발 및 연구
④ 시 · 도 자원봉사센터: 자원봉사 프로그램 개발 및 보급
⑤ 시 · 군 · 구 자원봉사센터: 지역 자원봉사 거점역할 수행

알짜확인

- 자활사업과 관련하여 지역자활센터, 한국자활복지개발원 등의 추진체계를 파악해두자.
- 자원봉사센터의 기능을 비롯해 자원봉사활동의 특징을 살펴보자.

답 ①

응시생들의 선택

① 37%	② 10%	③ 20%	④ 22%	⑤ 11%

① 자원봉사활동의 진흥을 위한 국가 기본계획을 수립하는 것은 행정안전부이다. 행정안전부장관은 관계 중앙행정기관의 장과 협의하여 자원봉사활동의 진흥을 위한 국가기본계획을 5년마다 수립하여야 한다.

관련기출 더 보기

16-05-18 난이도 ★☆☆

지역사회 복지기관에 관한 설명으로 옳지 않은 것은?

① 지역자활센터에서는 조건부수급자만을 대상으로 자활의욕 고취를 위한 사업을 추진한다.
② 사회복지관은 경제적 지원, 일상생활 지원 등의 지역사회 보호 사업을 수행한다.
③ 자원봉사센터는 자원봉사를 필요로 하는 기관과 단체에 자원봉사자를 공급한다.
④ 자활기업은 저소득층의 탈빈곤을 위한 자활사업을 운영한다.
⑤ 사회복지공동모금회는 취약한 사회복지현장의 역량강화를 위해 주제를 정하여 사업을 배분하기도 한다.

답 ①

응시생들의 선택

① 85%	② 4%	③ 1%	④ 4%	⑤ 6%

① 지역자활센터는 기초수급자 및 차상위계층을 포함한 근로능력 있는 지역 내 저소득층 주민에게 체계적인 자활지원서비스를 제공하기 위한 기관이다.

12-05-17 난이도 ★☆☆

자원봉사센터의 목적이 아닌 것은?

① 다양한 자원봉사자들의 참여를 촉진하고 개발 · 육성한다.
② 자원봉사를 필요로 하는 기관과 단체들에게 자원봉사자를 공급한다.
③ 지역사회 자원의 조직화와 소통 · 조정 · 연계를 한다.
④ 자원봉사에 대한 인식을 증진시키고 자원봉사자의 위상을 제고시킨다.
⑤ 자원봉사 활동에 드는 비용을 모금한다.

답 ⑤

응시생들의 선택

① 0%	② 0%	③ 9%	④ 5%	⑤ 86%

⑤ 자원봉사센터는 자원봉사활동에 드는 비용을 모금하지는 않는다.

복습

3 정답훈련

다음 내용이 왜 틀렸는지를 확인해보자

01 한국자활복지개발원은 지역자활센터, 직업안정기관, 사회복지시설의 장 등과 상시적인 협의를 위해 시·군·구에 마련된 협의체이다.

자활기관협의체에 관한 설명이다.

15-05-20

02 지역자활센터는 수급자와 차상위계층의 자활을 촉진하기 위해 사회복지법인으로서 설립된다.

사회복지법인뿐만 아니라 사회적협동조합 등 비영리법인과 단체도 가능하다.

16-05-18

03 지역자활센터에서는 조건부수급자만을 대상으로 자활의욕 고취를 위한 사업을 추진한다.

지역자활센터는 기초수급자 및 차상위계층을 포함한 근로능력 있는 지역 내 저소득층 주민에게 체계적인 자활지원서비스를 제공하기 위한 기관이다.

04 지역자활센터는 시·도 단위에서 자활기업의 창업을 지원한다.

시·도 단위에 설치되는 광역자활센터의 역할이다.

10-05-27

05 한국자원봉사협의회는 보건복지부장관의 인가를 받아 설립한다.

한국자원봉사협의회는 정관을 작성하여 행정안전부장관의 인가를 받아 등기함으로써 설립된다.

06 지방자치단체에 설치되는 자원봉사센터는 비영리법인에 위탁하여 운영하여야 한다.

국가기관 및 지방자치단체는 자원봉사활동을 효율적으로 추진하기 위해 필요하다고 인정할 경우에는 자원봉사센터를 운영할 수 있다.

지역사회복지운동

이 장에서는

지역사회복지운동의 개념과 그 필요성, 주민참여의 개념 및 단계 등에 대해 살펴본다.

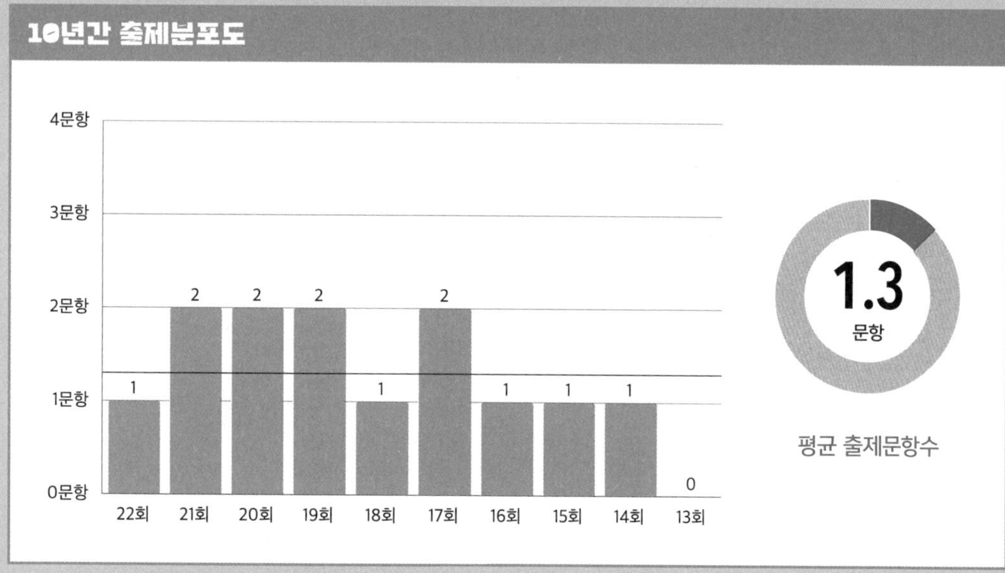

161 주민참여 8단계

1회독 월 일 | 2회독 월 일 | 3회독 월 일

최근 10년간 7문항 출제

이론요약

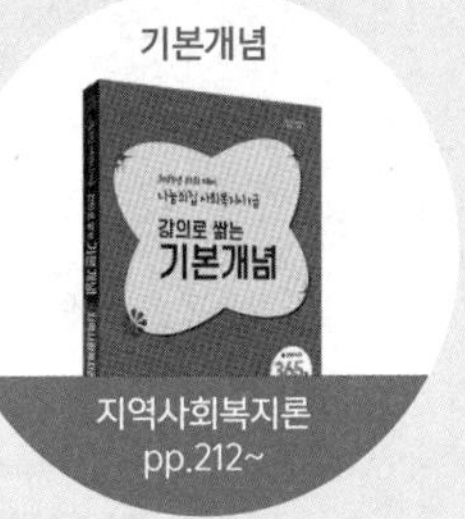

주민참여의 개념

지역주민들이 공식적인 정부의 의사결정 과정에 관여하여 주민들의 욕구를 정책이나 계획에 반영되도록 하는 적극적인 노력을 말한다.

주민참여 8단계(아른스테인)

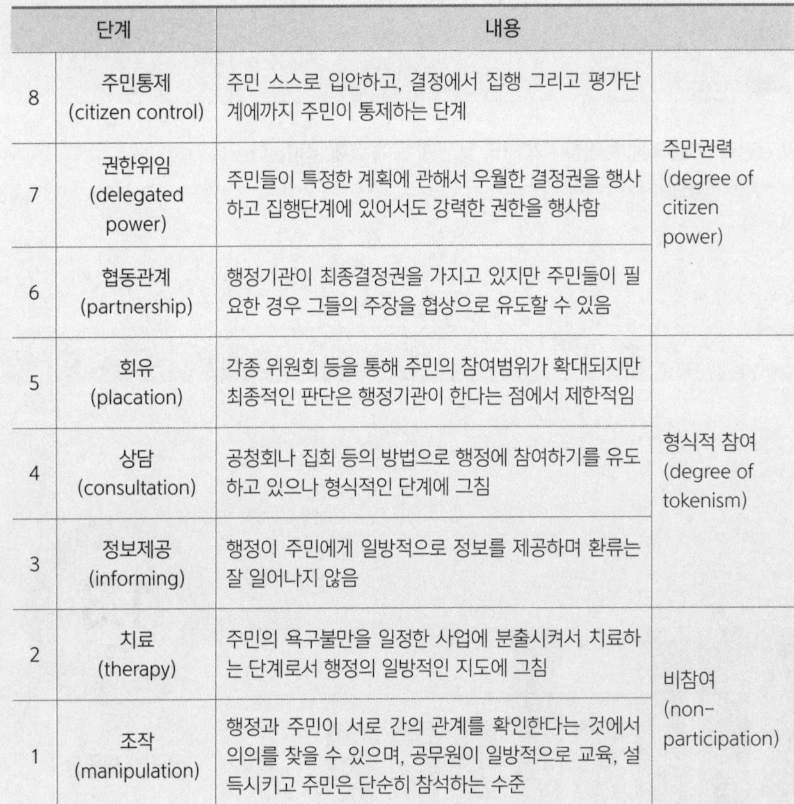

단계		내용	
8	주민통제 (citizen control)	주민 스스로 입안하고, 결정에서 집행 그리고 평가단계에까지 주민이 통제하는 단계	주민권력 (degree of citizen power)
7	권한위임 (delegated power)	주민들이 특정한 계획에 관해서 우월한 결정권을 행사하고 집행단계에 있어서도 강력한 권한을 행사함	
6	협동관계 (partnership)	행정기관이 최종결정권을 가지고 있지만 주민들이 필요한 경우 그들의 주장을 협상으로 유도할 수 있음	
5	회유 (placation)	각종 위원회 등을 통해 주민의 참여범위가 확대되지만 최종적인 판단은 행정기관이 한다는 점에서 제한적임	형식적 참여 (degree of tokenism)
4	상담 (consultation)	공청회나 집회 등의 방법으로 행정에 참여하기를 유도하고 있으나 형식적인 단계에 그침	
3	정보제공 (informing)	행정이 주민에게 일방적으로 정보를 제공하며 환류는 잘 일어나지 않음	
2	치료 (therapy)	주민의 욕구불만을 일정한 사업에 분출시켜서 치료하는 단계로서 행정의 일방적인 지도에 그침	비참여 (non-participation)
1	조작 (manipulation)	행정과 주민이 서로 간의 관계를 확인한다는 것에서 의의를 찾을 수 있으며, 공무원이 일방적으로 교육, 설득시키고 주민은 단순히 참석하는 수준	

기출문장 CHECK

01 (21-05-23) '의사결정권 행사 - 계획단계에 참여 - 조직대상자 - 단순 정보 수혜자'의 순서는 지역주민 참여수준이 높은 것에서 낮은 것의 순이다.

02 (19-05-24) 회유 단계의 예: A시(市)는 도시재생사업과 관련하여 주민들과 갈등을 겪고 있다. B씨는 A시의 추천으로 도시재생 사업 추진위원회에 주민대표로 참여하였다. 하지만 회의는 B씨의 기대와는 달리 A시가 의도한 방향대로 최종 결정되었다.

03 (17-05-16) 조작: 행정기관과 주민이 서로 간의 관계 확인, 행정기관이 일방적으로 주민들을 교육, 설득시키고 주민은 단순히 참여하는 수준, 주민참여에서 권력분배정도가 가장 낮은 수준

04 (16-05-23) 권한위임: 주민들이 특정계획에 관해서 우월한 결정권을 행사하고 집행단계에서도 강력한 권한을 행사하는 단계

05 (14-05-17) 주민회유(placation): 각종 위원회 등을 통해 주민의 참여 범위는 확대되지만 최종적인 판단은 행정기관이 수행하는 단계

06 (12-05-23) 정보제공, 상담, 회유는 형식적 참여에 해당한다.

07 (04-05-11) 협동관계: 권력관계의 변화와 권력의 재분배가 가능한 주민참여 단계

08 (03-05-28) 주민참여를 통해 지역의 공동체성이 강화되고, 지역주민의 욕구가 반영될 수 있다.

09 (03-05-28) 주민참여를 위한 행정비용이 추가적으로 발생할 수 있으며, 시간이 지연되는 문제가 발생할 수 있다.

10 (02-05-29) 주민참여를 통해 주민들이 주체가 되어 지역사회의 문제를 발견하고 해결해나갈 수 있다.

복습 2 기출확인

대표기출 확인하기

22-05-24 난이도 ★★☆

아른스테인(S. Arnstein)이 분류한 주민참여 단계에 해당하지 않는 것은?

① 협동관계
② 정보제공
③ 주민회유
④ 주민동원
⑤ 권한위임

알짜확인

- 아른스테인이 제시한 주민참여 8단계를 순서대로 암기해두어야 한다. 또한 8단계는 크게 주민권력, 형식적 참여, 비참여 등 3가지로 구분되는데 이를 같이 살펴두도록 하자.

답 ④

응시생들의 선택

① 11%	② 11%	③ 15%	④ 49%	⑤ 14%

아른스테인의 주민참여 8단계는 조작, 치료, 정보제공, 상담, 회유, 협동관계, 권한위임, 주민통제 등 총 8단계이다.

관련기출 더 보기

21-05-23 난이도 ★★☆

지역사회복지실천에서 지역주민 참여수준이 높은 것에서부터 낮은 것의 순서로 옳게 나열한 것은?

ㄱ. 계획단계에 참여
ㄴ. 조직대상자
ㄷ. 단순 정보 수혜자
ㄹ. 의사결정권 행사

① ㄴ – ㄷ – ㄹ – ㄱ
② ㄷ – ㄱ – ㄴ – ㄹ
③ ㄷ – ㄴ – ㄱ – ㄹ
④ ㄹ – ㄱ – ㄴ – ㄷ
⑤ ㄹ – ㄴ – ㄱ – ㄷ

답 ④

응시생들의 선택

① 5%	② 6%	③ 14%	④ 57%	⑤ 18%

아른스테인의 주민참여 8단계에 따라 참여수준이 높은 것에서부터 낮은 것의 순서로 살펴보면, ㄹ. 의사결정권 행사(권한위임-주민권력) – ㄱ. 계획단계에 참여(회유-형식적 참여) – ㄴ. 조직대상자(상담-형식적 참여) – ㄷ. 단순 정보 수혜자(정보제공-형식적 참여)의 순이다.

20-05-24

난이도 ★☆☆

주민참여와 관련이 없는 것은?

① 지방자치제도의 발달
② 마을만들기 사업(운동)
③ 지역사회복지 정책결정과정
④ 공무원 중심의 복지정책 결정권한 강화
⑤ 아른스테인(S. Arnstein)의 주장

답 ④

응시생들의 선택

① 3%	② 1%	③ 2%	④ 92%	⑤ 2%

④ 주민참여는 공공정책을 결정하는 과정에 주민들의 욕구가 반영되도록 하기 위한 적극적인 노력이다.

19-05-24

난이도 ★★☆

다음 사례에서 설명하는 아른스테인(S. Arnstein)의 주민참여 수준은?

A시(市)는 도시재생사업과 관련하여 주민들과 갈등을 겪고 있다. B씨는 A시의 추천으로 도시재생사업 추진위원회에 주민대표로 참여하였다. 하지만 회의는 B씨의 기대와는 달리 A시가 의도한 방향대로 최종 결정되었다.

① 조작
② 회유
③ 주민통제
④ 권한위임
⑤ 정보제공

답 ②

응시생들의 선택

① 16%	② 47%	③ 19%	④ 10%	⑤ 8%

② 아른스테인의 주민참여 8단계 중 회유 단계는 각종 위원회 등을 통해 주민의 참여 범위가 확대되지만 최종적인 판단은 행정기관이 한다는 점에서 주민참여는 제한적이다.

17-05-16

난이도 ★★★

다음 설명은 아른스테인(S. Arnstein)이 분류한 주민참여단계 중 어디에 해당되는가?

- 행정기관과 주민이 서로 간의 관계 확인
- 행정기관이 일방적으로 주민들을 교육, 설득시키고 주민은 단순히 참여하는 수준
- 주민참여에서 권력분배정도가 가장 낮은 수준

① 주민회유(placation)
② 협동관계(partnership)
③ 정보제공(informing)
④ 권한위임(delegated power)
⑤ 조작(manipulation)

답 ⑤

응시생들의 선택

① 25%	② 6%	③ 29%	④ 4%	⑤ 36%

⑤ 아른스테인이 제시한 주민참여단계 중 권력분배정도가 가장 낮은 단계는 1단계인 조작단계이다.

12-05-23

난이도 ★★★

지역사회복지운동에서 아른스테인(Arnstein)의 주민참여 단계 중 형식적 참여에 속하는 것은?

① 대책치료(therapy)
② 여론조작(manipulation)
③ 주민회유(placation)
④ 주민통제(citizen control)
⑤ 권한위임(delegated power)

답 ③

응시생들의 선택

① 5%	② 19%	③ 28%	④ 14%	⑤ 34%

- 주민통제, 권한위임, 협동관계 ⇒ 주민권력
- 회유, 상담, 정보제공 ⇒ 형식적 참여
- 치료, 조작 ⇒ 비참여 상태

복습 3 정답훈련

다음 내용이 왜 틀렸는지를 확인해보자

01 주민참여 8단계에서 가장 주민의 권한이 가장 큰 단계는 권한위임 단계이다.

주민의 권한이 가장 큰 단계는 주민통제 단계이다.

04-05-11

02 주민참여 단계 중 협동관계에서는 기존의 권력관계의 변화와 권력의 재분배가 불가능하다.

협동관계에서는 주민들이 권한을 갖게 됨에 따라 기존의 권력관계의 변화와 권력의 재분배가 가능하다.

03 주민참여 단계 중 형식적 참여의 범주에 속하는 치료 단계, 상담 단계, 회유 단계에서는 미약하게나마 주민의 영향력이 나타난다.

치료 단계는 비참여 상태에 해당한다. 주민들의 형식적인 참여만 이루어질 뿐 실질적인 권한이나 영향력은 없다.

14-05-17

04 아른스테인의 주민참여 수준 8단계 중 각종 위원회 등을 통해 주민의 참여 범위는 확대되지만 최종적인 판단은 행정기관이 수행하는 단계는 정보제공 단계이다.

주민회유 단계에 해당한다.
정보제공 단계는 행정기관이 주민에게 관련 정보만 제공할 뿐 실질적인 환류가 일어나지는 않는다.

03-05-28

05 주민참여는 정책 결정에 소요되는 행정비용 및 시간을 절약할 수 있다는 긍정적 효과가 있다.

주민참여를 위해서는 정책에 대한 정보제공, 주민투표, 공청회 등을 진행하기 위한 별도의 행정 비용과 시간이 필요하기 때문에 비용과 시간을 절약하기는 어렵다.

빈칸에 들어갈 알맞은 말을 채워보자

14-05-17

01 (　　　　　) 단계: 각종 위원회 등을 통해 주민의 참여 범위는 확대되지만 최종적인 판단은 행정기관이 수행하는 단계이다.

02 (　　　　　) 단계: 최종결정권이 행정기관에 있기는 하지만 주민들의 주장에 따라 협상할 수 있는 단계로, 권력의 재분배가 가능하다.

16-05-23

03 (　　　　　) 단계: 주민들이 특정계획에 관해서 우월한 결정권을 행사하고 집행단계에서도 강력한 권한을 행사한다.

04 (　　　　　) 단계: 주민은 단순히 참석하는 수준에 그칠 뿐이며, 행정기관과 주민이 서로 간의 관계를 확인한다는 의의가 있을 뿐이다.

05 (　　　　　) 단계: 공청회나 집회 등에 따라 주민들이 행정에 참여할 수 있도록 유도하는 방식으로 형식적 수준의 단계이다.

06 협동관계, 권한위임, (　　　　　) 등의 단계는 주민권력 상태에 해당한다.

12-05-23

07 주민회유 단계는 비참여, 형식적 참여, 주민권력 중 (　　　　　) 상태에 속한다.

답 **01** 주민회유 **02** 협동관계 **03** 권한위임 **04** 조작 **05** 상담 **06** 주민통제 **07** 형식적 참여

다음 내용이 옳은지 그른지 판단해보자

01 정보제공 단계는 주민참여에서 권력분배정도가 가장 낮은 수준이다. ○ ×

02 조작 단계는 주민들이 의견을 모아 행정에 전달할 수 있는 실질적인 체계가 마련된다. ○ ×

03 비참여 상태는 참여의 형식만 흉내낼 뿐 실질적인 주민들의 의사결정 권한은 없는 상태이다. ○ ×

16-05-23

04 협동관계는 주민들이 특정계획에 관해서 우월한 결정권을 행사하고 집행단계에서도 강력한 권한을 행사하는 단계이다. ○ ×

12-05-23

05 정보제공, 상담, 회유는 형식적 참여에 해당한다. ○ ×

06 주민통제 단계는 주민들의 참여가 이루어지기는 하지만 영향력은 미약하다. ○ ×

답 **01**× **02**× **03**○ **04**× **05**○ **06**×

해설 **01** 권력분배정도가 가장 낮은 단계는 조작 단계이다.

02 조작 단계는 비참여 상태에 해당한다. 비참여 상태는 참여의 형식만 미약하게 나타날 뿐 실질적으로는 주민참여가 이루어진다고 보기 어려운 상태이다.

04 협동관계가 아닌 권한위임 단계에 해당하는 설명이다.

06 주민통제 단계는 주민참여 8단계 중 마지막 단계로 주민권력이 가장 높은 단계이다.

162 지역사회복지운동

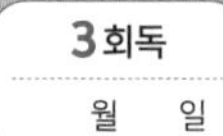

1회독	2회독	3회독
월 일	월 일	월 일

최근 10년간 **6문항** 출제

이론요약

기본개념

지역사회복지론 pp.217~

지역사회복지운동의 개념

- 지역사회의 내적 정체성을 실현·고양시키고 지역사회의 변화를 추구하기 위해 전개되는 조직적인 운동
- 목표: 지역사회 역량강화, 지역공동체 형성, 사회연대의식 고취 등을 통해 지역사회 문제를 해결
- 주체: **지역주민 (사회복지 전문가, 지역사회 활동가, 사회복지 실무자, 클라이언트 등을 모두 포함)**
- 필요성: 사회복지정책 결정에 영향을 미침, 지역사회조직의 활성화, 주민의 권리의식 제고

의의 및 특징

- **지역주민의 주체성과 역량을 강화하고, 지역사회의 변화를 주도**
- 주민참여의 활성화에 의해 **복지권리의식과 시민의식을 배양하는 사회권 확립 운동**
- 지역사회복지의 확산과 발전을 위한 **생활운동**
- 지역사회의 **다양한 자원 활용 및 관련 조직 간의 유기적인 협력**이 이루어지는 동원운동
- 주민들의 주체적인 참여와 행동을 통하여 지역사회의 변화목표와 사회복지를 달성하기 위해 **의도적으로 추진하는 사회운동**
- 시민운동과 마찬가지로 **시민사회의 성장**을 추구하며, **사회변화, 사회정의**에 관심을 둠
- **노동운동, 민중운동 등과 같이 제한적인 계층이 아닌 지역주민 전체를 기반으로 함**

유형

- 목적지향적이고 의도적인 사회행동으로서의 주민운동
- 문제 또는 이슈 중심의 지역사회복지운동

활동 내용

- 서비스 제공: **직접 서비스 제공**, 사회복지 관련 이벤트성 사업, **사회복지 및 의식 제고를 위한 교육**, 지역운동단체 간 네트워크 형성

- 옹호 활동: 특정 사회문제와 관련된 단체 간 연대활동
- 주민조직화
- 지역사회에 대한 조사·연구, 정책개발 등

기출문장 CHECK

01 (21-05-24) 지역사회복지운동은 목적지향적인 조직적 활동이다.

02 (20-05-23) 지역사회복지운동의 주된 관심사는 주민 삶의 질과 관련된 생활영역에 있다.

03 (20-05-23) 지역사회복지운동에서는 지역사회의 다양한 자원 활용 및 조직 간 유기적 협력이 이루어진다.

04 (20-05-23) 지역사회복지운동에는 다양한 이념이 사용될 수 있다.

05 (20-05-23) 지역사회복지운동의 주체는 사회복지전문가, 지역활동가, 지역사회복지이용자 등 다양하다.

06 (19-05-23) 지역사회복지운동은 복지권리·시민의식을 배양하는 사회권 확립운동이다.

07 (18-05-25) 지역사회복지운동의 의의: 복지권리의식과 시민의식을 배양하는 복지권 확립, 지역사회의 다양한 자원활용 및 관련조직 간의 협력을 통한 지역자원동원, 지역사회의 정체성 확인과 역량강화를 통해 지역사회변화를 주도, 사회복지가 추구하는 사회적 가치로서 사회정의 실현

08 (17-05-09) 지역주민, 지역사회활동가, 사회복지전문가 등이 지역사회복지운동의 주체가 될 수 있다.

09 (17-05-09) 지역사회복지운동은 지역주민의 삶의 질과 관련된 생활영역을 포함한다.

10 (15-05-11) 지역사회의 변화를 주도하는 조직운동, 지역사회복지의 확산과 발전을 위한 생활운동, 복지권리의식과 시민의식을 배양하는 사회권 확립 운동, 지역사회 관련 조직 간의 유기적인 협력이 이루어지는 연대운동 등은 지역사회복지운동에 해당한다.

11 (09-05-18) 지역사회복지운동은 조직화 기술을 활용한다.

12 (03-05-25) 지역사회복지운동은 지역사회의 변화를 추구하는 조직적인 운동이다.

13 (02-05-26) 지역사회복지운동의 활성화를 위해서 지역사회 복지단체의 네트워크, 운동주체 조직화, 시민사회단체와의 연대 등이 필요하다.

14 (02-05-27) 지역사회복지운동은 주민참여의 활성화, 주민 복지권 증진, 지역사회복지자원의 확충 등을 목표로 한다.

기출확인

대표기출 확인하기

21-05-24 난이도 ★☆☆

지역사회복지운동에 관한 설명으로 옳은 것은?

① 사회복지 전문가 중심의 활동으로 이루어진다.
② 목적지향적인 조직적 활동이다.
③ 운동의 초점은 정치권력의 장악이다.
④ 지역사회의 구조적 문제는 배제된다.
⑤ 지역사회복지운동단체는 서비스제공 활동을 하지 않는다.

 알짜확인

- 지역사회복지운동의 목표, 주체, 성격 등을 파악해두어야 한다.
- 지역의 일부 계층에 의한 활동이 아니라 전체 지역주민이 주체가 된 활동이라는 점은 중요하다.

답 ②

응시생들의 선택

① 6%	② 88%	③ 1%	④ 2%	⑤ 3%

① 지역주민이 주체가 되지만 사회복지 전문가, 지역사회 활동가, 사회복지 실무자, 지역사회의 클라이언트 모두 주체가 될 수 있다.
③ 지역사회 문제를 해결하기 위해 지역사회의 변화 또는 지역사회의 역량강화를 통해 지역주민의 욕구충족과 사회연대의식의 고취, 지역공동체 형성을 목표로 한다.
④ 지역사회의 구조적 문제를 포함하여 지역사회 문제를 해결하기 위해 활동한다.
⑤ 지역사회복지운동단체는 직접 서비스 제공, 사회복지 이벤트 사업, 지역사회 내 다양한 지역운동단체들 간의 관계망을 형성할 수 있는 사업, 사회복지교육 등의 서비스제공 활동을 한다.

관련기출 더 보기

20-05-23 난이도 ★☆☆

지역사회복지운동에 관한 설명으로 옳지 않은 것은?

① 지역사회복지운동의 계층적 기반은 노동운동이나 여성운동과 같이 뚜렷하다.
② 지역사회복지운동의 주된 관심사는 주민 삶의 질과 관련된 생활영역에 있다.
③ 지역사회의 다양한 자원 활용 및 조직 간 유기적 협력이 이루어진다.
④ 지역사회복지운동에는 다양한 이념이 사용될 수 있다.
⑤ 지역사회복지운동의 주체는 사회복지전문가, 지역활동가, 지역사회복지이용자 등 다양하다.

답 ①

응시생들의 선택

① 85%	② 4%	③ 4%	④ 3%	⑤ 4%

① 지역사회복지운동은 지역주민 전체를 기반으로 하기 때문에 대상자가 포괄적이다. 노동운동, 여성운동 같이 일부를 계층적 기반으로 하지 않는다.

19-05-23 난이도 ★☆☆

지역사회복지운동에 관한 설명으로 옳은 것은?

① 계획되지 않은 조직적 활동이다.
② 사회복지 전문가 중심의 활동이다.
③ 개인의 성장과 변화에 우선적인 초점을 둔다.
④ 노동자, 장애인 등 일부 주민을 대상으로 한다.
⑤ 복지권리·시민의식을 배양하는 사회권 확립운동이다.

답 ⑤

응시생들의 선택

① 2%	② 2%	③ 4%	④ 2%	⑤ 90%

① 지역주민의 삶의 질 향상을 목적으로 하는 의식적이며 조직적인 활동이다.
② 지역사회복지운동은 전문가 중심의 활동이라고 말할 수는 없다.
③ 개인이 아닌 지역사회복지의 확산과 발전에 초점을 둔다.
④ 지역사회복지운동은 일부 계층, 특정 집단을 대상으로 하는 것이 아니라 지역주민 전체를 포괄한다.

18-05-25 난이도 ★☆☆

지역사회복지운동이 갖는 의의에 관한 설명으로 옳은 것을 모두 고른 것은?

ㄱ. 복지권리의식과 시민의식을 배양하는 복지권 확립
ㄴ. 지역사회의 다양한 자원활용 및 관련조직 간의 협력을 통한 지역자원동원
ㄷ. 지역사회의 정체성 확인과 역량강화를 통해 지역사회변화를 주도
ㄹ. 사회복지가 추구하는 사회적 가치로서 사회정의 실현

① ㄱ ② ㄱ, ㄹ
③ ㄴ, ㄷ ④ ㄱ, ㄴ, ㄷ
⑤ ㄱ, ㄴ, ㄷ, ㄹ

답 ⑤

응시생들의 선택

① 1%	② 2%	③ 5%	④ 14%	⑤ 78%

⑤ 지역사회복지운동이 갖는 의의로 모두 옳은 내용이다.

17-05-09 난이도 ★★☆

지역사회복지운동에 관한 설명으로 옳지 않은 것은?

① 지역사회복지서비스 제공기관의 주도성을 강화하기 위해 필요하다.
② 지역주민, 지역사회활동가, 사회복지전문가 등이 운동의 주체가 될 수 있다.
③ 지역사회문제를 해결하기 위한 목적지향성을 가진다.
④ 국민기초생활보장법 시행 이후 자활후견기관(지역자활센터)이 설치·운영되어 자활운동이 공적 전달체계에 편입되었다.
⑤ 지역주민의 삶의 질과 관련된 생활영역을 포함한다.

답 ①

응시생들의 선택

① 50%	② 1%	③ 5%	④ 43%	⑤ 1%

① 지역사회복지운동은 주민들의 권리의식을 제고하여 주민들이 주체적으로 참여하여 지역사회의 문제를 해결해나가고 변화시켜나갈 수 있도록 하는 것이지, 서비스 제공기관의 주도성을 강화할 목적으로 이루어지는 것은 아니다.

15-05-11 난이도 ★☆☆

지역사회복지운동에 해당하지 않는 것은?

① 지역사회의 변화를 주도하는 조직운동
② 노동자 계층의 소득수준을 높이는 민중운동
③ 지역사회복지의 확산과 발전을 위한 생활운동
④ 복지권리의식과 시민의식을 배양하는 사회권 확립 운동
⑤ 지역사회 관련 조직 간의 유기적인 협력이 이루어지는 연대운동

답 ②

응시생들의 선택

① 2%	② 70%	③ 9%	④ 10%	⑤ 9%

② 지역사회복지운동은 특정계층이 아닌 모든 지역사회주민과 지역사회를 위해 진행되는 활동을 의미한다.

09-05-25 난이도 ★☆☆

우리나라 지역사회복지운동에 관한 설명으로 옳지 않은 것은?

① 1990년대 이후 활성화되고 있다.
② 지역화폐운동은 사회복지운동이 아니다.
③ 지역사회복지서비스 이용자도 주체가 될 수 있다.
④ 마을 만들기는 지역사회복지운동의 하나이다.
⑤ 생활운동의 의미를 지니고 있다.

답 ②

응시생들의 선택

① 2%	② 81%	③ 6%	④ 4%	⑤ 7%

② 지역사회복지운동의 예에는 지역화폐운동, 마을 만들기, 주민조례운동 등이 있다.

복습 3 정답훈련

다음 내용이 왜 틀렸는지를 확인해보자

01 지역사회복지운동은 주민운동으로서의 성격을 갖고 있지만 구체적인 쟁점에 따라 조직되지는 않는다.

지역사회복지운동은 특정 사회문제나 이슈를 중심으로 시민운동 차원에서 조직될 수 있다.

02 지역사회복지운동 단체는 주민조직화, 옹호 활동 등을 진행하며, 각종 서비스나 교육 프로그램을 제공하지는 않는다.

주민들에게 각종 서비스를 제공하기도 하며, 의식 제고를 위한 교육 프로그램을 제공하기도 한다.

03-05-25

03 지역사회복지운동은 지역복지관의 난립과 경쟁을 가져올 수 있다.

지역사회복지운동은 다양한 기관 간 협력을 기반으로 한다는 점에서 지역복지관의 난립과 경쟁을 가져온다는 것은 적절치 않다.

04 지역사회복지운동은 지역사회복지에 주민참여를 이끌어내기 위한 친목적 의미의 활동으로 문제해결이라는 목적을 위한 활동은 아니다.

지역사회복지운동은 지역사회의 문제해결 및 역량강화라는 목적을 가지고 지역사회의 변화를 꾀하기 위해 전개되는 조직적이고 의도적인 활동이다.

15-05-11

05 지역사회복지운동은 노동자 계층의 소득수준을 높이기 위한 민중운동과 같이 특정 계층을 기반으로 한다.

지역사회복지운동은 특정 계층을 기반으로 하는 것이 아니라 지역주민 전체를 포괄한다.

06 지역사회복지운동은 주민들의 욕구에 따라 자연발생적으로 일어나는 활동이다.

지역사회복지운동은 지역사회의 문제를 해결하고자 하는 목적지향적인 운동으로 지역주민이 운동의 주체가 되며 참여 주민을 확대하기 위한 의도적인 노력이 필요하다.

다음 내용이 옳은지 그른지 판단해보자

01 지역사회복지운동의 주체는 지역주민이기 때문에 사회복지사 등의 전문가는 조력자로서의 역할에 머무른다. ⓞⓧ

02 지역사회복지운동은 지역사회의 문제해결을 위한 목적지향적, 계획적, 의도적 활동이다. ⓞⓧ

15-05-11

03 지역사회복지운동은 지역사회 관련 조직 간의 유기적인 협력이 이루어지는 연대운동이다. ⓞⓧ

04 지역사회복지운동은 소외집단의 욕구에 초점을 두고 있기 때문에 전체 지역주민을 포괄하지 못한다는 단점도 있다. ⓞⓧ

05 지역사회복지운동은 지역주민의 삶의 질 향상과 사회정의 실현을 추구하는 지역단위의 운동이다. ⓞⓧ

02-05-27

06 지역사회복지운동은 지방정부의 통제력 강화를 목표로 한다. ⓞⓧ

15-05-11

07 지역사회복지운동은 지역사회복지의 확산과 발전을 위한 생활운동으로서의 의미를 갖는다. ⓞⓧ

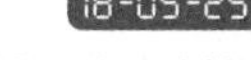

08 지역사회복지운동은 사회복지가 추구하는 사회적 가치로서 사회정의의 실현을 꾀한다.

답 01× 02○ 03○ 04× 05○ 06× 07○ 08○

해설 **01** 지역사회복지운동의 주체는 지역주민을 포함한 전문가, 클라이언트 모두이다.

04 지역사회복지운동에서 소외집단의 욕구에 관심을 두는 것은 소외집단의 문제를 지역사회의 문제 중 하나로 보고 전체 지역사회 차원에서 그 문제를 해결해야 한다고 보기 때문이다. 즉 소외집단의 문제를 전체 지역사회 차원에서 공론화하고 지역주민들의 참여와 지역사회가 가진 다양한 자원을 통해 자조적으로 해결해가는 것이 지역사회복지운동이다.

06 지역사회복지운동은 지역주민과 지역사회조직의 지역사회 참여를 강화하여 지역사회 문제해결에 있어 지역주민이 주체가 될 수 있도록 하는 활동으로 지방정부의 통제력을 강화하기 위한 활동은 아니다.